UNA CUESTIÓN DE COLOR

Blucher

UNA CUESTIÓN DE COLOR

Decolonialidad y psicoanálisis

Organizadoras

Maria José T. Barbos Irmã

Rafaela Degani

Una cuestión de color: decolonialidad y psicoanálisis

Série Fepal: psicoanálisis latinamericano
Coordinadora científica Marina Massi

Publisher Edgard Blücher
Editor Eduardo Blücher
Coordinación editorial Rafael Fulanetti
Coordinación de producción Andressa Lira
Producción editorial Quirino Edições
Composición Joyce Gama Rosa
Revisión de texto Gustavo Spandau
Tapa Laércio Flenic
Colaboración Leo Mangiavacchi (diseñador – Fepal)
Arte no Terreiro de Yiá (2021), de Rona. Massa acrílica, tinta acrílica, lápiz carvão e lápiz pastel sobre lona. 1,60x1,56m. Foto: Pâmela Perez

Blucher

Rua Pedroso Alvarenga, 1245, 4º piso
04531-934 – São Paulo – SP – Brasil
Tel.: 55 11 3078-5366
contato@blucher.com.br
www.blucher.com.br

Datos de catalogación en publicación internacional (CIP)
Angélica Ilacqua CRB-8/7057

Una cuestión de color : decolonialidad y psicoanálisis / organizado por Maria José Tavares Barbos Irmã, Rafaela Degani. - São Paulo : Blucher, 2024.
288 p. (Serie Fepal / coordenadora Marina Massi).

Bibliografía
ISBN 978-85-212-2264-4

1. Psicoanálisis 2. Racismo I. Irmã, Maria José Tavares Barbos II. Degani, Rafaela III. Massi, Marina IV. Federação Psicanalítica da América Latina V. Serie

24-4073 CDD 150.195

Las puntuaciones de catálogo sistemático:
1. Psicoanálisis

Sobre la serie

El proyecto de la Serie Fepal es fruto de mis dos años de trabajo como Coordinadora Científica de la propia Fepal, durante la gestión 2022-2024, presidida por Wania Maria Coelho Ferreira Cidade.

La integración de los colegas y la producción latinoamericana fueron algunos de los marcos orientadores de las actividades del equipo de la Coordinación Científica. Son puntos de encuentro en el *trabajo colectivo* que potencia y abre horizontes para una producción viva y creativa, capaz de enriquecer teórica, técnica y clínicamente el psicoanálisis.

En el programa inicial de la Coordinación Científica de la Fepal (2022-2024), uno de los objetivos principales era la función articuladora y agregadora entre las diversas áreas de la institución. Ello, al promover un diálogo permanente entre sus miembros y entre los diversos proyectos que venían siendo realizados y los que se iniciaron en nuestra gestión.

El objetivo era de integración, respetando la creatividad, la diversidad y la autonomía, en el ámbito interno de las comisiones de trabajo vinculadas con la Coordinación Científica. A saber, Comisión de Formación y Transmisión del Psicoanálisis, Comisión de Investigación, Comisión de Pareja y Familia, Comisión de *Working Parties* y el Grupo de Estudios de Psicosomática.

De este modo, la Serie Fepal nace, más allá de las comisiones de Coordinación Científica, de la integración y asociación con otras direcciones. Asimismo, pretende ser un vehículo de expresión y difusión de los trabajos producidos en el marco de la propia institución.

Los primeros cinco libros de la Serie Fepal están impregnados con la historia del trabajo y la dedicación de numerosos colegas psicoanalistas. Estos profesionales se han comprometido en una comprensión más profunda de los problemas de desamparo, así como de las cuestiones étnicas, sociales, de género y ambientales en nuestro continente.

Compartimos la necesidad, como psicoanalistas, de conocer el mundo al que pertenecemos. Solo así podemos colaborar de manera más encarnada con nuestros pacientes, parejas, familias, y con el trabajo en instituciones, comunidades y grupos, desarrollando la escucha analítica que es nuestro oficio y arte.

Mi profundo agradecimiento a todos los que hicieron posible la realización de este proyecto editorial

Marina Massi
Coordinadora científica de la Serie Fepal

Contenido

Prefacio
Racismo: la comunidad psicoanalítica ante la urgencia de un desafío

Wania Maria Coelho Ferreira Cidade

La historia de este libro tiene origen incluso antes del deseo y la posibilidad de su publicación; es una larga historia, que precede a la gestión que lo produjo y al curso que dio nombre a la obra, "Una cuestión de color: decolonialidad y psicoanálisis". Esta historia nace de la intención de los pueblos indígenas y afrodiaspóricos de romper el silencio, de salir de las sombras de la borradura y la represión que alejan y bloquean lo que se percibe como amenazador.

Esta historia también se define por la meticulosa obstrucción del crecimiento igualitario, promovida por sistemas políticos consecutivos que separan y excluyen, a través de mecanismos económicos y de poder, a las poblaciones mencionadas. Es la historia del privilegio racial determinado por los europeos y mantenido por sus descendientes, y de pasos que vienen de lejos, de los pueblos originarios o de la migración forzada, del secuestro de África, que exigen una voz y el derecho a contar la propia historia.

Este libro, por tanto, habla antes de su existencia; a semejanza de la mitología de las religiones de origen africano, cuando se dice que "Eshu mató ayer un pájaro con la piedra que solo tiró hoy"; o como en la elaboración psíquica, en la que comprendemos internamente una idea o un sentimiento que preexistía a nuestra conciencia, que actúa internamente al margen de nuestra voluntad. Los autores de este libro hablan hoy, pero los elementos de esta construcción, lo que la hace inteligible, han sido pavimentados desde el pasado por los que sufrieron y por los que nos precedieron.

En el programa que sustentó nuestra dirección de Fepal (2023-2024), decíamos:

> *Latinoamérica, históricamente marcada por la colonización de los imperios español y portugués, con algunas excepciones, trae en su formación el experimento de la necropolítica, de la matanza real y simbólica, de las matanzas invisibles, que en palabras del filósofo e historiador camerunés Achille Mbembe significa soberanía y control sobre la mortalidad, y la definición de la vida "como la implantación y manifestación del poder", la capacidad "de dictar quién puede vivir y quién debe morir". Atravesada, pues, por la invasión colonial y la eliminación de los pueblos e idiomas originarios, Latinoamérica sufre (...) de jerarquización de sus poblaciones, de guerras ocultas y disimuladas fundamentadas en las marcas afectivas de ese tiempo pasado. Es, por tanto, frágil cuando las estrategias autoritarias desafían los pactos que establecemos para vivir en sociedad.*
>
> *(...) de allí, de las colonizaciones proviene también la cuestión del poder que se manifiesta en el lenguaje, las ideologías presentes en el discurso, como vemos en la historia de Calibán, el personaje central de La tempestad (Shakespeare) que, no por casualidad, le da el nombre a la publicación oficial de Fepal (Wania Cidade, 10/2022).*

Formulamos, por tanto, una política en la que era fundamental poner de manifiesto el racismo, denunciarlo, abrir vías de debate y de acción frente a este fenómeno que tiene repercusiones visibles en las instituciones psicoanalíticas y en las clínicas privadas.

Cualquier psicoanalista sensible que mire a su alrededor verá su propio reflejo: matices del mismo tono de piel, del mismo estrato social, del mismo acceso a la educación, a la salud, a la vivienda, a la cultura. Por supuesto, hay excepciones, pero la gran mayoría es blanca, de clase media y no ha tenido grandes dificultades materiales para acceder al psicoanálisis. No obstante este panorama, los psicoanalistas son poco dados a hablar del racismo antinegro, a pesar de que Freud era judío, víctima del racismo europeo y del antisemitismo que condujo al Holocausto.

En este punto, cabe expresar un agradecimiento especial a la Coordinadora Científica, Marina Massi (SBPSP), que amplió el debate sobre el racismo, promoviendo el curso que dio nombre a este libro: "Una cuestión de color: decolonialidad y psicoanálisis", convirtiéndolo en el tema de uno de los ejes del Congreso de Psicoanálisis de América Latina y haciendo realidad esta publicación.

Marina no estuvo sola; contó con María José Tavares (SBPSP), que organizó y coordinó el curso, y quien, a su vez, contó con Rafaela Degani (SBPdePA), que la ayudó a coordinarlo.

También debo agradecer a la Secretaria General, Joyce Goldstein (SPPA), a la Coordinadora de Infancia y Adolescencia, Zoila Ortiz (SoColPsi), a la Directora de Comunicación y Publicaciones, Adriana Pontelli (APC), a la Directora de Comunidad y Cultura, Diana Zac (APdeBA), a la Directora del Consejo Profesional, Maria Pia Costa (SPP). Estas mujeres, psicoanalistas, se sumergieron en las problemáticas provocadas por el racismo y pusieron en práctica lo que hasta entonces era una promesa: el desafío contundente de debatir y promover cambios en el ambiente psicoanalítico de la Federación

Psicoanalítica de América Latina – Fepal. Cada una, dentro de su espacio de actuación, tocó escenarios malditos y reflexionó sobre centenarios comportamientos que colocaron sobre el pensamiento liberador del psicoanálisis el velo encubridor y mohoso de los recuerdos indeseados.

Hubo una jornada importante que es necesario mencionar, aunque sabemos que en un universo de cinco mil personas, tal vez un cinco por ciento se sintió profundamente conmovido por las reflexiones conceptuales y las acciones de este grupo.

Estamos ante un fenómeno recalcitrante, y reproducido a lo largo de los siglos, al que los psicoanalistas deben enfrentarse, porque no es razonable ignorar la baja frecuencia o la escasa participación de los no blancos entre nosotros. Si en casi cien años el panorama no ha cambiado, si los institutos no ven representada a la sociedad civil en su interior, eso indica que necesitan mucha reflexión y proyectos que contemplen la descolonización del pensamiento y la inclusión de la plurietnicidad y multiculturalidad que existen en América Latina.

¡La alfabetización es necesaria! Retroceder en el tiempo, mirar el presente, cambiar el futuro, como en la simbología contenida en el *Sankofa*, en el que se revisita la historia, volviendo al pasado, para adquirir conocimientos que promuevan cambios en el futuro.

Las lectoras y los lectores escucharán la multiplicidad de voces del coro que canta la sinfonía afrodiaspórica, y se deleitarán con la existencia, la subjetividad y la autoridad con que hablan de sí mismos y de su pueblo, descendientes de África que, con sus palabras, contradicen un destino vaticinado, transgreden y cortan la mirada que aprisiona e intenta fijar al sujeto en un único lugar.

Son psicoanalistas, profesores, filósofos, en su mayoría afrodescendientes, pero también indígenas y colegas que enfrentan el desafío de pensar y actuar sobre los efectos del racismo en América Latina.

¡Que tengan una buena e inquietante lectura!

Presentación

Maria José Tavares Barbos Irmã y Rafaela Degani

Este libro es resultado del curso "Alfabetización Racial Latinoamericana", organizado por la Federación Psicoanalítica de América Latina (Fepal), bajo la presidencia de la psicoanalista Wania Cidade, primera mujer negra en ocupar este cargo. El curso, "Cuestión de color: decolonialidad y psicoanálisis", con el mismo nombre del libro, es una iniciativa del equipo de Coordinación Científica de esta administración. Este, es coordinado por la psicoanalista Marina Massi, y su foco principal es el estudio y la transmisión de las cuestiones de las relaciones raciales en América Latina. Se realizaron doce clases a lo largo de un año. Contamos con la participación de profesionales de diversas áreas, que generosamente compartieron sus vastos conocimientos sobre el tema.

Fueron encuentros marcados por el diálogo y la diversidad, que se transformaron en los textos presentes en los capítulos de este libro. América Latina está marcada por una historia de colonialismo, resistencia y diversidad cultural. El psicoanálisis latinoamericano fue fecundado en el continente y hoy tiene relevancia mundial. Sin embargo, durante décadas el racismo, sus efectos y causas no han sido discutidos desde una perspectiva psicoanalítica, denunciando una negación colectiva en nuestras instituciones.

¿Cómo no pensar la clínica y la teoría en nuestro trabajo si formamos parte de una sociedad marcadamente racista? Por esta razón, creemos que es urgente un proyecto de alfabetización racial para la comunidad Fepal y otras partes interesadas. Es imperativo que el psicoanálisis mire los legados del colonialismo, lo que nos constituye como sujetos latinoamericanos.

De esta forma, este libro se presenta no solo como una invitación al diálogo, sino como una acción hacia la alfabetización racial tan necesaria en nuestro medio. Que las páginas que siguen inspiren nuevas investigaciones, agudicen la escucha y amplíen las fronteras de un psicoanálisis todavía muy blanco y eurocéntrico.

Buena lectura.

1. Pulsión de destrucción: entre Racismo anti-negro y el Devenir-negro de la humanidad[1]

Ignácio A. Paim Filho

> *El acto de comer es una destrucción del objeto con el propósito de incorporarlo, y el acto sexual, una agresión con la intención de la unión más íntima. Esta acción, conjugada y contraria, de las dos pulsiones básicas produce toda la variedad de la vida (Freud, 1940, p. 27).*

> *En primer lugar, los riesgos sistemáticos a los que solo los esclavos negros fueron expuestos durante el primer capitalismo constituyen ahora, si no la norma, al menos la suerte de todas las humanidades subalternas (Mbembe, 2022, p. 17).*

---

1 Este trabajo reproduce las ideas del artículo "Pulsão de destruição – o disruptivo em ação – entre o tanático e o criativo" [Pulsión de destrucción: lo disruptivo en acción, entre lo tanático y lo creativo], publicado en el libro: *Racismo: por uma psicanálise implicada* (Paim Filho, 2021). Sin embargo, esta nueva versión revisa y amplía varios de los postulados planteados en el texto original, con especial énfasis en el concepto de *devenir-negro* de A. Mbembe (2022). Debido a estas modificaciones, se hizo necesario también un nuevo título.

En febrero de 1914, Freud concluía su obra "A modo de introducción al narcisismo" -libido del Yo *versus* libido del objeto (segunda dualidad pulsional)-, etapa que hace de la libido el agente predominante de la vida psíquica. El narcisismo estructura el Yo en sus dos segmentos: el Yo-ideal y el Ideal-del-Yo. Con esta proposición disruptiva, la primera dualidad es engullida por la libido; la pulsión de autoconservación, exteriorizada en el mítico primer amamantamiento, que, una vez acontecido, quedará subyugada a la fuerza vinculante de la libido. La psicosis, patología narcisista, convoca a Freud a pensarla e incluirla en el ámbito de la universalidad de lo humano: "El sueño es, por tanto, una psicosis, con todos los despropósitos, formaciones delirantes y confusiones sensoriales que ella supone" (Freud, 1940, p. 85). Lo primitivo, el más allá de la neurosis, está presente en los desafíos de la clínica y en la cultura: la destructividad exteriorizada en el sadismo, con sus defensas narcisistas, se vuelve prominente y las "perversiones patológicas" (Freud, 1905) se reconfiguran.

Desde el pensamiento freudiano, se empieza a concebir el porqué de las guerras, de las cruzadas con su evangelización forzada, de la inquisición, del fascismo, del nazismo, de la esclavitud, de la colonización y dominación del continente africano, de los fundamentalismos, etc., en tanto rasgos de la crueldad humana intrínseca. Todas estas barbaridades, vale la pena señalar, tienen como su mayor agente promotor al hombre blanco europeo: el que se considera el civilizado por excelencia.

En julio de ese mismo año estalló en Europa la Primera Guerra Mundial. Esta se desplegó en toda su destructividad durante cuatro largos años (1914-1918), convirtiendo al viejo continente en el mayor representante de la intolerancia hacia el prójimo. Esta tragedia escenificada y protagonizada por y para el ser humano, en términos metapsicológicos, tiene uno de sus pilares psíquicos construido en torno al "narcisismo de las pequeñas diferencias" (Freud, 1930, p. 367). Este, que según Freud está entrelazado con las exigencias del Ideal-del-Yo, contiene no solo una parte individual, sino también una parte social, "(...) el ideal común de una familia, de una clase, de una nación" (Freud, 1914, p. 118). Siguiendo este pensamiento, que delimita la diferencia y estimula la segregación entre grupos y su efecto *apartheid*, enfatiza: "Siempre es posible ligar a un gran número de personas en el amor, siempre que otras queden fuera para manifestarles la agresividad" (1930, p. 366). La fuerza inhóspita de los pactos narcisistas, trabajando a favor de la endogamia, en detrimento de la exogamia: el extranjero como agente de ruptura que debe ser eliminado. Una época en la que reflorecen, por ejemplo, las corrientes antisemitas -lo disruptivo con sus efectos tanáticos-, que alcanzarán su punto álgido durante la Segunda Guerra Mundial (1939-1945), con el holocausto del pueblo judío.

Al año siguiente, en medio de los acontecimientos decurrentes de la guerra, Freud, en la soledad de la Bergasse 19, escribió sus textos metapsicológicos. Entre ellos, destaco "Duelo y melancolía". Esto se debe al intenso vínculo que este texto de 1915 tiene con el de 1914. Ambos se ocupan del lugar determinante del objeto en la constitución del aparato psíquico, de lo estructural a lo psicopatológico: narcisismo, duelo y melancolía. Dentro de este ámbito, tendremos el anuncio de que la complejidad de este aparato se producirá en la interacción del trabajo del duelo *frente al* trabajo de la melancolía. En esta coyuntura, un breve ensayo de 1916, "La transitoriedad", juega un papel importante como medio para propagar la relevancia del trabajo de duelo para el proceso de maduración del sujeto y del orden social, clima propicio para el devenir de una postura ética. La melancolía nos esclaviza al nefasto determinismo de la destrucción, lo tanático -"(...) se aparta de todo lo doloroso, sintieron menoscabado su goce de lo bello por la idea de su transitoriedad" (Freud, 1916, p. 223) , mientras que el duelo, en su elaboración, es liberador, lo creativo – "Con solo que se supere el duelo, se probará que nuestro alto aprecio por los bienes de la cultura no ha sufrido menoscabo por la experiencia de su fragilidad. Lo reconstruiremos todo de nuevo, todo lo que la guerra ha destruido (...)" (Freud, 1916, p. 224).

En su conjunto, esos trabajos señalarán el camino disruptivo para la hegemonía del principio de placer, basado en los destinos de la pulsión sexual y su íntima relación con el estado de deseo. Son precursores de la inconfidencia de los años veinte: anuncio de una disposición pasiva primaria, que produce ranuras al postulado de la actividad primaria, conforme lo planteado en "Pulsiones y destinos de pulsión" (Freud, 1915). El objeto comienza a esbozar su protagonismo en la estructuración de la psique, tomando como referencia las identificaciones narcisistas: el ser identificado (el Yo-ideal) que el narcisismo primario contempla. El aparato psíquico de 1900, llamado Primera Tópica, centrado en el inconsciente reprimido, con su composición representacional, comienza a mostrar su insuficiencia. El Yo, la conciencia moral, lo irrepresentable, reclaman un *tópos*, que les proporcione los elementos necesarios para alcanzar la dimensión metapsicológica en su plenitud: económica, dinámica y topográfica. La Segunda Tópica (1923) comienza a gestarse.

Tal contexto, en su relación con la destructividad y los destinos de la pulsión sexual, tendrá sus resonancias más significativas después de 1920, con el advenimiento de la dualidad pulsión de vida *versus* pulsión de muerte – una nueva puesta en escena de lo disruptivo en la teoría de las pulsiones. Con esta tercera dualidad en escena, resultante de las resonancias de la coyuntura cultural y de la clínica, Freud reveló nuevas rupturas en lo establecido hasta entonces. Demarcación medular en la institución de Freud como pensador inconfidente (Paim Filho, 2020).[2] Él traerá al palco analítico la fuerza disruptiva de la pulsión de destrucción que, junto con Eros, con su vigor conjuntivo,

2 En el artículo "Freud, o inconfidente, e seus estranhos pensamentos" (Paim Filho, 2019), trato de hacer del inconfidente un concepto estrechamente relacionado con *Das Unheimliche*. Un concepto que remite a la idea de ruptura ser desleal a las posturas dogmáticas, lo que se antepone a lo establecido.

determinarán el acontecer de la vida y de la muerte: "Esta acción, conjugada y contraria, de las dos pulsiones básicas produce toda la variedad de la vida" (Freud, 1940, p. 27). Con este nuevo postulado como agente fundador de la psique, tendremos la vida anímica aconteciendo a partir del intrincamiento de esas pulsiones. Esta concepción se basa ahora en la proposición de un masoquismo primario, que, en su interrelación con el narcisismo, diseñará las vicisitudes de las pulsiones del sujeto psíquico.

La idea de lo disruptivo, como un movimiento que desaloja, rompe, fractura el curso del *statu quo,* siempre ha estado presente en el pensamiento freudiano. Esta observación es coherente con su concepción del pensamiento científico, esbozada en "Tótem y tabú" (1913): un pensar que propicia un constante cuestionarse, un estímulo para romper con los límites de lo conocido. Evidentemente, la idea de una pulsión de muerte, como la pulsión de las pulsiones, que hace de la pulsión de vida un mero vasallo, es una gran ruptura, una subversión, probablemente tan siniestra como la idea de sus otros *Shibboleth*[3]: sueños (1914), inconsciente (1923), sexualidad infantil (1919) y complejo de Edipo (1920). Sin embargo, es con el concepto de pulsión de muerte, o, mejor dicho, de destrucción[4], con su capacidad de "disolver nexos" (Freud, 1940, p. 25), que lo disruptivo

3 Freud, a partir de 1914, tras la primera escisión del movimiento psicoanalítico, nombra cuatro constructos teóricos como fundamentales en la construcción del psicoanálisis. Para ello, busca en el Libro de los Jueces, del Antiguo Testamento, la palabra *Shibboleth*, que la atribuirá a los siguientes conceptos: sueños (1914), sexualidad (1919), complejo de Edipo (1920) e inconsciente (1923). Remito al artículo: "Shibboleth, Freud e o fundamental na psicanálise e no devir analista" (Paim Filho, 2010).

4 En el texto "Silêncio: uma escuta metapsicológica" (Paim Filho, 2016), hago consideraciones en el sentido de diferenciar pulsión de muerte y pulsión de destrucción. La primera es la pulsión situada entre lo somático y lo psíquico, que es silenciosa; la segunda es la pulsión situada en lo psíquico, ligada por Eros, por lo que se vuelve ruidosa debido a su enfrentamiento con la libido y, al mismo tiempo, hace una exigencia de trabajo.

adquiere contornos metapsicológicos: la fuerza desasimiladora de la pulsión de destrucción que pretende romper con la fuerza asimiladora de Eros. Lo derivativo de este embate será la melodía pulsional dominante. Recordemos que tal pulsión siempre es guiada por Eros, que traza los itinerarios a recorrer desde la repetición de lo mismo hasta la repetición diferencial. Por lo tanto, en la intrincación pulsional, tanto si predomina la pulsión de destrucción o la libido, la resultante "siempre terminará asumiendo el papel de principal representante de Eros" (Freud, 1923, p. 50).

Cabe señalar que la pulsión de muerte, con su fuerza centrífuga, es ciega, sorda y muda; sus caminos siempre estarán señalizados por la fuerza centrípeta de la libido. De este modo, lo tanático y lo creativo dependen de lo disruptivo de la pulsión de destrucción, que tiene la capacidad única de desalojar lo que está alojado, y de Eros, que se empeña en establecer nuevas conexiones. En vista de esta proposición, puede haber tres destinos, no excluyentes: a) cuando la fuerza vinculante de Eros se vea sometida a la pulsión de destrucción, prevalecerá lo tanático; por ejemplo, los traumas precoces; b) si hay un predominio de Eros, la pulsión de destrucción domesticada seguirá las reglas propuestas por Eros, con espacio para la creación; por ejemplo, la sublimación; c) el equilibrio entre estas fuerzas, que proporciona una homeostasis psíquica, un estado potencial para lo creativo y/o lo tanático. Siguiendo esta línea de pensamiento, Freud argumenta: "Un aumento sustancial de la agresividad sexual lleva a alguien de la condición de amante a la de asesino pasional, mientras que una disminución sustancial del factor agresivo lo vuelve tímido o impotente" (Freud, 1940, p. 27). El factor intensidad, el más característico de la pulsión, es el gran marcador de diferencias.

Estas notas puntuales sobre lo disruptivo, en el pensamiento freudiano, pretenden ser indicadores para que, centrado en la pulsión de destrucción, ejercitemos un pensamiento sobre ello en nuestra contemporaneidad: el siglo XXI. Este siglo que nace bajo la insignia de la búsqueda de la plenitud narcisista. La idea de la inmortalidad se vuelve apremiante, no como ficción, sino como un hecho, acompañado de la certeza de su realización. Según Harari, "para las personas modernas, la muerte es un problema técnico que podemos y deberíamos resolver" (2016, p. 31). El tiempo de las certezas de un "pensamiento científico", atravesado por las idealizaciones del pensamiento animista y/o religioso, sufre un choque 100 años después: la muerte, a través de otra pandemia, regresa con toda su letalidad. Este renacimiento reproducirá lo disruptivo en varios vértices: parafraseando a Freud (1917a, p. 178), "no somos dueños de nuestra propia casa". Lo que creíamos superado, la muerte, por cuestiones sanitarias básicas y por la negligencia del poder público para mantener constantemente las medidas de protección (confinamiento, aislamiento, distanciamiento, uso de mascarillas), vuelve para atormentarnos y, al mismo tiempo, la muerte de personas negras, a causa del racismo institucional, comienza a acecharnos con mayor transparencia.

Por lo tanto, pretendo abordar la muerte en dos segmentos: 1) el resurgimiento de la transitoriedad de la vida (*somos seres finitos*), también para el pueblo blanco, en la sociedad del "querer es poder"; 2) el surgimiento, de manera más contundente, de la condición social que forma parte del orden cultural (*el racismo estructural*), en particular el que está vigente en nuestra vida cotidiana hace 500 años: "los riesgos sistemáticos (...) la suerte de todas las humanidades subalternas" (Mbembe, 2022, p. 17). ¿Hay alguna posibilidad de que el pueblo del gigante dormido en una cuna espléndida – remanente del narcisismo del colonizador – empiece a despertar de su "autocomplacencia narcisista" (Freud, 1921, p. 207)?

De lo disruptivo de la pandemia viral a lo disruptivo de la virulencia del racismo anti-negro

> *En la economía del biopoder, la función del racismo es la de regular la distribución de la muerte y hacer posible las acciones asesinas del Estado (A. Mbembe, 2018, p. 18).*

Adoptando como indicadores el encuentro de estos disruptivos, quiero reflexionar sobre la potencialidad que tienen para revelar la fragilidad de lo humano y, además, cuestionar la responsabilidad que tenemos en la causa y en la resolución de estas "guerras virales". Por un lado, la pandemia, con su virus mortal, anunciando a diario lo que no queremos saber, el inexorable ciclo de la vida: nacer y morir. Por otro lado, por una siniestra coincidencia, la virulencia cotidiana del racismo se impone y se expone, con toda su letalidad, como el genocidio del pueblo negro, auge de las operaciones del *necropoder*, basada en la ideología racial. Ambas abordan las atrocidades cometidas por quienes detentan el poder -*la necropolítica* (Mbembe, 2018)-, los grandes colonizadores del pasado y del presente, la pulsión de destrucción atada por un Eros comprometido con ideales supremacistas de raza, clase social, género, etc. Un contexto altamente disruptivo que hoy denuncia, al pueblo blanco, la precariedad de la creencia omnipotente, basada en la veracidad de la condición de universalidad de la blancura, como factor de inmunidad absoluta, frente a las *fuerzas descomunales, implacables y destructivas* provenientes del mundo exterior (Freud, 1930, p. 321). Al fin y al cabo, ¿importan las vidas, en su doble faz: en el cuerpo y en el alma? ¿Qué haremos ante la irrupción de esta innegable constatación: renovación o repetición de lo mismo?

En esta aventura disruptiva, que implica transitar por caminos más desconocidos que conocidos, por tanto, más cerca de lo pulsional, tendré como guía la posición freudiana de 1920: "Lo que no puede tomarse volando, hay que alcanzarlo cojeando... La Escritura dice: cojear no es pecado" (Freud, citando a Rückert, 1920a, p. 182).

La pandemia viral: lo disruptivo EN LA *humanidad*

> *La brutalidad indisimulada de nuestro tiempo pesa sobre nosotros. Mañana será incinerada nuestra pobre niña del domingo (Freud, a Pfister, 1920b, p. 393).*

Como sabemos, Freud, como pensador y creador del psicoanálisis, siempre mantuvo una interacción investigativa y propositiva con la cultura y con la clínica. Como resultado de ese proceso tenemos avances, producto de rupturas en los postulados de su ciencia del inconsciente, o incluso, como me gusta llamarla, la Ciencia *Unheimliche* (Paim Filho, 2009). En este sentido, reconocemos la importancia de la Primera Guerra Mundial, las neurosis traumáticas, la compulsión a la repetición, entre otros, para su inmersión en el problema de la destructividad, desde 1920 hasta el final de su obra. Lo que llama la atención, por su ausencia absoluta, es otra tragedia, que se abatió universalmente al final de la guerra (1918-1920), matando a miles de personas: la gripe española[5].

Con relación a esta pandemia, de letalidad demoníaca, encontramos breves referencias en su correspondencia, algunas con relación a su duelo por la muerte de su hija Sofía, en enero de 1920: "(...) no estamos juntos en este miserable momento de cautiverio y no podemos reunirnos (...) es un golpe brutal del destino que nos robó a nuestra Sofia, algo contra lo que no podemos acusar (...) solo inclinar

5 Este nombre merece una breve aclaración: recibió este nombre en clave debido a que España, que no estuvo directamente implicada en la guerra, fue pionera en dar a conocer la pandemia. Los demás países, las grandes potencias, mantuvieron en secreto durante más tiempo la presencia del virus en sus territorios. ¿En nombre de qué? ¿Presentación de una *necropolítica*? La historia se repite...

la cabeza como un ser humano indefenso" (Freud, a M. Halberstadt, 1920b, p. 381). De todos modos, tenemos lo explícito y lo implícito. Comprendo que la experiencia traumática, tanto personal como universal, le impidió abordar directamente ese acontecimiento dramático y estruendosamente disruptivo: la fragilidad y la crueldad del ser humano, más allá de la guerra vivida en los campos de batalla. Necesitó distanciarse, en el tiempo y en el espacio, para que pudiera tomar forma: "la brutalidad indisimulada de nuestro tiempo pesa sobre nosotros" (Freud, 1920b, p. 393).

Entiendo que este tema, implícitamente, se retoma en "El malestar en la cultura", en particular cuando se refiere a las tres fuentes del sufrimiento humano, en el primer párrafo del capítulo III: "el poder superior de la naturaleza, la fragilidad de nuestro propio cuerpo y la insuficiencia de los dispositivos que regulan las relaciones recíprocas de los seres humanos en la familia, el Estado y la sociedad" (Freud, 1930, p. 332). Al final de este párrafo, añade, como otra fuente de sufrimiento, el elemento que remite a la esencia de la naturaleza anímica, lo pulsional extraviado y las exigencias que las renuncias de la cultura imponen: "surge la sospecha de que detrás de esto también podría haber una parte de naturaleza invencible; esta vez, una parte de nuestra propia constitución psíquica" (Freud, 1930, pág. 333).

Frente a estas proposiciones freudianas, establecidas en 1930, pretendo establecer un vínculo con el malestar de nuestro tiempo. Es hora de resignificar la pandemia viral disruptiva 1920/2020-2022 y de significar la disrupción del racismo virulento 1500/2020. Aun sendo consciente de los límites y riesgos de estructurar un pensar, aún sobre la vigencia de lo traumático, de este *brutal golpe del destino* y de este *miserable momento de cautiverio* -escenas bien conocidas por los descendientes de la diáspora forzada africana-, voy a atreverme a fantasear, en colaboración con nuestra metapsicología.

Con esta proposición en mente, echemos un vistazo, seguramente impregnado de extrañamientos, a estas fuentes de nuestro sufrimiento. En un primer momento, podemos decir que hablan por sí solas; no obstante, creo que merecen algunas consideraciones. Empecemos por la pandemia viral. Sin duda, revela el *poder de la naturaleza y la fragilidad de nuestros cuerpos.* Un virus, producto de la naturaleza, que tiene una letalidad paradójica: muere con agua y jabón, junto con medidas de higiene; pero cuando se aloja en nuestras células nos deja totalmente vulnerables, donde la muerte es una gran probabilidad. Con todo lo que avanzó la medicina durante el siglo XX y en la primera década del siglo XXI, todavía no disponemos de defensas eficaces contra el nuevo coronavirus: el ayer de la gripe española se hace presente en el hoy del Covid-19, con su alto rendimiento de contagio. Entre las muchas hipótesis sobre las complejidades de esta pandemia, lo disruptivo en la humanidad, no podemos dejar de considerar los efectos de la acción destructiva del hombre, "una parte de naturaleza invencible (…) una parte de nuestra propia constitución psíquica" -la fuerza indomable de la pulsión de muerte que, guiada por la libido, en su celo narcisista, se convierte en *Homo Deus* (Harari, 2016)- sobre el medio ambiente. Este está compuesto por un conjunto de elementos físicos, biológicos y químicos, que involucran a todos los seres vivos en una intervención mutua. Esta definición simple, pero muy emblemática, requiere una escucha atenta y sensible: *involucra a todos los seres vivos en una intervención mutua.* Establece la relación causa-efecto, con su retroalimentación intrínseca.

Entiendo que esta proposición está de acuerdo con lo que pensadores contemporáneos, como P. Crutzen y E. Stoermer (2000), han denominado la *Era del Antropoceno.* Esta era tiene al ser humano como referente, su acción es determinante por el alto impacto que causa sobre la tierra, produciendo cambios significativos en la atmósfera, la biodiversidad, el clima, el curso de los ríos, etc. La naturaleza, en un efecto mimético con lo humano, reproduce activamente lo que ha vivido pasivamente bajo la especie que se consideraba dominante, imponiendo su soberanía mortal sobre ella. Es hora de resignificar la máxima darwiniana, nuestra segunda herida narcisista, según Freud, el golpe biológico: "el hombre no es un ser diferente de los animales, ni superior a ellos; él mismo tiene una ascendencia animal" (Freud, 1917a, p. 173). Dolorosa constatación: hemos creado la cultura, pero seguimos existiendo como uno de los mamíferos que componen la naturaleza, ya sea en 1920 o en 2020. Es una invitación al trabajo del duelo, en medio de la tentación de dejarnos enredar en el trabajo de la melancolía, con sus fugas maníacas.

Esta pandemia ha reinstalado el caos de nuestros orígenes, nos ha reconectado con nuestra transitoriedad, con la finitud, y nos ha obligado a mirar la forma en que cuidamos de nosotros mismos, individual y colectivamente -prominente contagio viral comunitario-, así como a nuestro planeta. La era *del Antropoceno* está *sub judice*. Su impacto disruptivo es una llamada a reflexionar sobre lo que somos, lo que queremos y hacia dónde vamos. Una condición con potencial creativo, por la presencia contundente del complejo de castración en cuanto inscripción de la alteridad, contagio psíquico que produce inmunidad, para la construcción de nuevos destinos para el narcisismo y el masoquismo que nos habitan.

En medio de este escenario catastrófico, con miles de muertos, nos enfrentamos a la emergencia de un proceso ominoso: la explosión de movimientos antirracistas. Movimientos que han ido ganando proporciones pandémicas de formas sin precedentes. La virulencia del racismo se ha hecho explícita en diversos contextos. Las múltiples facetas del racismo estructural -económico, político y subjetivo- y su relación con la blanquitud -lugar de privilegio y poder- se convierten en parte de las preocupaciones de nuestra vida cotidiana, ampliando los límites de los movimientos negros y del universo académico. Lo que han plantado los activistas negros desde Zumbi (1655-1695) germina, florece y da frutos; ¿ha llegado el momento de cosechar?

El propio psicoanálisis, que hasta entonces había permanecido en silencio sobre esta cuestión, rompe con su inercia y trata de abordar las implicaciones del racismo en la constitución del sujeto y de la estructura social. Lo disruptivo, como marca del pensamiento freudiano, ha ido retomando su lugar de interlocutor inquieto, con las intersecciones entre las masas y el individuo. Una posición coherente con su idea de la democracia como espacio de libertad, libre pensamiento y relaciones simétricas, surgida de los principios éticos instaurados con el advenimiento de la horda fraterna, tal y como se afirma en el preámbulo de "Moisés y la religión monoteísta", escrito durante su exilio en Londres: "Puedo respirar aliviado ahora que me he quitado el peso de encima y puedo volver a hablar -casi dije 'y pensar'- como quiero o como debo" (Freud, 1939, p. 74). Mi escrito va en esta dirección. ¿Cómo podemos contribuir para reparar el daño que, como analistas, hemos producido, activa y pasivamente, para el mantenimiento del racismo, en la medida en que lo abordamos exclusivamente desde la perspectiva de la psicopatología individual de negras y negros? Por ejemplo, con respecto al sentimiento de inferioridad ante el blanco, se utilizó a menudo la falacia de la meritocracia, para negar las diferencias históricas del lugar subalterno delegado a la población negra: que gane el más capaz, sin considerar los puntos de partida. Todo esto sin tener en cuenta que el racismo es sistémico, que está instaurado en los cimientos de nuestro aparato psíquico, siendo uno de los elementos que dan soporte al proceso de identificación: "Una parte del mundo exterior ha sido resignada como objeto, al menos parcialmente, y fue acogida en el Yo, convirtiéndose así (por identificación) en una parte del mundo interior" (Freud, 1940, p. 173). Identificación con los ideales, provenientes del mundo exterior, erigidos por la minoría blanca, que detenta el poder, sobre la mayoría negra. ¿Serían blancos el Yo-ideal y su heredero, el Ideal-del-Yo? (Paim Filho; Degani, 2021).

Reflexionando sobre nuestros agentes de fracturas de lo establecido, surge la pregunta: ¿cómo se relaciona la pandemia, lo disruptivo *en* la humanidad, con la percepción, en toda su sensorialidad, a gran escala, de norte a sur, de lo que en parte permanecía silencioso e invisible para el pueblo blanco -el racismo lo disruptivo *de* la humanidad?

Una de las posibilidades es la idea de la muerte compartida, junto con el fenómeno del negacionismo, o, para ser más analíticos, de la alucinación negativa colectiva: de la virulencia del racismo de ayer/hoy, del trauma continuo -de la tragedia en curso- que continúa en su primer tiempo, así como de la letalidad de la pandemia de hoy, el segundo tiempo del trauma de la pandemia de ayer. La desafección ante la muerte y la precariedad de la vida, que afecta a todos, son puntos de convergencia entre estas condiciones y el contexto social. Por lo tanto, las palabras de Mbembe sobre el destino que se está diseñando para la humanidad son proféticas: "Es esta nueva característica fungible, esta solubilidad, su institucionalización como nueva norma de existencia y su generalización a todo el planeta, lo que llamamos el *devenir-negro del mundo*" (Mbembe, 2022, p. 20). Veamos cómo corroborar esta hipótesis.

La virulencia del racismo anti-negro: lo disruptivo DE LA *humanidad*

> *El racismo no es un problema personal, sino un problema blanco estructural e institucional que experiencian las personas negras (...) intimidación, por un lado, patologización individual, por el otro (Kilomba, 2019, p. 204).*

Para que mi escrito sea viable y visible, voy a circunscribirlo a nuestra realidad: el racismo a la brasileña, con su hipocresía de democracia racial. Quiero reiterar que, hasta entonces, este tema no había sido objeto de reflexiones y de posicionamientos tan amplios en los más diversos segmentos de nuestra organización social. Elijo como punto de partida el asesinato del estadounidense George Floyd, un hombre negro, a manos de policías blancos, en mayo de 2020. Un punto de ruptura que amplifica y da notoriedad en los varios continentes, al problema que el movimiento norteamericano *Black Lives Matter* venía desvelando desde 2013: el genocidio del pueblo negro, la perpetuación de lo traumático. Como afirma Jurandir Freire Costa en el prefacio al libro de Neuza Souza: "Ser negro es ser violado de forma continua, constante y cruel, sin pausa ni descanso" (Costa, 1983, p. 12).

Este hecho también tiene repercusiones en Brasil, sumándose a la realidad del proceso de racismo institucional que tiene como objetivo el exterminio, sobre todo, de los jóvenes negros: con uno asesinado cada 23 minutos. El movimiento *Black Lives Matter* gana una "visibilidad" inaudita: se hace ver con todas sus sinuosidades, se hace oír en una vibración mayor, se hace sentir, tocando la piel negra a través de la identificación y la piel blanca a través de la empatía, se hace sentir en el sabor amargo de la sangre, se hace sentir en el olor ácido de la muerte. ¿Es un posible punto de encuentro entre la letalidad de la naturaleza, encarnada en el coronavirus, con la letalidad de la naturaleza humana, encarnada en el racismo que estructura nuestra cultura? Entiendo que lo es. Este entrecruzamiento creó las condiciones para revelar y hacer patente el retorno de la destructividad de la naturaleza sobre el humano y la deflexión de la destructividad del humano sobre el humano: "El ser vivo preserva, por así decirlo, su vida destruyendo la vida de los demás" (Freud, 1933, p. 436).

Para intentar responder a mis preguntas, vuelvo a la tercera fuente de sufrimiento del *ser humano indefenso*, enunciada por Freud en 1930: "la insuficiencia de los dispositivos que regulan las relaciones recíprocas de los seres humanos en la familia, el Estado y la sociedad" (p. 332). A esto añado otra afirmación freudiana que, en mi percepción, subraya la importancia del otro como agente que crea los dispositivos de los marcadores sociales que conducen a la inclusión y a la exclusión: "relaciones con otros seres humanos. El sufrimiento que proviene de esta fuente, tal vez lo sentimos más dolorosamente que cualquier otro; nos inclinamos a ver en él un ingrediente en cierto modo superfluo" (Freud, 1930, p. 321).

Como sabemos, toda concepción de raza es una creación. Una creación que, en el caso del racismo hacia el pueblo negro, se remonta al siglo XVI, con el hombre blanco europeo en calidad de agente. En este proceso, que continúa hasta hoy, se fue configurando el racismo estructural y la jerarquía de las razas, dispositivos que tienen como objetivo determinar para los afrobrasileños la ocupación de espacios desvalorizados, en términos económicos y políticos, con sus resonancias en la producción de la subjetividad: "la insuficiencia de los dispositivos que regulan las relaciones". Tiene como premisa la inferioridad intelectual, ética, moral, etc. de negros y negras, avalada por el Estado y por la sociedad brasileña, cuando sus líderes y las clases que ostentan la posición de soberanía niegan la existencia del racismo: *la intimidación* como herramienta de coerción. Un contexto que pretende mantener el dominio blancocentrista presente en la blanquitud. En él, el negro asume el papel de lo diabólico, de la misma manera que el "judío en el mundo ideal ario" (Freud, 1930, p. 373). Todos estos elementos constitutivos del racismo en la vida cotidiana tienden a ser silenciados, vistos como quejas, sin sentido, "nos inclinamos a ver en él un ingrediente en cierto modo superfluo"; al fin y al cabo, vivimos en un país mestizo. La desmentida está declarada. Es necesario cuestionar el régimen democrático, porque no hay democracia con racismo.

Una coyuntura que pone de relieve la necesidad de hacer frente al malestar que nos afecta: el desamparo absoluto, el extravío de la pulsión de destrucción, inflado por los ideales de satisfacción narcisista de la cultura. Este malestar es en función del sistema político, económico y social sobre el que se construyó y se sigue construyendo la sociedad brasileña: racismo-esclavitud-racismo; así como sus prolongaciones en la génesis y el desarrollo del capitalismo, con su premisa altamente individualista, en la que las vidas negras no importan. Según A. Mbembe (2020), este sistema se "basa en la distribución desigual de las oportunidades de vivir y de morir". Esta problemática también está ligada a la pandemia, que, al igual que el problema del racismo, requiere un trabajo colectivo para resolverlo (apoyo en los demás, alimentado por una libido que lleva consigo la marca de la alteridad) y la presencia de un Estado comprometido con el principio ético de que todas las vidas importan. Este trabajo pondrá inevitablemente al descubierto la bancarrota del sistema actual, una ilusión sin futuro.

Pandemia – Racismo: desarrollos de lo disruptivo

> *Las historias importan. Muchas historias importan. Las historias se han utilizado para expoliar y calumniar, pero también se pueden utilizar para empoderar y humanizar. Pueden destrozar la dignidad de un pueblo, pero también pueden reparar esa dignidad destrozada (Adichie, 2019, p. 32).*

Estas breves notas tienen como objetivo reconectarnos con la relación racismo-blanquitud y su virulencia. Una condición estructural que, como estamos comentando, rompe de manera amplia con el silencio histórico sobre el atentado a la dignidad humana, en el paradigmático año 2020. Mi hipótesis es que la pandemia, con su fuerza disruptiva y su re-anuncio de la finitud, desestabiliza nuestras percepciones del mundo. Nuestras defensas narcisistas colapsan: somos frágiles frente al virus y, de manera concreta, tenemos la capacidad de dañar a nuestro prójimo. La letalidad que nos habita, en relación con el otro, gana representatividad: por la virulencia del virus y por la virulencia del racismo. La posibilidad de tener una mirada más atenta hacia el otro se hace de manera más sutil y cuidadosa. Un contexto que estimula a nuevos discursos, *las historias se pueden utilizar para empoderar y humanizar.*

Paralelamente y de forma complementaria, especulo sobre las peculiaridades del pueblo negro y del pueblo blanco para gestionar el encuentro con lo trágico, con lo disruptivo de la pandemia, en medio de la presencia nefasta de la necropolítica, y con la capacidad de potenciar soluciones creativas. Los primeros tienen una larga historia de luchas y resistencias para sobrevivir y transformar la adversidad: hacer de la pulsión de destrucción una aliada para fomentar Eros, en favor del impulso de apoderarse de lo que les pertenece por derecho. Ser negro implica una eterna confrontación con la virulencia del racismo, comprometido con su transformación, implicando al blanco en su responsabilidad en la creación y desarrollo de esta jerarquía de razas, basada en una ideología del cuerpo y del color. Mientras que el pueblo blanco, con sus historias centenarias de privilegio y de un poder constituido en la servidumbre involuntaria de la población afrodescendiente, se encuentra en un mayor grado de indefensión frente a lo disruptivo de la pulsión de destrucción. Su capacidad para crear nuevos caminos requiere más trabajo: el desafío de soportar los dolores del duelo. Saber un poco más de uno mismo, de una forma menos proyectiva, puede ser un buen guion para instrumentalizar recursos para escucharse y escuchar al otro. Posibilidad de *reparar esta dignidad destrozada*. Recorriendo este camino, sentimos las resonancias siniestras de la pregunta de Mbembe: "Si, además, en medio de la tormenta, el negro logra sobrevivir a quienes lo inventaron y si, en uno de esos giros inauditos (...), toda la humanidad subalterna se vuelve efectivamente negra, ¿qué riesgos implicaría tal *devenir-negro del mundo* para la promesa de la libertad y la igualdad universales?" (Mbembe, 2022, p. 22).

Siendo así, en tiempos de pandemia, tenemos la resistencia y la lucha del pueblo negro que, más que nunca, viene ocupando su lugar para hablar. Un lugar de poder, que ha producido efectos que resuenan en todos los territorios, sacudiendo los fundamentos del racismo estructural: el rescate de *muchas historias que importan*. Por otro lado, el pueblo blanco, en su fragilidad, ya no desmentida, son capaces de lidiar con su blanquitud y con sus efectos deletéreos. Esta composición, con sus diferentes intensidades, necesita seguir aconteciendo, siendo escuchada, pensada, trabajada, y no silenciada. Lo disruptivo de la pandemia de 2020 fue un *start*, un grito de alerta que hizo resonar alto y claro el racismo que nos habita. Es hora de convertirlo en *el centro del universo*; la omisión no puede ser sinónimo de neutralidad: a veces, o, mejor dicho, siempre *debemos interferir*. Con esto, como señal, se imponen las siguientes preguntas insurgentes: ¿qué clase de racistas somos? ¿Cómo asumir los efectos patogénicos de la blanquitud? ¿Qué pretendemos hacer para deconstruirlos?

Para concluir, me gustaría utilizar como recomendación las palabras del discurso disruptivo del ganador del *Premio Nobel de la Paz* de 1986:

> A veces debemos interferir. Cuando hay vidas humanas en peligro, cuando la dignidad humana está en peligro, las fronteras nacionales y las sensibilidades se vuelven irrelevantes. Dondequiera que hombres y mujeres sean perseguidos por su raza, su religión o sus opiniones políticas, ese lugar debe – en ese momento – convertirse en el centro del universo (Elie Wiesel).

Referencias

Adichie, C. N. (2019). *O perigo de uma história única* (pp. 11-48). Companhia das Letras.

Freire, J. (1983). Prefácio. In Souza, N. *Tornar-se negro: as vicissitudes da identidade do negro brasileiro em ascensão*. Edição Graal.

Freud, S. (1969). Totem e tabu. In *Obras psicológicas completas de Sigmund Freud* (Vol. 13, pp. 17-191). Imago. (Trabalho original publicado em 1913).

Freud, S. (1969). Uma dificuldade no caminho da psicanálise. In *Obras psicológicas completas de Sigmund Freud* (Vol. 17, pp. 171-179). Imago. (Trabalho original publicado em 1917).

Freud, S. (1969). Moisés e o monoteísmo: três ensaios. In *Obras psicológicas completas de Sigmund Freud* (vol. 23, pp. 19-161). Imago. (Trabalho original publicado em 1939[1934-1938]).

Freud, S. (1982) Carta de Freud a Pfister, 17/01/1920. In *Sigmund Freud, correspondência de amor e outras cartas (1873-1939)*. Nova Fronteira. (Trabalho original publicado em 1920).

Freud, S. (1982). Carta de Freud a M. Halberstadt, 25/01/1920. In *Sigmund Freud, correspondência de amor e outras cartas* (1873-1939). Nova Fronteira. (Trabalho original publicado em 1920).

Freud, S. (2004). À guisa de introdução ao narcisismo. In *Escritos sobre a psicologia do inconsciente de Sigmund Freud* (Vol. 1, pp. 95-131). Imago. (Trabalho original publicado em 1914).

Freud, S. (2004). Pulsões e os destinos da pulsão. In *Escritos sobre a psicologia do inconsciente de Sigmund Freud* (Vol. 1, pp. 145-173). Imago. (Trabalho original publicado em 1915).

Freud, S. (2006). Luto e melancolia. In *Escritos sobre a psicologia do inconsciente de Sigmund Freud* (Vol. 2, pp. 99-116). Imago. (Trabalho original publicado em 1915/1917).

Freud, S. (2006). O além do princípio de prazer. In *Escritos sobre a psicologia do inconsciente de Sigmund Freud* (Vol. 2, pp 135-198). Imago. (Trabalho original publicado em 1920).

Freud, S. (2007). O Eu e o Id. In *Escritos sobre a psicologia do inconsciente de Sigmund Freud* (Vol. 3, pp 27-71). Imago. (Trabalho original publicado em 1923).

Freud, S. (2014). Transitoriedade. In *Obras incompletas* (pp. 221-224). Autêntica Editora. (Trabalho original publicado em 1916).

Freud, S. (2014). Compêndio de Psicanálise. In *Obras incompletas* (pp. 11- 177). Autêntica. (Trabalho original publicado em 1940).

Freud, S. (2016). Três ensaios sobre a teoria da sexualidade. In *Obras psicológicas completas* (Vol. 6, pp. 13-172). Companhia das Letras. (Trabalho original publicado em *1905*).

Freud, S. (2020). Psicologia das massas e análise da Eu. In *Obras incompletas* (pp. 137-225). Autêntica. (Trabalho original publicado em *1921*).

Freud, S. (2020). O mal-estar na cultura. In *Obras incompletas* (pp.305-405). Autêntica. (Trabalho original publicado em 1930).

Freud, S. (2020). Por que da guerra? In *Obras incompletas* (pp. 421-441). Autêntica. (Trabalho original publicado em 1933).

Harari, Y. N. (2016). *Homo Deus; uma breve história do amanhã*. Companhia das Letras.

Kilomba, G. (2019). *Memórias de plantação – Episódios de racismo cotidiano*. Cobogó.

Mbembe, A. (2018A). *Necropolítica: biopoder, soberania, estado de exceção, política de morte.* n-1.

Mbembe, A. (2018b). *Crítica da razão negra*. n-1.

Mbembe, A. (2020) Entrevista a Folha de São Paulo, em 30.03.2020. Disponível em: www1.folha.uol.com.br

Paim Filho, I. A. (2010). Shibboleth, Freud e o fundamental na psicanálise e no devir analista. In *Formação psicanalítica: fatos e versões*. Letra & Vida.

Paim Filho, I. A. (2019). Silêncio: uma escuta metapsicológica. In *Inconfidências metapsicológicas: das Unheimliche*. Sulina.

Paim Filho, I. A. (2020). Freud, o inconfidente e seus estranhos pensamentos. *Revista da Associação Sigmund Freud.*

Paim Filho, I. A. & Degani, R (2021). Racismo – a inegável existência da crueldade – no mundo conceitual branco. In *Racismo: por uma psicanálise implicada.* Artes & Ecos.

2. El psicoanálisis y la cultura de la discriminación: el cuerpo negro como categoría imaginaria simbólica

Isildinha Baptista Nogueira

Achille Mbembe, en su obra *Crítica de la razón negra*, sirviéndose del retrato que Alexis Tocqueville dedicó a la democracia norteamericana, hace la siguiente afirmación: "El prejuicio racial 'parece aumentar en la medida en que los negros dejan de ser esclavos, y en la medida en que la desigualdad se arraiga en las costumbres a la vez que se borra en las leyes'. La abolición del principio de la esclavitud no significa necesariamente la liberación de los esclavos y la igualdad distributiva, solo contribuye a convertirlos en 'desdichados restos', destinados a la destrucción" (Mbembe, 2018, p. 153).

La libertad, como dice Mbembe, no nos permite compartir derechos, placeres, trabajo, dolor y mucho menos la muerte; podemos ser asesinados a los ojos de la ley, sin que sea realmente un crimen, que quedará sin reparación posible, en un perverso acuerdo cordial; la muerte de los negros no importa.

La esclavitud doblegó su cuerpo y su alma, el cautiverio lo brutalizó, lo deshonró, deconstruyó su raza, le arrebató el sentido de pertenencia a una nación; África se convierte en un recuerdo lejano del que debe olvidarse: su religión, el idioma de sus padres y su cultura.

Su lengua no lo inserta en este mundo desconocido, sino que lo coloca en la categoría de los semihumanos; el negro esclavizado es la representación de la degeneración física y moral; se convierte en un ser abyecto, por lo tanto, naturalmente depositario de una justificada violencia que no cabía en la fantasía de superioridad de la raza blanca.

El recuerdo de este pasado sociohistórico lo desacredita racialmente y lo aprisiona en un eterno devenir esclavo, de un cuerpo negro, excluido de un lugar en una cultura que lo eligió como depositario de todos los males que justifican su exclusión.

La abolición, en efecto, aunque le concedió la ciudadanía, no lo liberó, porque no le garantizó las condiciones necesarias para su ejercicio; y, además, a pesar de la abolición, permanecería en él indefinidamente el cautiverio psíquico de una imagen que, con el tamiz de la ciencia, justificaría la "inhumanidad" del negro. No faltaron estudios e investigaciones científicas que, habiendo estudiado la conformación del cerebro africano, pretendían certificar su incapacidad mental.

Consciente de este pasado socioeconómico histórico, me propongo, a partir del psicoanálisis, pensar este *cuerpo negro* como una categoría imaginaria y simbólica; al fin y al cabo, es como *cuerpo imaginario* y *cuerpo simbólico* que el cuerpo se inscribe en la dimensión psíquica; estas son las cuestiones que desarrollé en mi trabajo de tesis, *A cor do inconsciente: Significações do corpo negro*:

> *Para el psicoanálisis, el cuerpo, como tal, es irrepresentable. Imposible de ser capturado en una representación, lo real del cuerpo permanece fantásticamente ligado a las experiencias arcaicas de despedazamiento, anteriores a la fase de espejo.*
>
> *El cuerpo imaginario corresponde a la imagen totalizadora que el niño conquista en la fase del espejo, y que le llega a través del reconocimiento del otro: es en esta experiencia*

> *fundadora donde se producen las estructuras de identificación. Si el cuerpo imaginario constituye un todo, una imagen, un continuum de conexiones, el cuerpo simbólico corresponde a la forma significante, es decir, a algo que, como parte, representa en una relación simbólica aquello que, como tal, escapa a la representación. En la dimensión simbólica, por lo tanto, será una pieza, un aspecto del cuerpo debidamente simbolizado, es decir, investido de sentido, que emerge como marca de una totalización imposible (Nogueira, 2021, p. 97).*

Exploré también las dimensiones imaginarias y simbólicas del cuerpo negro, que desde mi punto de vista producen experiencias psíquicas singulares, que producen, para el negro, una condición subjetiva particular. Para el negro, la complejidad de su experiencia del proceso del espejo produce un proceso de identificación con la *blancura*, precisamente con aquello que, en su imagen especular, se le escapa.

Consideré asimismo la *piel negra* como un significante, desde el punto de vista del cuerpo simbólico, como aquello que representa la condición de negro para los no-negros, y exploré los significados a los que se asocia este significante en las redes simbólicas de formación social, explorando las dimensiones imaginarias y simbólicas que produce la experiencia de ser portador de un cuerpo negro, las vivencias psíquicas que experimentan los negros.

Françoise Dolto, en su libro *La imagen inconsciente del cuerpo* (1992), establece una distinción entre los conceptos de *imagen del cuerpo* y *esquema corporal*, cuyos significados a menudo se confunden.

El *esquema corporal* indica la condición de representante de la especie del individuo, y en general es el mismo para todos, el de pertenecer a la raza humana. La *imagen del cuerpo* no se define a partir de esta inexorable pertenencia genérica a la especie humana; es única para cada uno, singular, está ligada al sujeto, a su historia; es inconsciente y sostenida por el narcisismo.

La *imagen del cuerpo* es una construcción imaginaria determinada por el hecho de que el aparato psíquico se estructura en las instancias psíquicas del Ello, del Yo, del Superyó, como proponía Freud. Para Dolto, el mediador de las instancias psíquicas en las representaciones metafóricas expresadas por un sujeto es la imagen del cuerpo. En este sentido, la imagen del cuerpo estará implicada en todas las formaciones del aparato psíquico.

En cuanto al *esquema corporal*, Dolto dice: "es una realidad de hecho, en cierto modo es nuestro vivir carnal al contacto con el mundo físico" (p. 10).

Por lo tanto, las experiencias que vivenciemos serán determinadas por las condiciones físicas del organismo, según se encuentre en un estado de integridad o de lesiones transitorias o permanentes de naturaleza neurológica, ósea o muscular, o de sensaciones fisiológicas dolorosas, viscerales o circulatorias.

Los problemas orgánicos precoces, aunque sean circunstanciales, acarrean alteraciones del esquema corporal, pero la falta o interrupción de las relaciones que Dolto llamó la "imagen hablante del cuerpo"[1] puede dar lugar a modificaciones temporales o permanentes de la imagen del cuerpo. Sin embargo, no es infrecuente que un esquema corporal enfermo coexista con una imagen sana del cuerpo, o que un cuerpo sano coexista con una imagen enferma.

La simbolización de una imagen del cuerpo no enfermo depende de la aceptación del problema del niño por parte de los padres, para que, a pesar del problema, el niño pueda ser reforzado positivamente en sus posibilidades, garantizando su humanización.

---

1 Para Dolto, la "imagen hablante del cuerpo" constituye el conjunto de formas verbales en las que puede representarse y expresarse la imagen del cuerpo.

Cuando, por el contrario, la madre es incapaz de decirle al niño acerca de su diferencia mientras que el niño, en el curso de su desarrollo, se dará cuenta de las diferencias reales entre su cuerpo y los cuerpos de los demás niños resultará – difícil para el este pasar por las diversas etapas del desarrollo.

Las madres negras callan sobre el cuerpo negro, resultado de una sociedad que guarda silencio sobre el racismo, produciendo para los negros un proceso de negación de su diferencia fenotípica en relación con los blancos, como forma de evitar el dolor de la exclusión y la borradura que sucede, precisamente, por el color que porta su cuerpo negro. "Para un ser humano, la imagen del cuerpo es a cada instante la representación inmanente inconsciente donde se origina su deseo" (Dolto, 1992, p. 24).

Basándose en Freud, Dolto piensa que las pulsiones encaminadas a la realización del deseo son pulsiones de vida y de muerte. Las pulsiones de vida están invariablemente ligadas a una representación, a diferencia de las pulsiones de muerte, que escapan a la representación. La pulsión de muerte no representa el deseo de morir, sino que se caracteriza por la desinversión erótica en las relaciones con el otro, como puede observarse en los estados de reposo, sueño profundo, ausencias y coma.

Así, la relación del niño con sus padres es de gran importancia para que en el niño la pulsión de vida prevalezca sobre la pulsión de muerte; es decir, para que su inversión erótica y autoerótica tenga lugar en las relaciones con el otro, en lugar de una desinversión y consecuente escisión consigo mismo, que no le permitiría elaborar su imagen del cuerpo, construida en la historia del sujeto.

En la medida en que el negro es atravesado por representaciones despectivas del cuerpo negro, ¿hasta qué punto es posible que construya una imagen del cuerpo en la que se preserve la condición genérica?

Creo, incluso, que lo que por herencia nos daría un sentimiento de humanidad y pertenencia se tambalea, cuando muchos negros rechazan su conformación física y se vuelven deseosos de características físicas que los acerquen "al blanco", que los "humanicen".

No es inusual que los negros recurran a la cirugía plástica en un intento de modificar a través de flagelación corporal sus características físicas. No es raro que las madres negras, a través de métodos deplorables, traten de modificar las características físicas de sus bebés, para que no crezcan con la nariz chata o las nalgas voluminosas.

¿Qué sujeto deseante es el hombre negro que ve en su equipamiento para la satisfacción del deseo, el cuerpo, ya un obstáculo: su color? Un cuerpo que es la negación de lo que desea, porque su ideal de sujeto, su identificación, es lo inalcanzable: el cuerpo blanco.

Existe aquí una disonancia entre el *esquema corporal* y la *imagen del cuerpo*, que se expresa cuando el negro idealiza para sí una imagen del cuerpo que no corresponde a su esquema corporal, cuando es éste el que, teóricamente, le daría al negro el sentimiento de universalidad, de pertenencia a la especie humana.

Para los blancos, el sentimiento de universalidad está presente porque se reconocen en un "nosotros"; para los negros no existe tal sentimiento, porque no son similares en esa visión que humaniza y universaliza al blanco, y segrega al negro.

Su esquema corporal es vilipendiado por el color de la piel, los tipos de cabello, etc., y estas diferencias no son aplacadas por sus padres, ni siquiera cuando trabajan una imagen de cuerpo más saludable, porque sus cuerpos también están atravesados por el mismo estigma.

Mientras Françoise Dolto trabaja sobre la imagen inconsciente del cuerpo, diferenciando *imagen del cuerpo* y *esquema corporal*, Sami-Ali trabaja sobre la cuestión del cuerpo desde la dialéctica entre lo *real* y lo *imaginario, psique/soma*, para entender la unidad psicosomática constitutiva del hombre a partir del referencial psicoanalítico.

Para Sami-Ali (1993), en la constitución de la imagen del cuerpo, el rostro y el sexo se destacan como puntos relevantes. El rostro es "el lugar donde se afirma la doble identidad sexual y simbólica del sujeto" (p. 108). Pero el rostro solo puede ser percibido en el plano de la visión por otro, o por el propio sujeto a través del espejo. Para el sujeto, solo es posible acceder directamente al rostro mediante el tacto, y no por la mirada: el rostro es lo invisible donde se revela lo visible.

Es un hecho que el sujeto tiene, para sí mismo, un rostro que trasciende la serie de manifestaciones que pueda exhibir, pero no se trata de la simple posibilidad de un *ser* que supere el *parecer*; se trata, más bien, de una "ambigüedad radical", que es la apropiación de un rostro que se esboza y cobra existencia desde el "punto de vista de los otros" (Sami-Ali, 1993, p. 108).

Sami-Ali recurre al mito de Narciso para explicar esta "ambigüedad radical". En el mito de Narciso, el autoconocimiento es sinónimo de muerte, lo que, según Sami-Ali, muestra la ambigüedad de este conocimiento. El mito gira en torno al rostro, que representa el cuerpo en su totalidad. Cuando Narciso ve el reflejo de su rostro en el agua, en la medida en que la imagen que reconoce es la de otro, Narciso, "sin darse cuenta, se desea a sí mismo... ¿Qué es lo que ve? No lo sabe, pero lo que ve lo consume; el mismo error que engaña a sus ojos los excita" (Ovidio, *apud* Sami-Ali, p. 108).

La exactitud del reflejo de la imagen de Narciso le fascina, impidiéndole distanciarse; mantiene la ilusión al mismo tiempo que la destruye: cuanto más intenta acercarse, más se aleja del objeto.

Narciso no se deja engañar por mucho tiempo: "¡Pero ese niño soy yo!". Narciso se reconoce a sí mismo como un otro que es él mismo, y esta alteridad por la que se mide el hecho de ser ajeno a sí mismo en lugar de liberarlo de la fascinación del objeto, lo atará a él hasta la muerte.

Narciso muere ante su imagen, que, por cierto, no dejará de contemplar durante su estancia en el infierno, en las aguas del Estigia, dejando un cuerpo que se transforma en "una flor de color azafrán, cuyo centro está rodeado de pétalos blancos" (Ovidio, *apud* Sami-Ali, p. 109).

Sami-Ali señala que, si atendemos al mito de Narciso tal como se expresa en el poema de Ovidio, se puede reconocer, además del "narcisismo formal" que pone "al sujeto en confrontación con su imagen", un "narcisismo material" que funda la identidad del sujeto y del objeto. Narciso y la fuente que lo separa de sí mismo y de su imagen son parte del engaño de los orígenes: "El espejo es un rostro y el rostro es un espejo" (p. 109).

El rostro, en un primer momento, es un dato constitutivo del mundo exterior, una forma significativa, "pero sorprende por un vacío a nivel de la imagen del cuerpo" (Sami-Ali, p. 108). Sin que haya pérdida de identidad personal, en este vacío de no-constitución, "el sujeto es el que no tiene rostro" (p. 111). Esto significa el reconocimiento del extranjero en uno mismo: "ser sin rostro y poseer un rostro que luego se pierde son dos maneras de expresar una intuición fundamental del ser" (p. 111).

A partir de los tres meses, cuando se instala la visión binocular, el niño comienza a tener la visión del rostro de la madre, siendo la madre el objeto de identificación primaria. El rostro de la madre coincide con el campo visual inmediato, lo que dificulta discernir entre la experiencia de ver y ser visto, entre la visión y el órgano de la visión. Es un proceso inicialmente caótico, en el que no hay diferenciación entre sujeto y objeto.

Inicialmente, el niño percibe el rostro del otro el de la madre como si fuera su propio rostro, lo que corrobora las observaciones que atribuyen al niño el rostro visible a partir de la mirada del otro: "En la primera etapa del proceso de reconocimiento del sujeto, éste no tiene rostro; en la segunda, tiene el rostro del otro; en la tercera, percibe el rostro como si fuera otro" (Sami-Ali, p. 120).

En este tercer momento, para el niño, no se trata de una percepción del otro en sí mismo, o del otro en relación consigo mismo, sino del otro que se diferencia con relación a otros; así, la madre y el padre, desde la perspectiva del niño, son percibidos como extraños entre sí. El hecho de que el niño perciba que hay otros rostros diferentes del rostro de su madre significa, para él, presentir la posibilidad de que él mismo sea un rostro diferente al de su madre.

La angustia del octavo mes se produce en el momento en que la identificación del rostro da paso a una proyección; y, en ese momento, se establecen simultáneamente la diferencia y la distancia en relación con otro *self*: "De aquí surge la profunda identidad entre lo familiar y lo extraño, revelada por un sentimiento de inquietud cada vez que se produce la objetivación incierta del rostro del otro, que fue, inicialmente, el rostro del sujeto" (Sami-Ali, p. 121).

Es en este proceso en el que el sujeto se descubre como doble, porque la imagen de sí mismo, garantizada en un primer momento por la identificación con el rostro de la madre, se ve afectada por la dimensión de la alteridad, que produce para el sujeto una pérdida de sí mismo en el extraño. A este proceso Sami-Ali denomina "angustia de despersonalización".

A partir de este proceso, el niño comienza a reconocer en el rostro de la madre a un otro con el que previamente se identificaba, lo que produce una sensación extraña e inquietante en la que el niño percibe la distancia entre él y el otro (madre): "Soy y no soy el rostro del otro" (Sami-Ali, p. 124-125). El extraño es el otro en relación con el otro, es decir, el propio sujeto. Al proyectar sus impulsos, el niño dispondrá de las nociones de *extraño* y *malo*, de *familiar* y *bueno*.

Aquí, *bueno* y *malo* están relacionados con la elaboración por parte del niño de la presencia y la ausencia de la figura materna, representando una escisión entre sujeto y objeto.

Para Sami-Ali, es en este contexto donde el niño realiza la experiencia del espejo. Para el sujeto, esta da acceso a la identidad como rostro, que, una vez atravesada por la dimensión de la alteridad, produce una vivencia ambivalente: la sensación de poseer un rostro (como uno adentro) y, al mismo tiempo, de no poseerlo (como uno afuera).

La experiencia del espejo, según Sami-Ali, coloca al sujeto en oposición al otro desde el principio; otro que aún no es el propio sujeto. Esta experiencia, por lo tanto, se caracteriza por un proceso de desidentificación del rostro de la madre, hacia un proceso de identificación con el rostro del propio sujeto.

Sami-Ali hace uso de un concepto de Lacan, "la asunción jubilosa", para explicar que el niño en la fase de espejo depende de la madre para alimentarse, en el proceso de desarrollo de sus funciones motrices; está lejos de poner en acción todo el proceso dialéctico de identificación con el otro. Sin embargo, este es el inicio de un largo proceso de proyección que pretende formar, en su diferencia, el rostro del otro con el que el niño se identifica en un primer momento:

> *La asunción jubilosa adquiere entonces un triple significado: es la culminación de la separación primordial entre el interior y el exterior; es la superación de lo extraño inquietante, originalmente ligado a la percepción del doble; y es la confirmación del primado absoluto de esa misma percepción (Sami-Ali, pp. 131-132).*

Debido a que la experiencia del espejo se deriva del doble y no al revés por muy eventual que sea no deja de ser una experiencia en la que el niño experimenta la pérdida de su subjetividad como rostro, es decir, la pérdida del rostro que imagina tener.

Las proposiciones teóricas de Sami-Ali me permitieron ver una nueva luz en los debates sobre la condición subjetiva del negro.

La forma en que se piensa del negro puede ejemplificarse con el comentario de Jurandir Freire Costa, cuando afirma que:

> *ser negro es ser violado de manera constante, continua y cruel, sin pausa ni reposo por una doble imposición: el de encarnar el cuerpo y los ideales del Ego del sujeto blanco y el de rechazar, negar y anular la presencia del cuerpo negro (Costa, 1984, p. 104).*

Para Jurandir Costa, se trata de la violencia racista que, como una carga insoportable, se impone al negro a través de una "norma psico-socio-somática" (p. 104) creada e impuesta por una clase dominante blanca. La violencia racista se basa en la destrucción de la identidad negra.

A medida que el negro se enfrenta al desmoronamiento de su identidad negra, se ve obligado a internalizar un Ideal del Yo blanco.

La identidad del sujeto depende en gran medida del cuerpo o imagen corporal investida eróticamente, es decir, la identidad depende de la relación que el sujeto crea con su propio cuerpo. Costa concluye que: "Desde el momento en que el negro toma conciencia del racismo, su psiquismo queda marcado con el sello de la persecución por su cuerpo-propio" (p. 108).

Es por esta toma de conciencia que el sujeto negro comienza a controlar, observar y vigilar el cuerpo que "se opone a la construcción de la identidad blanca" (Costa, p. 104) que se vio obligado a desear. Entonces, el sufrimiento por la conciencia de la diferencia entre su cuerpo y el cuerpo blanco lo lleva a negar y odiar su propio cuerpo: el cuerpo negro.

Sin embargo, creo que esta condición es más que una *imposición*, como afirma Costa. En mi opinión, se trata de algo que va más allá de los límites de lo impuesto, algo que se caracteriza como lo que propongo llamar *sobrepuesto*.

Negar y anular el propio cuerpo no convierte al sujeto en "otro", ya que solo existimos como sujeto en relación con el otro, con la alteridad; por lo tanto, ser sujeto es ser otro, y ser el otro es no ser el propio sujeto.

¿Qué somos nosotros, los negros?

"Ser negro" corresponde a una categoría incluida en un código social, que se expresa dentro de un campo etnosemántico donde el significante "color negro" contiene varios significados. El signo "negro" se refiere no solamente a posiciones sociales inferiores, sino también a características biológicas supuestamente inferiores al valor de las propiedades biológicas atribuidas a los blancos. No se trata, por supuesto, de significados explícitamente asumidos, sino de significados presentes, restos de un proceso histórico-ideológico que persisten en una zona de asociaciones posibles y que pueden, en cualquier momento, emerger explícitamente.

Si lo que constituye el sujeto es la mirada del otro, ¿qué ocurre con el negro que se enfrenta a la mirada del otro, que muestra que reconoce en él el significado que la piel negra trae en cuanto significante?

Además de los fantasmas inherentes al ser humano, al negro le queda el deseo de rechazar este significante que representa el significado que intenta negar, negándose, de este modo, a sí mismo por la negación de su propio cuerpo.

Todo este proceso que vive el negro corresponde más bien a una *sobreposición*, porque el encuentro con el racismo como experiencia consciente se sobrepone a un real de rechazo del cuerpo negro, que corresponde a una memoria arcaica.

Contrariamente a lo que afirma Costa, no existe un momento mítico, original, para el negro, previo al encuentro con la dimensión social más amplia en la que se manifiesta el racismo: para el sujeto negro, este encuentro se sobrepone a la memoria arcaica de un encuentro anterior, a partir del cual se determinaron sus estructuras narcisistas-imaginarias.

Como afirma Jerusalinsky: "El niño existe psíquicamente en la madre mucho antes de nacer, y aún más, mucho antes de ser concebido" (1984, p. 40).

El bebé negro, por supuesto, no es menos deseado que el bebé blanco, para su madre que, inconscientemente, desea el hijo. Pero el hijo del proyecto y del deseo de la madre no está ciertamente representado en el pequeño cuerpo, que la mirada de la madre tiende, inconscientemente, a negar. La madre negra desea el bebé blanco, así como desea, para sí, la blancura.

Esto se explica porque el eje central del proceso que constituye al sujeto no se encuentra ni en la satisfacción ni en la frustración de sus necesidades; para el sujeto humano, no existe ningún mecanismo genético que pueda garantizar este proceso. La operación que lo define se sitúa, por el contrario, en otra, la del significante:

> *Las palabras fundadoras, que envuelven al sujeto, son todo lo que lo ha constituido sus padres, sus vecinos, toda la estructura de la comunidad y no solamente constituido como símbolo, sino constituido en su ser. Son leyes de la nomenclatura las que determinan, al menos hasta cierto punto, y canalizan las alianzas a partir de las cuales los seres humanos copulan entre sí y terminan por crear, no solo otros símbolos, sino también seres reales que, cuando llegan al mundo, poseen inmediatamente esa pequeña etiqueta que es su nombre, símbolo esencial de lo que será su destino (Lacan, 1978, p. 31).*

Esto quiere decir que todo acto de la madre hacia el niño forma parte de un discurso que se expresa en todos los movimientos y actitudes del otro con quien el niño se identifica, y en el que se manifiesta el deseo materno: "Puesto que este deseo se articula en lo que le falta a la madre el falo él se convierte en el orientador de las identificaciones que utilizan lo imaginario como significante" (Lacan, *apud* Jerusalinsky, p. 10).

Partiendo de las proposiciones lacanianas, entiendo "falo" como lo que representa el poder (plenitud, felicidad), y, transponiendo esas proposiciones a la situación de la madre negra, la "falta" se expresa en cuanto deseo de ser "blanca". Por lo tanto, a partir del deseo de ese poder que no tiene, que le falta, vemos que el niño negro sufriría en la relación original su primer fracaso, porque lo que lo constituye como sujeto en este momento originario el deseo de la madre estaría ya impregnado de un significado que es negado en el discurso de la propia madre.

Así, al no tener ninguna posibilidad de disimular la diferencia que lo constituye, el negro pasa por un proceso identificatorio forjado en el deseo de lo que sería ser "blanco"; proyecta, por tanto, el blanco que nunca será por condición biológica.

El negro sufre el miedo permanente a perder su imagen, tal como la mantiene en su representación imaginaria: la de blanco, mantenida por un ideal de blancura.

Existe, en efecto, una coincidencia entre lo que la mirada del otro refleja sobre el sujeto negro y la imagen que el negro tiene de su propio cuerpo negro. Lo que la mirada del otro le muestra, de este modo, es lo que, en su deseo, el sujeto negro rechaza: el hecho de que él es la encarnación del significado "negro", en la misma medida en que trae en su cuerpo el significante "negro".

La experiencia del espejo, para un niño negro, tendrá un carácter muy singular.

Como para cualquier niño, es en lo que Lacan llamó el "estadio del espejo" donde tiene lugar la experiencia de dominar el cuerpo como una totalidad, reemplazando lo que antes era vivido en pedazos. No obstante, la particularidad que implica la experiencia del espejo para el niño negro es el hecho de que la fascinación que produce esta experiencia va acompañada, simultáneamente, de una repulsión hacia la imagen que el espejo ofrece virtualmente. En este movimiento, la asunción jubilosa, de la que hablaba Lacan, va necesariamente acompañada de un proceso suplementario que implica la negación imaginaria de la semblanza que ofrece la imagen especular, porque el niño negro se resiste a adherir a esta imagen de sí mismo, que no se corresponde con la imagen del deseo de la madre.

Al dejarse llevar por la imagen, llega a la conclusión de que "esa imagen es él"; pero, al no reconocer allí la imagen del deseo de la madre, el niño se siente movido inconscientemente a buscar en esta imagen lo que lo reconciliaría con el deseo de la madre.

En este movimiento, se produce un complejo mecanismo de identificación/no-identificación que reproduce, para el niño negro, las experiencias del adulto negro: el hecho de que su identificación imaginaria está atravesada por el ideal de la "blancura". Para reconciliarse con la imagen del deseo materno la blancura el niño negro necesita negar algo de sí mismo.

Lo que Lacan denominó "identificación primordial" con una imagen ideal de sí mismo, en la experiencia del niño negro se produce de manera problemática, porque la imagen que le da el espejo requiere, para ser introyectada, una operación adicional de idealización: es necesario proyectar en esa imagen un ideal de "blancura", para quitarle el componente de rechazo que la piel negra implica en el deseo materno.

El niño negro desarrolla una relación persecutoria con el cuerpo negro. Para Sami-Ali (1993), en el proceso de despersonalización, el sujeto experimenta una alternancia entre perder y recuperar la sensación de tener un cuerpo, lo que conlleva una angustia que se refiere al miedo a perder la forma humana, a la posibilidad de una posesión que lo haría transformarse en un animal o en algo innombrable. Esto da lugar a un inmenso temor a la locura, a un estado permanente de angustia de despersonalización: se desencadena en el sujeto un ansia desesperada por estar en relaciones transferencialmente positivas.

Cabe preguntarse si tal proceso de despersonalización no es algo que el negro, con las debidas proporciones, vive de manera crónica, y que, extrañamente, no lo lleva a sus últimas consecuencias, es decir, a la locura.

Recordemos que es en un proceso inconsciente donde se produce esta génesis, como resultado de un doble proceso identificatorio y proyectivo: "ser el sujeto siendo concomitante con otro, y ser el otro no siendo el propio sujeto" (Sami-Ali, p. 13).

Evidentemente, en el confuso proceso por el que pasan los negros, ser sujeto en el otro significa no ser lo real del propio cuerpo, que debe ser negado para ser el otro. Pero esta imagen de sí forjada en la relación con el otro y en el ideal de blancura no solo no tiene ninguna semejanza con lo real del propio cuerpo, sino que es negada por este, estableciéndose así una confusión entre lo real y lo imaginario.

El sujeto, así fragilizado, está expuesto a una situación en la que nada separa lo real de lo imaginario, las fantasías están "concomitantemente dentro y fuera":

> *En la despersonalización, por lo tanto, el sujeto trata sus fantasías como objetos reales y trata los objetos reales como fantasías, dos particularidades que remiten, en el momento de la formación de la imagen del cuerpo, a los inicios imprecisos de la separación mediada por una proyección primordial de lo interior y lo exterior. El sujeto vive el mundo*

> *en el cuerpo y el cuerpo en el mundo; despersonalización y extraño inquietante son las dos caras de un mismo y único proceso de desrealización (Sami-Ali, p. 13).*

Extraño inquietante: inquietante porque es a la vez extraño y familiar; ese es el concepto de Freud de "*das Unheimlich*", un complejo juego dialéctico, donde lo familiar y lo inquietante se sitúan en un mismo y único objeto. El extraño inquietante se produce a nivel del espacio sensorial, un espacio organizado por la visión y que, dependiendo de las modificaciones que pueda sufrir este espacio, puede hacer que el objeto familiar sea extrañamente inquietante.

El sentimiento de extraño inquietante es un confuso retorno a una organización espacial "donde todo se reduce a lo interior y a lo exterior, y donde lo interior es también lo exterior" (Sami-Ali, p. 34).

Creo que este movimiento del extraño inquietante bien podría caracterizar el tipo de experiencia que marca la relación del negro en su vida social cotidiana. Es imposible que el negro no se sienta perturbado por las aterradoras amenazas que le llegan a través del racismo. Dentro de este universo de terror, incluso si el negro cree conscientemente que tales amenazas racistas no se cumplirán, el pavor no desaparece, porque trae en su cuerpo el significado que incita y justifica, para el otro, la violencia racista.

Precisamente porque el racismo no se formula explícitamente, sino que sobrevive en un devenir sin fin como una posibilidad virtual, el terror a posibles ataques por parte de los blancos (de cualquier tipo, desde físicos a psíquicos) crea en el negro una angustia que se fija en la realidad exterior y se impone inexorablemente.

Cuando el proceso de despersonalización, mencionado por Sami-Ali, es llevado a sus últimas consecuencias, el individuo sufre la pérdida de la condición de sujeto y, correlativamente, una ruptura en el proceso de simbolización. Se produce entonces la pérdida de lo simbólico, lo que le imposibilita elaborar cualquier situación en su vida cotidiana.

Una forma tan extrema a la que puede conducir el proceso de despersonalización depende, por supuesto, de la constitución psíquica estructural del sujeto, que lo hace más o menos vulnerable a la posibilidad de una escisión psíquica.

Estas consideraciones se aplican de manera idéntica al concepto de vergüenza, que puede conducir al odio a sí mismo, propuesto por Radmila Zygouris (1995). La vergüenza puede funcionar como una etapa intermedia antes de la instauración propiamente dicha del proceso de despersonalización, o como un proceso puntual, eventualmente experimentado por el sujeto como resultado de las experiencias vividas.

La vergüenza, dice Zygouris, no habita en el recién nacido; este sentimiento comienza a existir a partir de la percepción de lo que ella llama el juicio moral del otro, y produce, como consecuencia para el sujeto, un estado de angustia.

> *La angustia nace del miedo a perder el objeto amado o de su devastadora espera; la vergüenza es una decadencia social, aunque lo "social" se reduzca a su expresión más simple: ¡una mirada que juzga! Esta mirada puede ser la de la propia madre, desde los tiempos primordiales de un aparente idilio, pero que no le pertenece: esta mirada que juzga es ya la instancia a la que se ha sometido la madre y que el niño percibe como ajena al territorio de ambos (Zygouris, p. 166).*

La autora señala aquí el origen de la primera experiencia del sentimiento de exclusión, de la primera sensación de "derrota del bien para uno mismo en favor del bien para el otro" (p. 166).

Para Zygouris, no importa cuál haya sido la causa ni el objeto de la vergüenza de sí, ni si es vergüenza por un otro: siempre se experimentará como vergüenza de sí mismo: "Toda situación en la que la vergüenza está presente es una situación de violencia real o simbólica, violencia ejercida sobre el psiquismo y, ante la imposibilidad de una respuesta eficaz, sobre el propio cuerpo" (p. 167).

En este sentido, en la vergüenza de sí mismo hay un aspecto pulsional que le da un fundamento corporal. Así, la vergüenza de sí mismo aparece como un desastre visceral, que no se puede olvidar, que exige en todo momento una acción que no puede llevarse a cabo, llevando al sujeto a una sensación de impotencia.

Ella desencadena la angustia y se apodera del cuerpo, provocando rubor, sudoración y ganas de desaparecer. Es imposible olvidarlo porque está inscrito en el sujeto, no solo como una representación, una memoria del dolor, sino "como una experiencia traumática inscrita en el propio cuerpo" (Zygouris, p. 166).

Pero cuando esta situación desencadena, en el sujeto, la vergüenza de sí mismo, la reacción de la pulsión agresiva es imposible, ya que el sujeto, en este caso, se encuentra en una situación de impotencia, y la pulsión agresiva, en lugar de exteriorizarse hacia el otro, encuentra como salida el propio cuerpo del sujeto:

> *De este modo, el sujeto se ve doblemente afectado. Por un lado, en su objeto de amor, del que siempre está solo parcialmente separado; y por otro, en su capacidad de respuesta, sufriendo así la violencia de la presión de la pulsión contra sí mismo: su cuerpo, su rostro, su nombre (Zygouris, p. 168).*

En el proceso de sentir vergüenza de sí mismo, la figura por excelencia es la denominación, pues comúnmente la denominación marcada por el sentido de la vergüenza como ocurre en los casos ejemplares de insulto e injuria ocupa, en el discurso que produce la ofensa, el lugar del nombre propio del sujeto. De esta manera, la denominación dada por el otro reduce al sujeto a no ser nada más, con la consiguiente pérdida simultánea del nombre propio e de la identidad.

Cuando el negro es designado, por ejemplo, como "mono", la vergüenza invade. El negro intenta responder, pero el impacto de la situación lo paraliza. La fantasía, sin embargo, es poder dar una respuesta que esté a la altura y vengarse del autor de esa humillante situación. La designación "mono" toma el lugar de su nombre propio, porque cada denominación ocupa el nombre propio del sujeto.

En esos momentos, lo que el sujeto encuentra en la mirada del otro la desaprobación adquiere el significado particular expresado en la denominación y muestra cuánto esa marca el color negro que el sujeto negro, imaginariamente, cree poder ocultar o neutralizar, está siempre ahí.

Es entonces cuando el sujeto negro se da cuenta de que la posición social que eventualmente haya alcanzado (alta condición económica, prestigio social, etc.) no lo pone a salvo del estigma que hace del color negro una mancha, un defecto.

Al no poder verse incluido, el negro acaba excluyéndose, como única alternativa para eliminar lo que es imposible eliminar. Solo los procesos autodestructivos pueden significar, para él, la eliminación de aquello que excluye su propio cuerpo, su propia condición de sujeto.

La alienación, resultado de un largo período histórico de subordinación y humillación, hace que los negros padezcan un terrible sentimiento de inferioridad, incluso de odio, en relación con su condición de "persona negra".

En el imaginario social producido por la sociedad blanca y esclavista, el negro funcionó como significante catalizador de los fantasmas y perversidades de esa misma sociedad que, exteriorizando estos núcleos internos que aterrorizan, construyó representaciones en las que tales horrores se hacen presentes en el cuerpo negro.

Es así como la representación de la sexualidad del negro, para tal imaginario, lo sitúa en la dimensión de la violencia salvaje (estupro, por ejemplo), o en la dimensión del goce envidiado (en la figura de una potencia sexual extraordinaria del hombre negro o de la sensualidad exacerbada de la mujer negra).

Obviamente, el negro no es inmune a estas imágenes sociales, y su efecto es confundir y perturbar al sujeto que, en su intento desesperado por no ser una actualización del "mal", adhiere de manera fantasmática a los valores "blancos", negando sus características étnicas hasta el punto, como hemos visto, de negar su propio cuerpo.

Referencias

Costa, J. F. (1984). *Violência e psicanálise*. Graal.

Dolto, F. (1992). *A imagem inconsciente do corpo* (N. Moritz Kon, trad.). Perspectiva. (Trabalho original publicado em 1984).

Jerusalinsky, A. (1984). *Psicanálise do autismo*. Artes Médicas.

Lacan, J. (1985). *O Seminário, livro 2: O eu na teoria de Freud e na técnica da psicanálise*. Zahar. (Trabalho original publicado em 1978).

Mbembe, A. (2018). *Crítica da razão negra*. (M. Lança, trad.). Antígona. (Trabalho original publicado em 2014).

Nogueira, I. B. (2021). *A cor do inconsciente: Significações do corpo negro.* Perspectiva.

Sami-Ali, M. (1993). *Corpo real corpo imaginário* (S. Cassal, trad.). Artes Médicas. (Trabalho original publicado em 1977).

Tocquiville, A. de. (1998). *A democracia na América*. Martins Fontes.

Zygouris, R. (1995). *Ah! As belas lições!* Escuta.

3. La negación del racismo en América Latina y sus implicaciones para los afrodescendientes e indígenas: perspectivas para pensar el psicoanálisis

Sônia Beatriz dos Santos

Introducción

Al analizar la formación histórico-cultural de Brasil desde la perspectiva del orden geográfico y del orden del inconsciente, Lélia Gonzalez, en su artículo "A categoria Político-Cultural de Amefricanidade", sostiene que las "formaciones del inconsciente" en el país no estaban constituidas predominantemente por características "europeas y blancas". En su argumentación, afirma:

> *Por el contrario, [Brasil] es una América Africana cuya latinidad, por inexistente, tuvo sustituido la* t *por la* d *para, entonces, poder asumir su nombre con todas las letras:* Améfrica Ladina *(no es casualidad que la neurosis cultural brasilena tenga el racismo como su síntoma por excelencia). En este contexto, todos los brasileños (y no*

> *solo los "negros" y los "pardos" del IBGE) son* ladinoamefricanos. *Para una buena comprensión de los trucos del racismo caracterizados anteriormente, vale la pena recordar la categoría freudiana de negación (*Verneinung*): "el proceso por el cual el individuo, aunque formule uno de sus deseos, pensamientos o sentimientos, hasta entonces reprimidos, sigue defendiéndose de él, negando que le pertenezca" (Laplance y Pontalis, 1970). Como negación de nuestra ladinoamericanidad, el racismo "a la brasileña" se vuelve precisamente contra quienes son el testimonio vivo de ella (los negros), al mismo tiempo que alega no hacerlo ("democracia racial brasileña") (González, 1988, p. 69).*

Sería importante un estudio comparativo para explorar qué similitudes podríamos encontrar en otras sociedades latinoamericanas respecto a la manifestación de estas formaciones del inconsciente señaladas por Lélia González. Considero pertinente tomar el argumento de la autora como punto de partida para la reflexión propuesta en este trabajo, y afirmar que el fenómeno observado por ella en Brasil también se ha reproducido (y se reproduce) en otras sociedades (o mejor dicho en otras mentes, manifestaciones de afecto y malestar) en el contexto latinoamericano, ya que la matriz colonial (europea y blanca) se presentó de modo obligatorio como una realidad para todo el continente americano, no obstante las especificidades en términos de experiencias étnico-raciales, culturales, socio-históricas y económicas de cada una de las diferentes sociedades formadas en esta región. En este sentido, la autora señala algunas evidencias importantes:

> *Gracias a un creciente contacto con manifestaciones culturales negras de otros países del continente americano, he tenido la oportunidad de observar ciertas similitudes que, en lo que se refiere a las palabras, recuerdan a nuestro*

> *país. Es cierto que la presencia negra en la región del Caribe (entendida aquí no solo como América insular, sino incluyendo la costa atlántica de Centroamérica y el norte de América del Sur) modificó el español, el inglés y el francés que se hablaban en la región [...]. En otras palabras, lo que yo llamo "pretoguês", que no es más que una marca de la africanización del portugués hablado en Brasil (sin olvidar nunca que el colonizador llamaba a los esclavos africanos "pretos" y "crioulos", a los nacidos en Brasil), es fácilmente verificable, especialmente en el español de la región del Caribe. El carácter tonal y rítmico de las lenguas africanas traídas al Nuevo Mundo, además de la ausencia de ciertas consonantes (como la l o la r, por ejemplo), apuntan a un aspecto poco explorado de la influencia negra en la formación histórico-cultural del continente en su conjunto (y esto sin mencionar los dialectos "crioulos" del Caribe). Las similitudes son aún más evidentes si nos fijamos en la música, los bailes, los sistemas de creencias, etc. Huelga decir que todo esto está cubierto por el velo ideológico del blanqueamiento, está reprimido por clasificaciones eurocéntricas como "cultura popular", "folklore nacional", etc., que minimizan la importancia de la contribución negra (González, 1988, p. 70).*

De esta manera, la experiencia de la dominación europea presentó patrones similares que se difundieron por las Américas, imponiendo un prototipo de ser humano y de humanidad, un modelo de cultura, de sociedad, de organización socioeconómica y política, de relaciones sociales y de relaciones con la naturaleza.

A partir de estas circunstancias, el presente trabajo busca reflexionar sobre una consecuencia (o tal vez mejor identificarla como secuela) desencadenada por el racismo en América Latina, y que considero que es una evidencia del desarrollo de un patrón común que influye en las formaciones del inconsciente de los individuos en la región, a saber, la negación de la existencia de un racismo justificado por los valores euroblancocéntricos.

El trabajo se organiza en dos secciones, seguidas de algunas consideraciones finales. La primera parte explora aspectos geográficos, señalados por Lélia González, sobre la presencia afrodescendiente e indígena en el continente americano, y más específicamente en América Latina. La segunda parte aborda la negación de la existencia del racismo en la región y sus efectos sobre los pueblos afrodescendientes e indígenas. La reflexión se desarrolló a partir de los análisis de Lélia González (1988), Tanya Hernández (2017), Abdias Nascimento (2019), Milanez et al. (2019) y de datos pertinentes proporcionados por CEPAL (2014) y Deutsche Welle – DW/Brasil (2018).

Evidencias geográficas: la presencia afrodescendiente e indígena en las Américas

Como una forma de vislumbrar la idea de orden geográfico destacada por Lélia González sobre la formación histórico-cultural, no solo de Brasil, sino en un sentido más amplio de América Latina, comencemos esta reflexión explorando mapas del continente americano que muestran, por un lado, la marcada presencia de los pueblos indígenas, habitantes originarios de este territorio, y por otro lado, el gran contingente de africanos esclavizados transportados en condiciones infrahumanas a la región, y su resultado posterior, que es la formación de la población afrolatinoamericana. Tales evidencias demuestran que los pueblos africanos e indígenas, y por lo tanto sus culturas, valores, creencias y tradiciones, están profundamente arraigados en la constitución de las sociedades del continente, y, por ello, influyeron en las relaciones sociales y en las formaciones del inconsciente de los segmentos poblacionales que allí se originaron, además del europeo blanco.

Los pueblos indígenas

> *Es posible que hayan oído hablar de nosotros. Sin embargo, no saben quiénes somos realmente. Eso no es bueno. No conocen nuestro bosque ni nuestras casas. No entienden nuestras palabras. Así, era posible que acabáramos muriendo sin que lo supieran. Por eso, si nos quedamos en el olvido de ustedes, como tortugas escondidas en el suelo del bosque, creo que es una lástima.*
>
> *Los blancos en torno a nuestra tierra son hostiles. No saben nada de nosotros y nunca preguntan cómo vivían nuestros antepasados. Solo piensan en ocupar nuestro bosque con su ganado y destruir nuestros ríos para buscar oro. Solo la gente de lejos quiere conocernos y defendernos. Sus palabras son fuertes y vienen a ayudarnos. Gracias a ellos, la gente de cerca, que no deja de hablar contra nosotros, desistirá de invadir el bosque.*
>
> *Blancos vinieron de lejos para hacer una exposición de nuestras imágenes. Vivieron entre nosotros y escucharon nuestras palabras. Nos vieron con sus propios ojos y comieron nuestra comida. Nos hicimos amigos. Ahora, su forma de pensar es correcta y están de nuestro lado. A su regreso, hablarán de nosotros a la gente de sus tierras. Contarán lo que vieron y oyeron en el bosque. Mostrarán nuestras imágenes y harán oír nuestras voces. Muchos de ellos, a su vez, nos entenderán. Si es así, me alegraré. Será una cosa hermosa y correcta (Kopenawa, p. 55).*

Datos de Deutsche Welle (DW – Brasil) de 2018 mostraban que la región de América Latina contaba con 522 pueblos indígenas, de los cuales 241 residían en Brasil. Los estudios indican que la llegada y acción de los europeos al continente americano a partir del siglo XV supuso una catástrofe demográfica para los pueblos indígenas, que se vieron afectados por situaciones de exterminio provocadas por choques culturales y sociales, tales como el hambre, las enfermedades y los conflictos poblacionales y territoriales que perduran hasta nuestros días y que han conducido a un dramático proceso de diezmación y, en muchos casos, de extinción de las etnias indígenas.

> *No fue solo la maquinaria bélica la que ayudó a la ocupación europea del continente y el despoblamiento de sus históricos habitantes, sino también la carga de enfermedades que los europeos trajeron consigo, y que diezmaron gravemente a las poblaciones originarias. A la introducción de nuevas enfermedades como la viruela, el sarampión, el tifus, la fiebre amarilla y la malaria, se sumó el sometimiento a trabajos forzados y a castigos inhumanos. Denevan (1976) estima que en la época de los primeros contactos con europeos vivían 57,3 millones de personas indígenas en todo el continente, de las cuales 47 millones habitaban en los países hoy denominados como latinoamericanos. Sin embargo, se estima que 130 años después esta población había disminuido en un 90% y que la población indígena del Caribe casi fue exterminada en menos de medio siglo (CEPAL, 2014, p. 13).*

Y también según este informe, los pueblos indígenas constituyen los segmentos poblacionales "más desfavorecidos, como resultado de complejos procesos sociales e históricos que se iniciaron hace más de 500 años, y que fueron estableciendo prácticas discriminatorias persistentes hasta el presente e implicaron un despojo sistemático de sus territorios", causando graves consecuencias para su salud y condiciones de vida (CEPAL, 2014, p. 5). A pesar de todo este proceso de despojo material e inmaterial, los pueblos indígenas representan uno de los principales pilares de la identidad latinoamericana, constituyendo una variedad de costumbres, tradiciones y manifestaciones culturales diversas.

Parto del contexto brasileño para que pensemos en el lugar que ocupan los pueblos indígenas en la discusión sobre el racismo, hecho que tiene similitudes en otras regiones de América Latina. Se trata de prestar atención al hecho de que el racismo contra los pueblos indígenas ha sido tradicionalmente invisibilizado en Brasil. Los siguientes autores revelan en el caso brasileño dos aspectos importantes. El primero es que:

> *La historiografía tradicional ha prestado poca atención al protagonismo de la resistencia indígena a la colonización, y los enfoques de la "transición" de la esclavitud indígena a la negra no solo han reforzado la narrativa de la extinción -que coloca perentoriamente a los indígenas en un lugar perteneciente al pasado-, sino que también han servido para ignorar el violento sistema de explotación de la fuerza de trabajo, el despojo y el genocidio, que se han mantenido desde el inicio de la colonización hasta nuestros días (Milanez et al., 2019, p. 2162).*

Como segundo aspecto, recuerdan que:

> *En la historia de Brasil, los pueblos indígenas fueron los primeros en ser esclavizados -la mano de obra empleada en el montaje de los ingenios azucareros en Brasil, por ejemplo, era predominantemente nativa-, antes de la esclavización de los africanos capturados y deportados de su continente de origen, que comenzaron a ser traficados a mediados del siglo XVI (cf. Marquese, 2005). Si los*

> *amerindios fueron los primeros en ser esclavizados, las obras que muestran las consecuencias (y la continuación) de esta esclavitud siguen recibiendo poca atención; pero, como dice Kabengele Munanga, muchas de las dificultades con las que se encuentran hoy los indígenas están directamente relacionadas con la esclavitud del pasado. En otras palabras, la esclavitud no se quedó en el pasado: como nunca fue reprimida, fue negada, y hasta el día de hoy la esclavitud indígena en las fronteras agrícolas es una práctica constante, como entre los kaiowa y los guaraní en Mato Grosso do Sul o en el subempleo de las plantaciones de soja en Mato Grosso (p. 2166).*

El historial de la problemática de la invisibilidad de los pueblos indígenas desde el período de la colonización europea hasta el período contemporáneo, presentada para el caso brasileño, encuentra eco en otras regiones de América Latina. La situación impuesta de prejuicios, discriminación y violencia, y la restricción del acceso a los recursos para garantizar su supervivencia, a la que siguen sometidos los pueblos indígenas de la región en pleno siglo XXI, deben entenderse como secuelas profundas del racismo resultante de la explotación depredadora de los europeos durante más de cinco siglos. Acciones que, desde el inicio de la colonización, han venido despojando a estos grupos de sus territorios de habitación y "de sus espacios de reproducción social y cultural y también de su propia cultura, cosmovisiones y modos de vinculación con la naturaleza"; además, este proceso de incursiones violentas "significó la pérdida de la 'territorialidad política' de los pueblos indígenas del continente y de la soberanía sobre sus territorios, e inauguró un ciclo de extensa duración histórica" (CEPAL, 2014, p. 13).

En los dos cuadros siguientes se presentan datos entre las décadas de 1990 y 2000, que indican el alto porcentaje de población indígena en todas las regiones del continente americano.

Image 3.1 Población indígena de América.

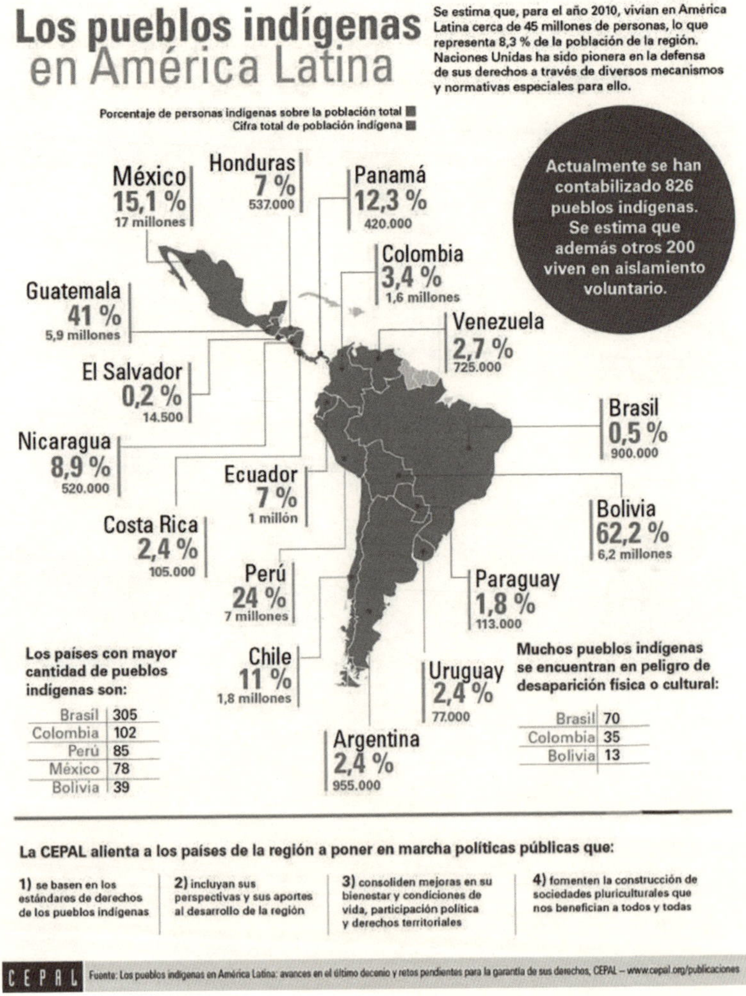

Figura 3.2 Pueblos Indígenas en América Latina.

Los pueblos afrodescendientes

Los afrodescendientes están profundamente involucrados en la construcción de las sociedades latinoamericanas. La distribución forzada muestra que los grupos africanos, incluso en condiciones subalternas e inhumanas, se organizaron y prosperaron de la manera que pudieron en todo el continente americano, por lo que sería imposible ignorar sus influencias en la constitución psicosocial y cultural de la población latinoamericana y caribeña.

African Slave Trade Routes and Numbers Map

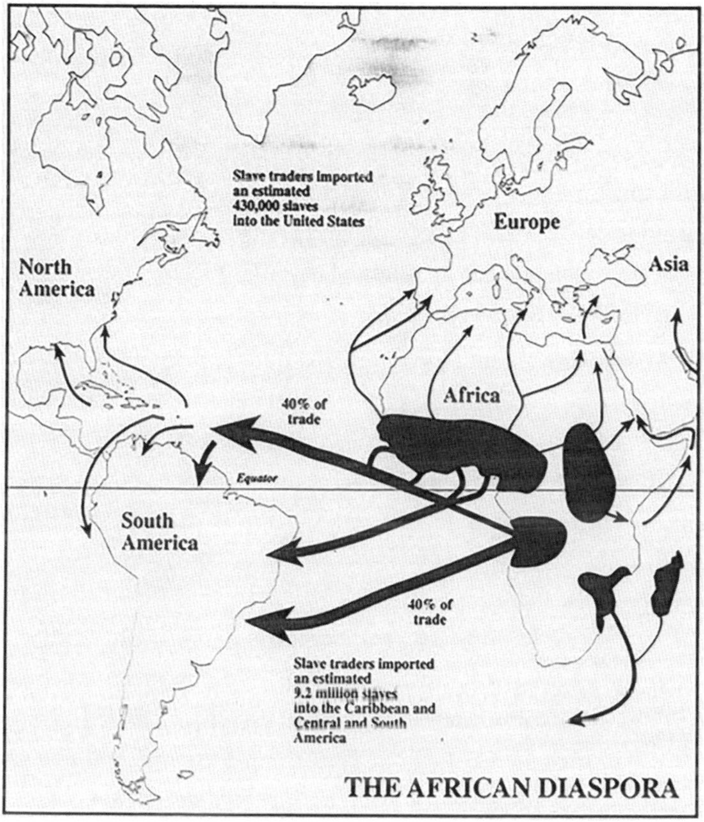

From Williams. Macmillian Encyclopedia of World Slavery, 1E. © 1998 Gale, a part of Cengage Learning, Inc. Reproduced by permission. www.cengage.com/permissions

Figura 3.3 Rutas y Números de la Trata de Esclavos Africanos (Hernández, 2017, p. 8).

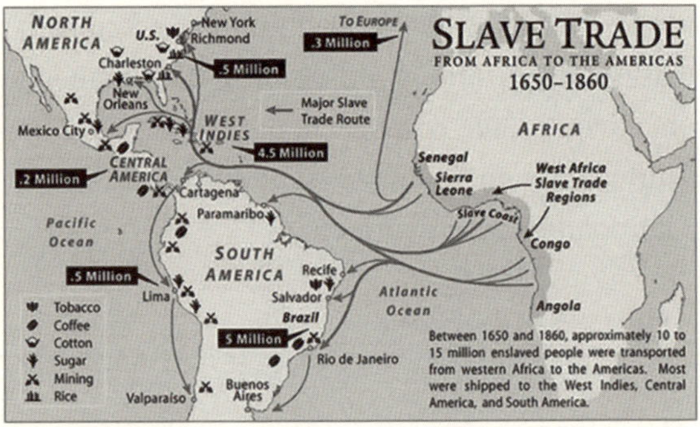

Figura 3. 4 La trata de esclavos de África a las Américas, 1650-1860.

El resumen del mapa anterior informa que, entre los años 1650 y 1860, entre 10 y 15 millones de africanos esclavizados fueron transportados desde África Occidental a las Américas. La mayoría fue enviada a las Islas del Caribe (llamadas Indias Occidentales), América Central y América del Sur.

Abdias Nascimento (2019) afirma que "la primera realidad de la presencia africana en nuestra región es su negación explícita", y subraya que "se ha invitado al mundo a ignorar" a los afrodescendientes (p. 325), destacando un fragmento del texto del poeta, activista y pensador afroperuano Nicomedes Santa Cruz, que denuncia este intento de borrado:

> *Si hay algo que, por estos lares de América, siempre se ha tratado de robar y ocultar maliciosamente (además de nuestros derechos cívicos), es nuestra presencia histórica, decisiva en muchos casos, así como nuestra enorme y positiva contribución en el campo del folklore y las artes. La tradicional política del silencio, la teorización absurda cuando ya no es posible silenciar, o la usurpación directa, han sido las respuestas sistemáticas que se han dado en Perú a toda contribución africana. Y nosotros, descendientes de esclavos, al margen de la cultura "oficial",*

> *recibimos para todas nuestras manifestaciones el débil adjetivo "negroide" (Nascimento, 2019, p. 326).*

El autor hace hincapié en que "durante cuatro siglos, constituyendo las cuatro quintas partes de su existencia en el tiempo, la mayoría de las colonias y repúblicas de la región tenía poblaciones mayoritariamente africanas".

> *En Perú, el censo de Lima muestra que en 1640 había quince mil africanos solo en esa ciudad, lo que representaba la mitad de su población. En Chile, entre 1540 y 1620, los negros eran mucho más numerosos que los blancos. Hasta el siglo XIX, Buenos Aires tenía más de un tercio de negros en su población. En Ecuador, en el siglo XVII, según cifras oficiales, había 90 mil africanos, más o menos un tercio de su población. En ocasión de la independencia venezolana, el país contaba con 200 mil europeos y 406 mil africanos. En Cuba, según Nicolás Guillén, en 1840 "la población negra superaba a la blanca, nativa y española juntas". En Colombia, los africanos siempre han constituido más de la mitad de la población, y en 1901 representaban el 80% de la población nacional. (...) En 1570, la población africana en México era de 20.569. En Brasil, la población africana, hasta hoy, siempre ha sido mayoritaria (Nascimento, 2019, p. 326).*

Con este panorama, Abdias Nascimento pone de relieve la riqueza de la presencia africana en el continente americano, desempeñando un papel protagónico en la formación de sus distintas sociedades. Llama nuestra atención sobre la existencia de "un gran número de esclavos fugitivos, africanos libres, africanos que ya habían llegado a América como hombres libres, y esclavos o semiesclavos llamados negros-de-ganho o *ganaderos*, que ganaban su propio dinero vendiendo en las calles, con considerable libertad de movimiento" (p. 326). Y añade:

> *En toda la América española y portuguesa, la preponderancia de los africanos causó una profunda preocupación entre las autoridades, y no sin razón (...) cimarrones, cumbes, palenques, quilombos y otras especies de sociedades africanas libres proliferaron en enfrentamiento armado contra las sociedades esclavistas. Otras formas de resistencia socavaron la economía y obligaron a los españoles en el Caribe (...) a montar toda una fuerza policial, especialmente para perseguir a los fugitivos. Rebeliones, guerras, guerrillas urbanas y sociedades africanas organizadas, libres o clandestinas, abundaron desde el siglo XVI hasta principios del siglo XX. No se trataba de rebeliones individuales o aisladas, sino de un fenómeno colectivo que desafiaba seriamente el orden económico mundial. Su importancia radica no solo en su resistencia a la estructura colonial, sino también en su legado de principios africanos de sociedad, cultura, economía y política. (...) La cultura africana, en palabras de John Henrik Clarke, "se convirtió en la fuerza cohesiva y el sistema de comunicación que puso en marcha estas luchas revolucionarias" (Nascimento, 2019, p. 327).*

El siguiente mapa nos da una idea -observando los porcentajes de afrodescendientes indicados en él- de la fuerza del arraigo de las culturas y tradiciones africanas en las diferentes sociedades del continente americano.

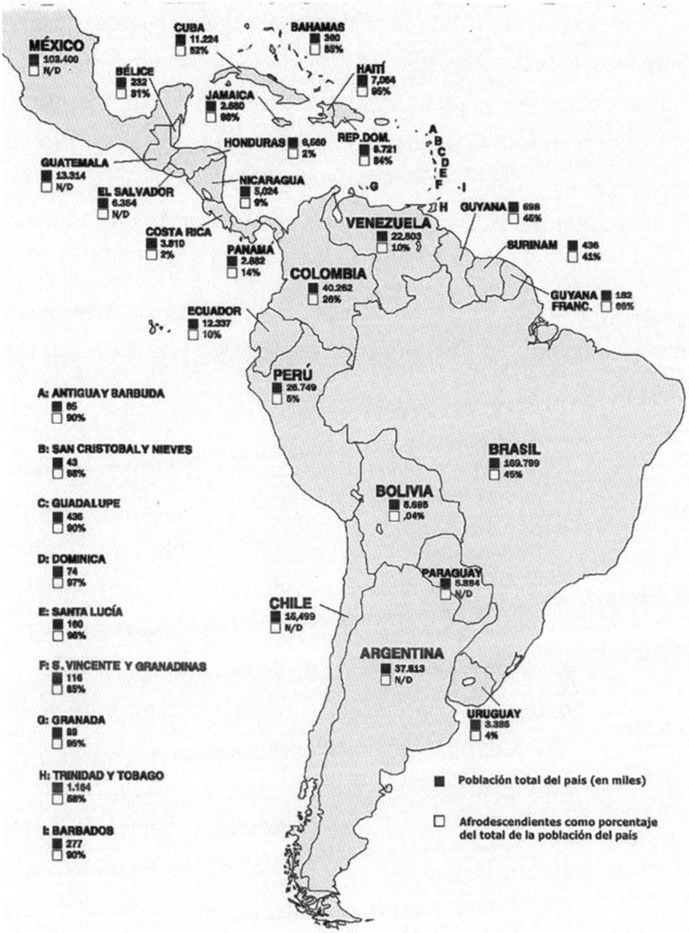

Imagen 3.5 Imagen reproducida en Hernández (2017, p. 9).

Disponible en: https://repositorio.ufba.br/bitstream/RI/21748/1/Subordinacao-Racial-no-Brasil_RI.pdf

La negación del racismo en América Latina

En América Latina, el racismo y la discriminación racial han sido sistemáticamente invisibilizados como cuestiones sociales de gran impacto en la producción de desigualdades, injusticias y violencias que, junto con otras formas de discriminación por razones de género, orientación sexual, clase, han subsidiado la negación de la humanidad y en consecuencia de los derechos de los afrodescendientes y los pueblos indígenas, a pesar de que todos los Estados Miembros de la Organización de Estados Americanos (OEA) reconocen "los derechos fundamentales de la persona sin distinción de raza, nacionalidad, credo o sexo" en la Carta de la OEA (1993, cap. 2, art. 3).

Aun así, según el Portal CIRDI (Convención Interamericana contra el Racismo, la Discriminación Racial y Formas Conexas de Intolerancia):

> *En los países de las Américas, en especial en Latinoamérica y el Caribe, el racismo se presenta de distintas formas con base en su pasado colonial, donde la discriminación racial y étnica tienen sus raíces en la esclavitud y el colonialismo europeo a partir del siglo XV. Aun en pleno 2021, en el hemisferio siguen latente y en aumento múltiples formas de discriminación y racismo en contra de personas afrodescendientes, pueblos indígenas y otros grupos y minorías raciales. La reciente visibilización de la brutalidad policial, de episodios de perfilamiento racial, de la violencia sistémica contra las personas afrodescendientes, y su impunidad, son muestra que la erradicación del racismo es un imperativo que no puede esperar.*[1]

Según Ailton Krenak, "el racismo es un proyecto de Estado, visible, (...) es una epidemia global causada por el rechazo a comprender

1 Cf. https://cirdi2024.org/es/noticias-y-eventos/noticias/44-el-racismo-sistemico-en-las-americas-y-la-convencion-interamericana-contra-el-racismo. Para el texto de la Convención: https://www.oas.org/es/sla/ddi/docs/tratados_multilaterales_interamericanos_A-68_racismo.pdf

la diferencia" (Milanez et al., 2019, p. 2170). Su argumento es ratificado por Élida Lauris (2022), quien demuestra que las sociedades y los Estados latinoamericanos están racializados, caracterizándose por la violencia racial impuesta de forma contundente a los grupos afrodescendientes e indígenas. La autora llama nuestra atención sobre el hecho de que la violencia racial constituye el "principio organizador más importante del racismo". Más concretamente, señala que:

> *hay una circularidad, característica de los Estados modernos y posmodernos; las sociedades y los Estados son racializados porque el racismo es inherente a ellos, como forma de violencia racial; la violencia racial y el racismo son inherentes a las sociedades y a los Estados porque ambos están racializados. Esto sucede porque los estados modernos y posmodernos son raciales y racistas. El racismo hace parte de la formación política, social e ideológica del proyecto de Estado-nación, de tal manera que lo que se conoce como Estado es un Estado racial (Lauris, p. 7).*

La autora también destaca dos aspectos importantes:

> *Los estados son raciales por la forma en que definen, determinan y estructuran su población. Complementariamente, son estados racistas debido a esas formas de definir, determinar y estructurar a la población, cuyo único fin es operar desventajas y privilegios, utilizando la raza como dispositivo de organización, exclusión e inclusión, lo cual define quién vive, quién tiene protección y quién muere. La diferenciación racial integra los métodos de gubernamentalidad (en el sentido de Foucault) del Estado sobre la población, y los Estados raciales son, a su vez, Estados de violencia (p. 7).*

> *El sistema racializado desarrolla sus propias formas de mantener el orden racial patriarcal. Junto con la ideología racial, la violencia mantiene la dominación y garantiza el ejercicio del poder por parte de la clase racial dominante. (...) Es la violencia estructural la que mantiene la base del sistema social racializado, generando y manteniendo las desigualdades raciales. La legitimación social de la violencia contra la población negra es uno de los principales elementos desarrollados por la ideología racial. (...) Desde el momento en que la raza se utiliza como un dispositivo de diferenciación, el racismo cobra vida propia y comienza a organizar el sistema social. La violencia racial, a su vez, organiza el racismo. (...) Las violencias raciales -sean violencias directas o epistémicas, sean patrones destinados a dañar, matar o coaccionar- conforman mundos negros. Históricamente, la resistencia negra ha impedido que la violencia defina el sentido de su existencia. Las dinámicas entre el racismo y la resistencia al racismo (...) van modulando cómo la violencia racial produce una condición de ser negro, la cual se basa en la lucha (p. 26-27).*

A pesar de tantas pruebas contundentes, se sigue negando que el racismo sea una realidad social en América Latina. En su libro, Tanya Hernández aborda aspectos fundamentales de este rechazo. La idea de que el "'racismo no existe' está bastante extendida en América Latina", a pesar de que los movimientos negros y los científicos sociales presentan evidencias de una realidad contraria.

> *Cuando la BBC entrevistó a latinoamericanos en 2005 sobre la existencia del racismo en la región, un número significativo de personas negó enfáticamente su existencia. Muchos, por ejemplo, decían que "los iberoamericanos no*

> *son racistas" y que "Iberoamérica no es una región racista por el simple hecho de que la mayoría de la población es indígena, criolla o mestiza" (Hernández, 2017, p. 16).*

Para esta autora, la negación del racismo es una cuestión "arraigada en el 'mito de la democracia racial', la noción de que el mestizaje en una población es una característica emblemática de la armonía racial y hace imposible la discordia y la desigualdad racial". Sin embargo, las teorías latinoamericanas que postulan que "la mezcla sería un sello distintivo de la armonía racial", han sido cuestionadas por estudios académicos en los últimos 20 años (p. 16).

También Milanez et al. (2019) confirman la existencia de ese mito en Brasil:

> *La idea de que los brasileños no son racistas, pero de que hay racismo, se basa en el mito de la democracia racial, según el cual Brasil sería el paraíso racial de relaciones armoniosas. De nuevo, explica Munanga, "el mito afirmará que somos un pueblo mestizo, es decir, ni blanco, ni negro, ni indígena, sino una nueva raza brasileña, una raza mestiza". Así, la pregunta falaz sigue siendo: "¿quién va a discriminar si todos somos mestizos?" Según este mito, el mestizaje "biológico" pasa por la "miscegenación", mientras que el mestizaje "cultural" pasa por el sincretismo y la "integración". En el caso de los pueblos indígenas, se mantiene el evolucionismo positivista debido a la transitividad de la condición, como camino para 'volverse blanco', superado en términos legales por la Constitución Federal, pero sigue en práctica en las políticas públicas racistas (...).*
>
> *El mito de la democracia racial proclamó a Brasil como un paraíso donde las relaciones entre blancos y negros, y entre blancos e indígenas son armoniosas, es decir, sin*

> *prejuicios ni discriminaciones, a excepción de los prejuicios socioeconómicos que afectan a todos los brasileños sin ninguna diferencia basada en el color de la piel. A pesar de que el mito de la democracia racial ha sido negado durante décadas por los estudiosos, tal como el ave fénix, sigue resurgiendo permanentemente en el imaginario cultural brasileño y en los discursos políticos. (...) Por tanto, el racismo en Brasil es ambiguo y se basa en una contradicción constante: la de negar la existencia de prácticas racistas y la existencia de prejuicios raciales (p. 2167-2168).*

El estudio de los autores subraya que:

> *Implícito y disfrazado, el racismo brasileño desmoviliza a sus víctimas y disminuye su cohesión con la compartimentación entre negros e indígenas, creando la ambigüedad de los "mestizos" y los "pardos". Esto dificulta el proceso de formación de identidades, según el cual muchos prefieren el ideal del blanqueamiento, que, según ellos, ofrece algunas ventajas reservadas a la blanquitud (p. 2168).*

Además del racismo disfrazado, no faltan discursos públicos y actitudes racistas con relación a los indígenas.

> *Para Kum Tum Akroá Gamela, el racismo instaurado por el Estado, y sostenido por diversas instituciones, hace con que los indígenas como él tengan que demostrar, diariamente, su propia existencia. Esto ocurre en actos cotidianos, desde el registro de un niño -cuando el registro civil se niega a inscribir al niño como indígena- hasta las*

> *reuniones con la FUNAI*[2] *-donde los agentes se refieren a algunos indígenas como "autodenominados indígenas", creando subcategorías de subjetividad. Es la tierra articulando el racismo que estructura la reivindicación de la tierra (Milanez et al., 2019, p. 2172).*

Hernández también destaca otro aspecto de la marca del racismo, compartido entre las diferentes sociedades latinoamericanas, que es el uso de nociones despectivas del término "negro", utilizado para referirse a las personas afrodescendientes. Estos términos adquieren significados estereotipados: se les perfila como delincuentes, de carácter dudoso, poco fiables, intelectualmente inferiores, cosificados sexualmente y equiparados estéticamente con animales (Hernández, 2017, p. 18).

Como se indicó anteriormente, incluso frente a tantas manifestaciones explícitas de racismo, los latinoamericanos "siguen defendiendo la noción de que, a diferencia de Estados Unidos, porque hay un gran mestizaje en la región, no hay sustento legal al estilo de la legislación de Jim Crow, lo que hace a América Latina 'racialmente inocente'" (Hernández, 2017, p. 16).

* *

Llegados a este punto, creo que es importante finalizar la reflexión intentando pensar en cómo las discusiones presentadas tienen un impacto en el debate "psicoanálisis y racismo", desde la perspectiva de la teoría y de la práctica clínica.

Por tanto, desde una perspectiva propositiva, propongo que pensemos el racismo per se, así como el proceso de negación de su existencia y sus efectos en la constitución de la subjetividad y de las

---

2 *NdT*. La Fundación Nacional Indígena (FUNAI) es un Organismo federal brasileño, responsable de promover y proteger los derechos de los pueblos indígenas en todo su territorio nacional.

identificaciones de la población latinoamericana, incluyendo la observación de las especificidades plurales de ser afrodescendiente, ser indígena, ser blanco fuera de Europa. ¿Qué diálogos fructíferos y productivos podemos establecer con la teoría y la clínica psicoanalíticas?

Despierta mi curiosidad investigativa y clínica discutir cómo el mito de la democracia racial o la creencia en la "inocencia racial" entre los latinoamericanos -tal como fue presentado anteriormente- influyen en la constitución de nuestras formaciones del inconsciente, así como en los afectos y el malestar; y subrayo que el uso del término "nuestras" se refiere al par analista y analizando(a).

Debo confesar, sin embargo, que el debate me planteó más preguntas que respuestas:

1. ¿Cómo inciden en los psicoanalistas y sus instituciones tanto la negación de la existencia del racismo como la afirmación de la inocencia racial?
2. ¿Cuál es la relación entre esas convicciones y el silenciamiento del racismo dentro de las sociedades psicoanalíticas, más concretamente en la teoría y en la clínica?
3. ¿Por qué, a menudo, los psicoanalistas "eligen" ignorar o no consiguen lidiar con las situaciones de racismo que se presentan en la clínica con sus pacientes?
4. ¿Cómo la obligación de adoptar características europeas y blancas afecta a las formaciones del inconsciente, y a las manifestaciones de los afectos y del malestar de un individuo?
5. ¿Cómo la idea de la inocencia racial incide en el tratamiento psicoanalítico de personas negras e indígenas?
6. ¿Qué implicaciones tiene para el campo analítico la idea de negar la existencia del racismo y la inocencia racial, a la hora de lidiar con el afecto y el sufrimiento?

Soy consciente de que todas estas son cuestiones complejas, pero, en mi opinión, necesarias, y que ellas requieren muchas mentes y afectos para ser abordadas. Creo también que sus respuestas mejores surgirán del comprometimiento personal continuo.

Consideraciones finales

Para comenzar mis observaciones finales, utilizaré las reflexiones que un grupo de pensadores realizó sobre la diversidad biocultural de este territorio que llamamos Brasil y sus especulaciones sobre los impases del Antropoceno, que son cruciales para el ineludible reencuentro con la tierra y para la ampliación de nuestros imaginarios de convivencia.

Conceptos que nos parecen muy similares a los de "buen vivir" y "vivir bien" son "vivir de forma orgánica" y "vivir de forma sintética". Buen vivir es vivir de forma orgánica y vivir bien es vivir de forma sintética. Entendemos que existe un saber orgánico y un saber sintético. Mientras que el saber orgánico es el saber que se desarrolla desarrollando el ser, el saber sintético es el saber que se desarrolla desarrollando el tener. Nosotros somos operadores del saber orgánico y los colonialistas son operadores del saber sintético.

Cuando el dios de los blancos dijo que la tierra estaba maldita por causa de Adán y Eva y que ellos comerían con la fatiga del sudor, él dijo que no podían disfrutar de la naturaleza tal como la naturaleza se presenta. Por tanto, tendrían que sintetizarlo todo. Y así salieron al mundo sintetizando, incluso a sí mismos. Gran parte del pensamiento blanco es sintetizado. El pensamiento que se produce en las academias es un pensamiento sintético. Es un saber orientado a la producción de cosas. El pensamiento operacionalizado por la escritura es un pensamiento sintético, desconectado de la vida. Nuestro pensamiento, en cambio, movido por la oralidad, es un pensamiento orgánico.

El ser tiene poco valor en el saber sintético, a pesar de ser el creador del tener. El tener es la criatura que devora a su creador. Las personas siempre actúan en función del tener. Incluso la biología se está volviendo sintética. Muy pronto ustedes comerán carne sin necesidad de buey...

Nuestra evaluación es que, en este preciso momento, estamos viviendo una de las mayores posibilidades de un fin de este mundo eurocristiano, monoteísta, colonialista y sintético. Este mundo está llegando a su fin. No es de extrañar que estemos experimentando esta desesperación, esta gran confusión. Pero, por increíble que parezca, *también estamos viviendo una nueva confluencia.*

> *Confluencia fue un concepto muy fácil de elaborar, fue simplemente* observar el movimiento de las aguas por los ríos, por la tierra *(Carnevalli et al., 2023, p. 12-13; énfasis mío).*

El racismo es un gran sintetizador de cosas, de personas, de seres vivos, de todo. A través de sus manifestaciones materiales e inmateriales -prejuicios, estereotipos y discriminación- produce saberes sintéticos que transforman a los seres humanos y no humanos en cosas. Un fenómeno que produjo la explotación colonial y la esclavitud moderna.

Como sostiene Tanya Hernández (2017, p. 15), "en América Latina hay alrededor de 150 millones de personas afrodescendientes, lo que representa alrededor de un tercio de la población total", que, sumadas a la población indígena, forman un gran contingente de poblaciones tradicionalmente marginadas, relegadas e invisibilizadas en las estadísticas oficiales y en la vida cotidiana de sus sociedades de origen, desde hace más de 500 años. Poblaciones que han sobrevivido a la esclavitud, al genocidio y al epistemicidio con sus propios recursos materiales y psicosociales.

Son los pueblos afrodescendientes e indígenas desatendidos y abandonados por las sociedades (y sus Estados), los que, a pesar del racismo, han intentado proporcionar una calidad de vida para sí mismos, a partir de sus cosmovisiones de mundo, de personas, de cultura, de naturaleza, de seres vivos (y su relación con ellos), de salud.

Creo que estamos viviendo una nueva confluencia en el psicoanálisis, una invitación a observar el movimiento de otras aguas, ríos, tierras... Hay muchas resistencias, sufrimientos reprimidos, afectos, malestar, dolores, temibles choques físicos y simbólicos en la constitución de esta confluencia, pero avanzamos...

Muchos de nosotros tenemos prisa porque es una cuestión de vida o muerte...

Referencias

Carnevalli, F. et al. (2023) *Terra: antologia afro-indígena*. Ubu Editora; Piseagrama.

CEPAL; ONU. (2015). *Os povos indígenas na América Latina: Avanços na última década e desafios pendentes para a garantia de seus direitos*. Disponível em: https://repositorio.cepal.org/bitstream/handle/11362/37773/1/S1420764_pt.pdf

CIRDI (2024). *Convenção Interamericana contra o Racismo, Discriminação Racial e Formas Correlatas de Intolerância*. Texto da Convenção disponível em: https://cirdi2024.org/images/documentos/inter_american_treaties_A-68_Convencao_Interamericana_racismo_POR.pdf

Deutsche Welle-Brasil. (2018). Povos indígenas na América Latina. Disponível em: https://pt-pt.facebook.com/dw.brasil/posts/a-am%C3%A9rica-latina-abriga-522-povos-ind%C3%ADgenas-sendo-que-241-deles-est%C3%A30-no-brasil-/10155935691943520/

Gonzalez, L. (1988). A categoria político-cultural de amefricanidade. *Tempo Brasileiro*, 92 (93), 69-82.

Hernández, T. K. (2017). *Subordinação racial no Brasil e na América Latina: o papel do Estado, o Direito Costumeiro e a Nova Resposta dos Direitos Civis*. EDUFBA.

Kopenawa, D. (2023). Gente de perto, gente de longe. In: B. Albert; D. Kopenawa. *O espírito da Floresta*. Companhia das Letras.

Lauris, E. (2022). *Racismo, violência e Estado: três faces, uma única estrutura de dominação articulada – abordagem conceitual*. Criola. [livro eletrônico].

Milanez, F. et al. (2019). Existência e Diferença: O Racismo Contra os Povos Indígenas. *Direito e Práxis*, 10 (3), 2161–2181. Disponível em: https://doi.org/10.1590/2179-8966/2019/43886

Nascimento, A. (2019). *O quilombismo: Documentos de uma militância Pan-Africanista*. Perspectiva.

4. Necropoder, mundos de muerte y mercado

Renato Noguera

Introducción

En un ejercicio filosófico, ¿qué debe decirnos una breve introducción? ¿Qué está en juego en un ejercicio filosófico crítico? Pues bien, "no para repetir lo que dijo un filósofo, sino para decir lo que necesariamente sobreentendía, lo que no dijo y que, sin embargo, está presente en lo que dice" (Deleuze, 1996, p. 118). Por lo tanto, aquí no se trata solo de presentar la descripción que hace el filósofo Achille Mbembe de la necropolítica, sino también "qué", "con" y "desde" la necropolítica (esté explícito o no en el ensayo de Mbembe). Lo que nos interesa aquí es afrontar el reto de saber si somos capaces de pensar para encontrar posibles formas de resistir al mundo de muerte.

Lo que piensa Achille Mbembe o lo que podemos pensar de su pensamiento, y también "qué", "con" y "desde" Mbembe (ya sea a favor o en contra). ¿Somos (todavía) capaces de pensar la contemporaneidad? ¿Qué nos inspira Mbembe a pensar a respecto de la instalación del necropoder y las posibles formas de enfrentarlo?

El principio filosófico-teológico del necropoder

Al final del su ensayo "Necropolítica", Achille Mbembe afirma: "La forma más exitosa del necropoder es la ocupación colonial contemporánea de Palestina" (Mbembe, 2016, p. 136). Lo que propone el filósofo camerunés es algo más que una imagen, aunque el texto no esté lo suficientemente articulado como para sustentar esta afirmación en una larga cadena argumentativa. Sin duda, ésta es la metáfora fundamental para entender el necropoder como una perspectiva vinculada a una disputa geopolítica con fundamentos étnico-religiosos. Es necesario retroceder brevemente en el tiempo para situar algunos aspectos de la ideología de la tribu elegida, que, según la hipótesis religiosa, se remontaría al pacto divino entre el Dios de Israel y la humanidad. ¿Cómo podemos interpretar esta narrativa cultural, según la cual un pueblo fue elegido por Dios para acercarlo al mundo, con el proceso geopolítico de la instauración del Estado de Israel? A finales del siglo XIX, los movimientos nacionalistas crecían en Europa. Frente a la diáspora judía, Theodor Herzl abogó por mantener la identidad étnico-cultural del pueblo judío a través de un Estado independiente.

En mayo de 1895, Herzl dio su primer paso en el camino hacia el sionismo. Consistió en una carta dirigida a un entonces muy conocido filántropo judío bávaro, el barón Maurice de Hirsch. Era el fundador de la *Jewish Colonization Association*, una organización cuyo principal objetivo era, inicialmente, asentar a judíos rusos en Argentina y otras partes de América (porque el barón Hirsch quería mantenerlos lo más lejos posible de la Rusia zarista) para que allí pudieran dedicarse a labores agrícolas. En esa carta, Herzl pedía una entrevista para discutir "un plan político judío cuyos efectos se prolonguen hasta días en que ni usted ni yo estemos ya aquí" (Lissovsky, 2009, p. 55).

Según el filósofo israelí Yehezkel Kaufmann (1989), Abrahán es el fundador de la religión monoteísta en un enlace directo con Adán. Su libro, *La religión de Israel: desde el comienzo hasta el exilio babilónico*, es una obra que señala a un pueblo elegido por Dios para combatir la idolatría y establecer los caminos espirituales de la humanidad. Para articular nuestra hipótesis, la tesis de Kaufmann se puede resumir así: el monoteísmo de Israel es inédito. En ese recorrido desde Abrahán hasta Moisés, pasando por los patriarcas Isaac y Jacob, se establece como proyecto *geopolítico* de la Torá "la ocupación de la Tierra prometida por Dios, donde el pueblo de Israel podrá dedicarse a su culto" (Sorj, 2014, p. 59). De acuerdo con las consideraciones de Kaufmann y Sorj, los descendientes del pueblo de Abrahán tienen un derecho establecido por una alianza espiritual con Dios; nos enfrentamos a la idea de que Israel debe ser "una luz entre".

Vale la pena repetir nuestra apuesta: se trata de un aspecto étnico-cultural que no se puede pasar por alto en la fundamentación del necropoder. La afirmación mbembeana de que la ocupación de Palestina es el modelo de funcionamiento de la tecnología necropolítica solo tiene sentido si prestamos atención a esa perspectiva de que existe un pueblo elegido para acercar el mundo a Dios. El necropoder tiene una base religiosa que da los contornos basilares a su carácter político. No se trata de analizar el mundo judío; estas breves consideraciones sirven para sustentar que tanto la disputa por la ocupación geopolítica como la tecnología de muerte tienen un principio etnocéntrico. Por tanto, en virtud de un designio divino, es decir, un *a priori* (entendido aquí como un axioma ontológico-político), algunos tienen derecho a reclamar la propiedad de la tierra. Ahora bien, el colonialismo se apropió de este principio: cualquier tierra extranjera podía ser ocupada, con el argumento de que el pueblo invasor estaría haciendo la voluntad divina.

El barón Hirsch no estaba de acuerdo con Herzl, el judío austro-húngaro que fundó el sionismo. "¿Qué es, en esencia, el sionismo? Ben-Gurion responde: Sionismo significa el retorno a Sión" (Sorj, 2014, p. 18). La ubicación de "Sión", la tierra prometida, fue objeto de debate; algunos pensaron en regiones de Europa, África y Asia para establecer Israel, pero se prefirió el territorio donde se encontraba el Imperio Otomano. Después de la Primera Guerra Mundial, el Reino Unido fue constituido como administrador territorial de la región y en 1948 articuló la creación del Estado de Israel, que está en la base de los conflictos mencionados por Mbembe en *Necropolítica*.

Ahora bien, considerando la afirmación que desencadena nuestra reflexión, podemos decir hipotéticamente que solo existe necropoder porque tenemos un pueblo judío que, durante un proceso histórico y político, (re)estableció su tierra prometida, fundando el Estado de Israel. Es necesario problematizar la expresión "pueblo judío"; para ello cabe destacar la obra del historiador israelí Shlomo Sand (2014), titulada *La invención de la tierra de Israel: de la tierra santa a la tierra prometida*. Según Sand, un "pueblo judío" tiene tanto sentido como afirmar la existencia de un "pueblo budista". En otras palabras, no hay un origen común que pueda remitir a la "nación" o a un proyecto fundamental para toda la humanidad. Por lo tanto, lo que tenemos es una inevitable concepción racista construida sobre la percepción mítica de los judíos. Ahora bien, si el racismo entra en escena, encontramos un elemento decisivo para entender Palestina como un ejemplo de ejercicio necropolítico. La narrativa de un pueblo que tenía un reino, se volvió errante y luego regresó al lugar "legítimo", solo puede construirse sobre una ideología esencialista que autoriza a un *pueblo* para tomar algo que es naturalmente suyo, lo que puede hacerse, en última instancia, por todos los medios.

El terror colonial

Mbembe es, sin duda, lector de Hannah Arendt y Michel Foucault, y dialoga con este dúo filosófico para confeccionar su *Necropolítica*. Sin embargo, aquí nos interesa aún más su conversación con Frantz Fanon, porque la formulación necropolítica de Mbembe está mucho más cerca de las reflexiones fanonianas sobre la violencia colonial que de la biopolítica foucaultiana. Esto, lejos de negar la proximidad e influencia entre el pensamiento de Foucault y Mbembe, hace que debamos resaltar una peculiaridad ineludible. El riesgo de muerte es permanente en la colonia, lo que ayuda a explicar bien la génesis de las prácticas necropolíticas en el contexto del neoliberalismo. Ello difiere del análisis foucaultiano. Por esta razón, las interpretaciones de que la necropolítica sería una reedición de la biopolítica de Foucault no son correctas. Esta impresión se produce precisamente porque algunas lecturas de Foucault y de Mbembe, aunque estén bien hechas, carecen de una inmersión en los escritos de Fanon, a fin de comprender el fenómeno del necropoder. Foucault se ocupa del Estado alemán nazi. Cabe mencionar que se creó un tribunal para juzgar los crímenes de guerra contra la humanidad, de noviembre de 1945 hasta octubre de 1946, durante 315 días, en el Palacio de Nuremberg, en Alemania (1949).

Pero, ¿qué decir de los esclavistas de ascendencia europea en América? ¿Qué decir de las compañías de barcos negreros que se dedicaban al tráfico internacional de personas? Indudablemente hay una respuesta intelectualmente plausible, pero asumir ese juicio con carácter retroactivo sería un anacronismo histórico. Desde un punto de vista formal, el Estado nazi contó con la oposición de otras naciones. Sin embargo, el colonialismo era un consenso del mundo occidental moderno y uno de sus principales instrumentos era la violencia.

En *Escritos políticos*, encontramos la estructura de la lógica colonial expresada en la violencia como lenguaje. "'Nos montan como autómatas y nos sueltan encima de las poblaciones que nada nos hicieron', solía decir Vittorio Fantini. Y añadía que esta técnica de embrutecimiento se vio facilitada en gran medida por el propio entorno en el que él y sus colegas vivían" (Fanon, 2021). Fantini era un boxeador italiano que fue detenido en la ciudad de Metz en febrero de 1957; el motivo: irregularidades en su pasaporte. Así que tuvo dos opciones: permanecer en prisión o hacer cinco años de servicio defendiendo la bandera de Francia. De hecho, desde su fundación en 1831, la Legión Extranjera ha reunido a soldados de diferentes nacionalidades para luchar en favor de su agenda colonial. En *Escritos políticos*, Fanon se refiere al proceso de adoctrinamiento que los legionarios franceses contrarrevolucionarios recibieron del Estado francés, para reprimir la resistencia argelina en la década de 1950. Como decía Fantini, se trataba de un proceso de "sensibilización negativa", que dejaba al soldado insensible a la humanidad de las personas colonizadas. Frente a este proceso sistemático de desensibilización de los sujetos de la metrópoli, para que la muerte de los "salvajes" sea algo fácil de llevar a cabo, invitamos a leer dos fragmentos de *Necropolítica* para argumentar que el terror en la Colonia no tenía precedentes en la Metrópoli.

> *En realidad, la relación entre la modernidad y el terror provienen de fuentes múltiples. Algunas son identificables en las prácticas políticas del Antiguo Régimen. Desde esta perspectiva, resulta crucial la tensión entre la pasión del público por la sangre y las nociones de justicia y venganza. En* Vigilar y castigar, *Foucault muestra cómo la ejecución del presunto regicida Damiens dura varias horas, principalmente para satisfacer a la multitud (Mbembe, 2016, p. 129).*

El otro pasaje de la misma página dice: "No obstante, en ningún momento se ha manifestado tan claramente la fusión de la razón y el terror que durante la Revolución Francesa. El terror fue erigido como componente casi necesario en lo político" (p. 129). Pues bien, Damiens fue un regicida, cometió un crimen y, como argumenta Foucault: el castigo tenía que ser ejemplar y se convirtió, al mismo tiempo, en un espectáculo. En el contexto del colonialismo, Fanon tiene algo que decir que puede ser muy útil: la violencia en la colonia es excesiva y no se hace contra criminales, sino que todos son, de antemano, *condenados de la tierra* (Fanon, 2006). Una especie de crimen ontológico que consiste en no ser nativo de la metrópoli europea; los pueblos originarios de América y los africanos estaban bajo el terror solo porque no eran blancos. Asimismo, no podemos dejar de señalar que el holocausto, que mató a un pueblo en masa, también se llevó a cabo en África, afectando a los pueblos herero y nama. Si el filósofo Theodor Adorno pregunta: "¿Cómo es posible educar después de Auschwitz?", no podemos evitar decir: "¿Cómo es posible la educación después de Swakopmund?". De 1904 a 1907, Alemania perpetró un genocidio que solo fue reconocido en 2021 (Zanini, 2021, 19). El terror colonial era una práctica en una tierra previamente condenada; no se trataba de asesinar a criminales y disidentes del régimen como en las metrópolis europeas. La historiografía confirma cómo desde las primeras invasiones europeas de África, América y Asia, los asesinatos no fueron juzgados. Los relatos de Foucault comentados por Mbembe tratan del poder soberano de los jurados, que aplicaban las leyes a los delincuentes. En el contexto colonial, toda persona colonizada era un delincuente.

En los albores del capitalismo, la colonización realizaba una especie de transferencia de las tensiones irreconciliables del sistema liberal a un terreno en el que estaba instalado una especie de "vale todo". Si un europeo blanco asesinaba a una persona africana o indígena del continente americano, no había castigo. Esto no tenía equivalente en la metrópoli. Los esclavistas blancos podían deshacerse de una persona esclavizada como si fuera una herramienta de trabajo, reemplazándola siempre que fuera necesario con otra "pieza". La condición de mercancía ya proporcionaba las bases para la instalación del necropoder.

El concepto de necropoder cobra más fuerza si se lo asocia con las reflexiones de Fanon, lo que no hace que Foucault sea menos importante. Sin embargo, el filósofo francés se ocupa del contexto europeo, porque una perspectiva más cuidadosa de la tecnología necropolítica no puede restringirse a las metrópolis. El proyecto de acumulación de capital para fortalecer las modernas naciones esclavistas europeas necesitaba establecer, de alguna manera, el derecho a matar sin perjuicio de la explotación de las actividades económicas. En el mismo período en que la Revolución Francesa era escenario de una violencia brutal, ¿qué sucedía en América, Asia, África y Oceanía? ¿Cuánto duró el terror de esta revolución? Alrededor de una década. ¿Cuánto duraron las invasiones, los ataques, la esclavización y la explotación de los europeos en otros continentes? De ahí que, parafraseando a Mbembe, "en ningún momento se manifestó tan claramente la fusión de la razón con el terror como durante las masacres de los pueblos originarios de América y la esclavización de los negros, en las que la tortura y el asesinato eran reglas institucionalizadas".

El neoliberalismo y la tribu elegida

El proceso de violencia colonial no cesó, se adaptó, y el esquema necropolítico se consolidó rápidamente en diversas sociedades multirraciales. Durante la forja de la etapa neoliberal del capitalismo, la necropolítica se convirtió en un tipo de tecnología indispensable para mantener la gestión domesticada de las tensiones raciales, de género y de clases.

En el contexto del neoliberalismo, la ideología de la tribu elegida se adapta para amplificar al máximo los mecanismos de opresión y explotación. En primer lugar, por ideología de la tribu elegida debemos entender brevemente una fijación etnocéntrica de que hay un *pueblo* designado a "cuidar" del mundo, aunque eso signifique esclavizar y explotar. En segundo lugar, debemos entender el neoliberalismo como una dimensión político-económica y, al mismo tiempo, filosófica y metapsicológica. En su primer aspecto, el neoliberalismo es un movimiento político que forma parte del sistema capitalista instituido en la década de 1980, por el Consenso de Washington[1], para responder a los desafíos del esfuerzo evaluado como infructuoso por una gestión heterodoxa de la economía de mercado, llevada a cabo parcial o totalmente por gobiernos conservadores o socialdemócratas, respectivamente (Notermans, 2000; Rodrik, 2006). Por otro lado, el neoliberalismo tiene significados ontológicos y psicológicos que recubren al sujeto como cosa, es decir, una herramienta de trabajo del capital, motivada por el autoengaño de ser una persona empresaria de sí misma, y aprisionada por sus propios deseos. Por consiguiente, toda satisfacción, alegría y felicidad quedan restringidas a la "capacidad de reconstruir públicamente su vida íntima y ofrecerla en un mercado como mercancía intercambiable" (Mbembe, 2018, p. 16). La condición humana necesita ser instrumentalizable para que tenga sentido.

Podemos traer aquí la lectura de Sand, de que el sionismo está plagado de racismo, y recordar, además, la generación de numerosos conflictos que se han desarrollado desde la creación del Estado de Israel en 1948, convirtiendo a árabes, musulmanes y otros grupos no judíos en adversarios políticos y enemigos internos. En ese contexto, matar al enemigo del Estado es indispensable. De alguna manera, cualquiera que no produzca es un enemigo; la misma noción que el "vagabundo", un personaje rival de la "gente buena" que trabaja. De este modo, los pueblos indígenas, quilombolas y tradicionales, que se relacionan con el trabajo de manera no capitalista, son clasificados como "vagabundos", porque realizan un trabajo que no es explotado

1 "Celebrada en 1989 en la capital estadounidense, la reunión de instituciones como el Fondo Monetario Mundial, el Banco Mundial y el Departamento del Tesoro de Estados Unidos se conoció popularmente como el Consenso de Washington. Al sugerir diversas medidas económicas, todas ellas encaminadas a la globalización de los mercados, el *Consenso de Washington* sirvió de base, durante mucho tiempo, para orientar el funcionamiento de diversas economías de todo el mundo. Fuente: https://www.suno.com.br/artigos/consenso-de-washington/

y que no es producido para la acumulación, sino como actividad para el mantenimiento de la vida.

En la coyuntura capitalista neoliberal, el discurso es que hay que capacitarse bastante para tener un lugar en el mundo del trabajo, incluso esforzándose por formar parte del trabajo explotado y mal pagado. La capacidad de soportar todo tipo de abusos y desprecios es señal de fuerza y vigor para "triunfar en la vida". La fantasía de la autoexplotación forma parte de un esfuerzo por ajustarse a lo que el sistema exige. No hay ninguna garantía de que ser trabajador evite que una población sea la diana de la necropolítica. La fantasía de ser una "buena persona" léase blanca, cisheteronormativa, de clase media y sin discapacidad es una apuesta para salvarse del fantasma neoliberal del necropoder.

A partir de las reflexiones de Mbembe, interpretamos que el universo neoliberal promueve un desplazamiento topológico de las disputas y de todos los procesos de competición capitalista, radicalizando la búsqueda de una conversión. Los "nacidos elegidos" se limitan a mantener su posición, mientras que los que no tienen el "derecho natural" a la salvación luchan desesperadamente por formar parte de esta tribu selecta. La medida es el trabajo exitoso, es decir, el éxito. En esta disputa, teniendo en cuenta las observaciones de Marx, unos pocos son dueños de los medios de producción, la mayoría forma parte de la clase obrera, y algunos se lanzan a una especie de aventura pequeñoburguesa creyendo que pueden alcanzar la tierra prometida de la burguesía. Pero, como en el Titanic[2], no hay botes ni chalecos salvavidas para todos. La mayoría no podrá hacer parte de la tribu elegida y vivirá como un ser humano muerto-viviente en

2 El Titanic fue un transatlántico de lujo que se estrelló contra un iceberg en medio de alta mar sin botes salvavidas para todas las personas. Como resultado, la mayoría murió congelada. La historia fue contada en un largometraje que obtuvo una gran taquilla. En la película, hay escenas intrigantes, como la de la orquesta que sigue tocando ajena al naufragio.

busca de una fantasía irrealizable. Sin fantasía, el necropoder no sería viable; mientras el Titanic se hundía, los músicos seguían tocando.

Esclavismo, fantasmagoría blanca y los "muertos-vivientes"

Entre los factores que conforman el necropoder, la fantasía es uno de ellos. Si tomamos este concepto en términos psicoanalíticos, "toda fantasía es el cumplimiento de un deseo, una corrección de una realidad insatisfactoria" (Freud, 1901, p. 137). Así, la fantasía entendida aquí como un mecanismo para facilitar nuestro acceso al placer frente a los obstáculos es una forma de afrontar la realidad. El proyecto de colonización funciona dentro de la fantasía de que ser una persona con derecho a *la humanidad* significa ser una persona blanca. Esta es la tesis fanoniana de *Piel negra, máscaras blancas*. Pero, vale la pena decirlo, las personas blancas también usan "máscaras blancas" que borran su humanidad. Las fantasías constituyentes del racismo que establecen el ser blanco como "una fantasía de la imaginación europea que Occidente se impuso naturalizar y universalizar" (Mbembe, 2018, p. 88). Esta fantasía blanca se inspiró rápidamente en el mito de la tribu elegida; en un mundo racializado, el "hombre blanco" se autodesignó como hecho a imagen y semejanza de Dios. En la estela de los dispositivos culturales, teológicos, institucionales y económicos, la fantasía del blanco actúa como una "constelación de objetos de deseo y marcas públicas de privilegio" (Mbembe, 2018, p. 90). La marca occidental de estar en el mundo es la blancura, entendida aquí, simplemente, como privilegio blanco. Lo que puede traducirse como una "figura de la brutalidad y de la crueldad, de una forma singular de depredación y de una capacidad sin igual para el sometimiento y la explotación de pueblos extranjeros" (Mbembe, 2018, p. 91). En esta fusión entre el discurso mítico de un pueblo elegido proveniente del sionismo y el privilegio blanco en un esquema colonial, capitalista y patriarcal, hemos instalado un terreno más que fértil para que los dispositivos del necropoder sean sólidos.

"No hay misión *negra*, no hay carga blanca" (Fanon, 2006, p. 232). El riesgo de cargar a los negros con la tarea de intentar "salvar" al mundo del racismo es demasiado peligroso. El enorme terror de la violencia sistemática en las sociedades inmersas en la necropolítica parte de una base psicológica, de que los blancos no asumen sus privilegios y de cómo han utilizado esta fantasmagoría occidental para deshumanizarse a sí mismos y a todos los demás grupos humanos. La manutención domesticada de la lucha de clases, la creencia de que todos pueden alcanzar el "éxito", está íntimamente vinculada a la producción de imaginarios ligados a la raza y a la ideología de que algunos pertenecen a un "pueblo elegido". Este éxito que garantiza la vida es "blanco" y está completamente estructurado en el terreno del capitalismo. Fuera del mercado no hay lugar para el éxito. La vida se vuelve valiosa en la medida en que podemos intercambiarla por productos y mercancías. Es necesario demostrar que uno puede entrar en los mundos de las compras para evitar los mundos de muerte.

> (...) *mundos de muerte*, formas únicas y nuevas de existencia social en las que numerosas poblaciones se ven sometidas a condiciones de existencia que les confieren el estatus de *muertos-vivientes*. El ensayo subraya también algunas de las topografías reprimidas de la crueldad (plantación y colonia, en particular) y sugiere que el necropoder nubla las fronteras entre resistencia y suicidio, sacrificio y redención, martirio y libertad (Mbembe, 2016, p. 146).

La metáfora de los "muertos-vivientes" es muy relevante. Vale la pena traer a colación una secuencia de aventuras en Cómics creada en 2003 por el trío estadounidense Robert Kirkman, Tony Moore (autores) y Charlie Adlard (dibujante/ilustrador) titulada *The Walking Dead,* que en 2010 se convirtió en una serie de televisión desarrollada por Frank Darabont y su equipo. Los muertos-vivientes pueden ser efectivamente asesinados por las personas que están vivas, en una lucha brutal para escapar del contagio de un virus. Ahora bien, esta ficción es una buena ilustración de los mundos de muerte. ¿Cuál es nuestra interpretación de esta expresión conceptual, presentada ligeramente en el ensayo? Nuestra hipótesis es la siguiente: se trata de un fenómeno que abarca mundos fuera del mercado neoliberal blanco autorizado. Todas las personas que están fuera del mercado, que habitan ciertos territorios que se inspiran en paisajes coloniales, personas con ciertas características fenotípicas ajenas a las del pueblo elegido, la raza blanca, excluidas del mundo productivo y similares, se convierten en muertos-vivientes, que pueden servir como blanco de tiro para los vivos. Quizás, esta es la razón por la que algunas personas en ascensión social cometen extravagancias, usando demasiadas joyas y empeñándose por demostrar que pueden "pagar el precio", es decir, que están vivas. En la década de 1990, no era raro ver videos musicales de artistas pop posando con autos lujosos, relojes caros, collares de diamantes y derrochando botellas de champán, que valían tres veces su peso en oro. Para las poblaciones previamente condenadas a la pena de muerte, la inserción en la lógica del consumo se ha convertido en la forma de decir: "¡Estamos vivos!"; lo que no impide que la necropolítica les afecte.

¿Cómo se establece esta relación entre los mundos de muerte y el mercado capitalista? La lógica del mercado consiste en comprar, descartar y volver a comprar. Así es cuando hablamos de productos, pero ¿y en el caso de personas? Un ser humano no es una pieza o un objeto. Sin embargo, así es como se trataba a los negros en el período esclavista, como cosas que podían ser reemplazadas. A partir de ahí, se inicia un camino histórico, desde la producción fabril liberal hasta el proceso neoliberal, que incorpora elementos del esclavismo y organiza un sistema en el que, en lugar de rechazar solo los objetos, las personas también se vuelven descartables.

> *Es cierto que la fábrica ya utilizaba el sistema de las primas y los incentivos, pero la empresa se esfuerza con mayor profundidad por imponer una modulación de cada salario, en estados siempre metaestables que admiten confrontaciones, concursos y premios extremadamente cómicos. El éxito de los concursos televisivos más estúpidos se debe a que expresan adecuadamente la situación de las empresas (Deleuze, 1995, p. 280).*

Al ser declarado descartable, el ser humano queda incluido en un mundo de muerte. Esto no es necesariamente nuevo, pues el proceso colonial ya había cometido genocidios y producido zonas de trabajo forzado de gran alcance. La tesis mbembeana radica precisamente en el carácter inédito de la ampliación de estas zonas de exterminio. En el contexto necropolítico, los mundos de muerte tienen juegos que ponen en riesgo la vida de muchos contingentes todo el tiempo. La tribu elegida, protegida de estos mundos, se reduce siempre más. El coloquio ahora tiene una regla: "demuestra que mereces seguir vivo". Hay una lógica de compensación. Tomando el ejemplo de Mbembe, si fueras palestino y vivieras en la Franja de Gaza durante los conflictos entre el Estado de Israel y el Grupo Hamás, tendrías que demostrar mil veces que mereces vivir. Una persona negra abordada por la policía, en un establecimiento comercial o incluso en la calle, ya sea un adulto o un niño, en Brasil o en Estados Unidos, puede correr la misma suerte que Amarildo[3], Cláudia Silva[4], João Pedro[5], George Floyd[6], los primos Emily Victoria y Rebeca Beatriz[7], los chicos de Belford Roxo[8], entre innumerables casos. ¿Qué tendrían que hacer estas personas para demostrar su derecho a la vida? Quizás, tener fama y/o dinero, como ocurrió con un famoso rapero que fue liberado tras ser reconocido por un policía en un control rutinario. Los mundos de muerte son móviles, no son solo territorios conflagrados, como aquellos en que las fuerzas policiales entraban disparando en la década de 2000 en el Estado de Río de Janeiro.

Al final de la segunda década del siglo XXI, con la irrupción de una pandemia global, todas las personas pasaron a tener el "derecho a matar"; los mundos de muerte se ampliaron enormemente. El 17 de abril de 2020, Achille Mbembe publicó el artículo *Derecho universal a respirar*. Mbembe señala que ahora todos pueden matar, todo

---

3 Amarildo de Souza desapareció en 2013, en la favela Rocinha, en Rio de Janeiro. El tribunal concluyó que Amarildo fue torturado hasta la muerte. Hasta la fecha su cuerpo no ha sido encontrado. En 2016, 13 agentes de la policía militar fueron condenados por tortura seguida de muerte, ocultación de cadáver y fraude procesal.

4 Cláudia Silva Ferreira, cuyo cuerpo fue arrastrado por 350 metros, en Madureira (RJ), por un coche de la Policía Militar y murió por uno de los disparos que recibió.

5 *João* fue asesinado durante un operativo conjunto de la Policía Civil y la Policía Federal. Recibió un disparo en el estómago y fue llevado a un helicóptero; estuvo desaparecido 17 horas antes de ser declarado muerto.

6 George Floyd, de 43 años, murió en 2020 tras tener el cuello presionado por la rodilla del policía Derek Chauvin, de Minneapolis, durante 9 minutos y 29 segundos.

7 Emily Victória Silva dos Santos, de 4 años, y Rebeca Beatriz Rodrigues dos Santos, de 7, fueron asesinadas a tiros después de un tiroteo en Duque de Caxias, Río de Janeiro. Aunque una residente dijo que los proyectiles provenían de policías, la PM (Policía Militar) del Estado afirma que no se efectuaron disparos durante la operación.

8 Lucas Mateus, Alexandre y Fernando Henrique. Los niños desaparecieron el 27 de diciembre de 2020 en Belford Roxo, Baixada Fluminense, región metropolitana de Río de Janeiro. Hasta la fecha, sus familias no han recibido respuesta sobre los tres chicos desaparecidos Observación: Todas las personas que aparecen en esta nota y en las anteriores son negras.

el mundo podría ser una máquina productora de muerte, siempre y cuando contraiga y transmita el virus. El monopolio de matar no es una regla neoliberal. Si Palestina es el ejemplo del necropoder, el razonamiento lógico nos informa que el Estado de Israel es una máquina muy elaborada para producir mundos de muerte. Pero, además de los Estados que actúan a través de las fuerzas oficiales de seguridad pública, encontramos milicias armadas en Brasil que ponen "orden" en los territorios de la clase popular, y hombres con crisis de masculinidad patriarcal (tóxica) en Estados Unidos de América que llevan a cabo ataques masivos, entre otras máquinas de muerte. El tratamiento dado por el gobierno brasileño anterior a la pandemia de Covid-19, con el fin de popularizar el virus, en una ineficaz "inmunización de rebaño"[9], hizo posible que una persona asintomática transmitiera el virus y matara, promoviendo así una expresión del necropoder.

---

9 "También conocida como inmunidad colectiva, se basa en un cálculo utilizado por epidemiólogos e infectólogos para determinar el porcentaje de una población que necesita recibir dosis de una vacuna para que todas las personas estén protegidas de un virus o bacteria, incluso aquellas que no han sido inmunizadas por algún motivo. Este número varía mucho según las características de la enfermedad. [...] Cuando hablamos del coronavirus actual, la situación se complica un poco más. Esto se debe a que no disponemos de vacunas ni medicamentos. Por lo tanto, para lograr una eventual inmunidad de rebaño en este escenario, sería necesario pedir a las personas que salgan de sus casas y se expongan al virus a diario. [...] Hay proyecciones que dicen que el 43% de la población tendría que estar infectada con el virus para alcanzar la inmunidad de rebaño: algunos estudios dicen que el 20%, otros el 80%. [...] En un cálculo aproximativo, 86 millones de brasileños tendrían Covid-19. ¿Cuáles son las consecuencias? Según la evidencia más reciente, alrededor de 17 millones de ingresos hospitalarios y 860.000 muertes". Fonte: https://saude.abril.com.br/especiais/o-que-significa-a-tal-da-imunidade-de-rebanho/

Consideraciones parciales: ¿cómo resistir al necropoder?

La pregunta es: frente a mundos de muerte por todos lados, ¿cómo podemos resistir al necropoder? En cierto modo, Mbembe nos provoca de forma aguda ante una crisis crónica. Lo que el filósofo propone es una inflexión radical de un fenómeno que parece cobrar cada vez más fuerza: ¿se puede contener el necropoder? ¿Existe alguna posibilidad de resistirlo? ¿De enfrentarlo? Algunas pistas se encuentran en su libro *Salir de la gran noche* (2019) y en un breve ensayo titulado "Afropolitanismo" (2015).

El necropoder necesita fronteras, ya sean geográficas, raciales, de género, de clase o de cualquier tipo. Porque sin establecer puntos fijos y una tierra prometida, las tecnologías necropolíticas no son posibles. La libre circulación sin fronteras, el continuo movimiento de dispersión e inmersión, la vida nómada, es ajeno a la idea de una tierra prometida y, por tanto, de una tribu elegida con derecho a establecerse.

Visto desde África, el fenómeno de la circulación de los mundos tiene al menos dos caras: la de la dispersión, que acabo de mencionar, y la de la inmersión. Históricamente, la dispersión de poblaciones y culturas no fue solo el resultado de los extranjeros que vinieron a establecerse aquí. De hecho, la historia precolonial de las sociedades africanas fue, de principio a fin, una historia de pueblos en constante movimiento por todo el continente. Es una historia de culturas en colisión, atrapadas por la vorágine de guerras, invasiones, migraciones, matrimonios mixtos, religiones diversas que se adoptan, técnicas que se intercambian y mercancías que se venden. La historia cultural del continente difícilmente puede entenderse fuera del paradigma de la itinerancia, la movilidad y el desplazamiento.

> *De hecho, fue esta cultura de la movilidad la que la colonización intentó frenar, en su momento, a través de la institución moderna de la frontera. Recordar esta historia*

> *de itinerancia y movilidad es lo mismo que hablar de mezclas, amalgamas y superposiciones. Contra los fundamentalistas de la "costumbre" y la "autoctonía", incluso podríamos llegar a decir que lo que llamamos "tradición" en realidad no existe (Mbembe, 2015, p. 69).*

Ahora bien, la itinerancia y el fin de las fronteras, la celebración constante de un mundo sin extranjería, es una alternativa para hacer frente al necropoder. Fronteras y muros deben dejar de existir. Palestina y el Estado de Israel deben dejar de ser territorios en disputa. Una favela de la zona sur de Río de Janeiro debe dejar de ser una intervención estética de la pobreza en el paisaje de un barrio de clase media-alta. La forma de resistir al necropoder está en la lección histórica afropolitana que convierte a todos los humanos en eternos itinerantes. Es la itinerancia, el carácter nómada de la vida lo que puede poner fin a los mundos de muerte. Hay que decirlo, contra el necropoder solo cabe la itinerancia cosmofílica que no busca una tierra prometida, sino encuentros que generen nuevos mundos, interacciones inesperadas y conflictos que se resuelvan con mayor acogida e intimidad.

La etapa neoliberal del capitalismo continúa radicalizando los conflictos de clase, expandiendo el fetiche de la mercancía a todos los ámbitos de la vida. Se crea un nuevo Edén prácticamente inaccesible: a su alrededor un muro y una puerta estrecha por la que solo pueden entrar las personas elegidas. El necropoder se instala con un alcance fulminante para todos los que se encuentran fuera de la Tierra Prometida. Por lo tanto, combatirlo se lleva a cabo a través de una ruptura con la lógica del mercado, con un rechazo radical del capitalismo en sus formas más sofisticadas de transformar a las personas en mercancías. La itinerancia que aumenta las oportunidades de intimidad y hospitalidad es anti-necropolítica, en el sentido de que no pone precio al mundo de la vida. Ahora bien, si la precificación del mundo de la vida es precisamente lo que produce mundos de muerte, nuestra alternativa es desprecificar la vida, lo cual solo es factible enfrentando al capitalismo, abriendo las puertas del mercado, restableciendo la circulación de las cosas, como un flujo vital de sangre que oxigena un cuerpo.

Referencias

BBC. (2020). Naufrágio do Titanic: busca por telégrafo abre batalha judicial sobre descanso dos mortos. *BBC*. Disponível em: https://www.bbc.com/portuguese/geral-54653975#:~:text=Na%20noite%20de%2014%20de,de%20toneladas%20de%20%C3%A1gua%20congelante.&text=%22N%C3%B3s%20batemos%20em%20um%20iceberg,ao%20Frankfurt%2C%20um%20navio%20alem%C3%A3o.

Betim, Felipe. (2021). Mais de 100 dias sem resposta sobre os três meninos desaparecidos de Belford Roxo. *El País*. Disponível em: https://brasil.elpais.com/brasil/2021-04-12/90-dias-sem-resposta-sobre-os-tres-meninos-desaparecidos-de-belford-roxo.html.

Boernth, André. (2020). O que significa a tal da imunidade de rebanho?. *Veja Saúde*. Medicina Ago./ 2020. Disponível em: https://saude.abril.com.br/especiais/o-que-significa-a-tal-da-imunidade-de-rebanho/.

Deleuze, Gilles. (1996). Post-scriptum sobre as sociedades de controle. In *Conversações, Conversações, 1972 -1990*. Editora 34.

International Military Tribunal at Nuremberg. (1949). Nuremberg Code. In *Trials of War Criminals before the Nuremberg Military Tribunals under Control Council Law* No. 10, Vol. 2 (pp. 181–182). US Government Printing Office.

Fanon, Frantz. (2005). *Os condenados da terra*. Editora UFJF.

Freud, Sigmund. (1996). A psicopatologia da vida cotidiana. In *Obras psicológicas completas de Sigmund Freud*. Imago.

G1. (2014). Arrastada por carro da PM do Rio foi morta por tiro, diz atestado de óbito. *G1*. Disponível em: http://g1.globo.com/rio-de-janeiro/noticia/2014/03/arrastada-por-carro-da-pm-do-rio-foi-morta-por-tiro-diz-atestado.html.

G1. (2021). Homenagens marcam 1 ano da morte de George Floyd nos EUA. *G1*. Disponível em: https://g1.globo.com/mundo/noticia/2021/05/25/homenagens-marcam-1-ano-da-morte-de-george-floyd-nos-eua.ghtml.

Kaufmann, Yehezkel. (1989). *A religião de Israel:do início ao exílio babilônico*. Perspectiva.

Lissovsky, Alexandre. (2009). *2000 anos depois: o renascimento de Israel. Herzl e o sionismo político*. Centro Edelstein de Pesquisas Sociais. pp. 49-94. Disponível em: http://books.scielo.org/id/tfhj9/pdf/lissovsky-9788579820038-04.pdfAcesso: 13/05/2021.

Mbembe, Achille. (2015). Afropolitanismo. *Áskesis*, v. 4, n.º 2, jul./dez., pp. 68 -71.

Mbembe, Achille. (2018). *Crítica da razão negra*. N.º 1 edições, .

Mbembe, Achille. (2020). *Direito universal à respiração*. Instituto Humanas Unisinos. Disponível em: http://www.ihu.unisinos.br/78-noticias/598111-o-direito-universal-a-respiracao-artigo-de-achille-mbembe. Acesso: 13/05/2021.

Mbembe, Achille. (2015) Necropolítica. *Arte & Ensaios* (Revista). n.º 32. UFRJ, dez..

Notermans, Ton. (2000). *Money, markets, and the State: social democratic economic policies since 1918*. Cambridge University.

Oliveira, Augusto Neftali Corte de. (2020). Neoliberalismo durável: o Consenso de Washington na Onda Rosa Latino-Americana. *Opinião Pública*, vol. 26, nº 1, jan.-abr., pp. 158-192.

Record TV Rio. (2020). Emily, de 4 anos, e Rebeca, de 7, são mortas em tiroteio no Rio. Disponível em: https://noticias.r7.com/

rio-de-janeiro/emily-de-4-anos-e-rebeca-de-7-sao-mortas-em-tiroteio-no-rio-05122020.

Reis, Tiago. (2019). Consenso de Washington: entenda o que foi esse conjunto de medidas liberais. *Suno Artigos. Economia.* Disponível em: https://www.suno.com.br/artigos/consenso-de-washington/.

Resende, Leandro. (2020). Caso João Pedro, morto em ação policial no RJ, tem reconstituição marcada. *CNN*. Disponível em: https://www.cnnbrasil.com.br/nacional/2020/10/22/caso-joao-pedro-morto-em-acao-policial-no-rj-tem-reconstituicao-marcada.

Rodrik, Dani. (2006). Goodbye Washington Consensus, Hello Washington Confusion? *Journal of Economic Literature*, vol. 44, n.º 4, pp. 973-987.

Sand, Shlomo. (2014). *A invenção da terra de Israel: da terra santa à terra prometida*. Benvirá.

Schmidt, Larissa & Gimenez, Elza. (2021). Major condenado por tortura e morte do pedreiro Amarildo é reintegrado à Polícia Militar. *G1*. Disponível em: https://g1.globo.com/rj/rio-de-janeiro/noticia/2021/02/02/major-condenado-por-tortura-e-morte-do-pedreiro-amarildo-e-reintegrado-a-policia-militar.ghtml.

Sorj, Bernardo. (2014). Geopolítica e cultura: a trajetória de Israel. *História* (São Paulo). v. 33, n. 2, pp. 57-71, jul./dez.

Zanini, Fábio. (2021). Alemanha admitirá o genocídio africano anterior ao fascismo. *Folha de São Paulo*, Maio.

5. Salud mental, deseo y subjetividad

Kwame Yonatan Poli dos Santos

¿Qué es salud mental?

El propósito de este texto es reflexionar sobre los aportes del concepto de deseo elaborado por el psicoanálisis, especialmente de Freud a Lacan, al campo de la salud mental.

La Organización Mundial de la Salud (OMS) define la salud como un "estado de completo bienestar físico, mental y social, y no solo como la ausencia de enfermedades o dolencias". De acuerdo con esta definición, pocos privilegiados en el mundo gozarían de salud.

La Dra. Andreia Beatriz, del movimiento panafricanista "Reacciona o serás muerta, reacciona o serás muerto", nos ofrece otra definición que nos ayuda: la salud sería el acceso a la vida. En este sentido, habría elementos externos y/o internos que determinarían la exclusión del campo vital, los cuales relegarían al sujeto a sobrevivir.

Sobrevivir es distinto de vivir. Lo que diferenciaría un estado del otro serían los grados de existencia. La existencia es la travesía marcada por encuentros con el mundo; en esos encuentros, afectamos a otros y somos afectados (los afectos son interpretaciones de los efectos de estos encuentros). Los buenos encuentros son interpretados por el afecto de la alegría, que aumenta nuestra potencia de existir;

por otro lado, los malos encuentros se sienten como afectos tristes, que disminuyen nuestra capacidad de existir (Spinoza, 2019).

Por tanto, la existencia es una tarea colectiva que tiene lugar a partir de los encuentros con el mundo, es decir, solo existimos en relación; y, también, existir es una gradación, una variación que se produce a partir de los afectos de este *élan*, una malla de sentimientos que va de la supervivencia al buen-vivir.

A la luz de lo anterior, vale la pena reflexionar que sobrevivir es diferente de buen-vivir, ya que la supervivencia se refiere a la vida reducida a las funciones orgánicas (Pelbart, 2013), lo cual, aún hoy, sigue siendo muy común, por ejemplo, en la experiencia de la mayoría de la población negra, como consecuencia de la experiencia del racismo.

La distinción entre sobrevivir y buen-vivir radica en los grados de existencia y en las condiciones concretas para que la libertad cree la existencia.

Buen-vivir es un concepto empleado por las feministas negras e indígenas:

> *El Buen-Vivir designa "un modo de estar en el mundo" (Krenak, 2020, p. 6), una filosofía en construcción (Huanacuni, 2010), basada en la conciencia de que la humanidad es dependiente de la naturaleza y es parte integrante de la biodiversidad (Chuji, 2014) (Muraca, 2022, p. 35).*

La idea del buen-vivir es ante todo una herramienta de lucha político-ética, una lucha por una vida, en singular, en la que se pretende cultivar el proyecto vital para todxs lxs vivientes, humanos y no humanos. Dicho esto, hay factores concretos y simbólicos que afectan a nuestra forma de estar en el mundo, como la salud mental.

La salud mental es un concepto ligado a la calidad de vida y no a la cantidad, es decir, es algo cualitativo, dependiente de adjetivación, que no se restringe al ámbito individual. Tener salud mental, o, mejor dicho, la producción de salud mental (Costa-Rosa, 2013) se relaciona con el proceso de subjetivación por el que se aumenta el grado de existencia, ya que el sufrimiento psíquico reduce el vivir al sobrevivir, promoviendo un encogimiento de la existencia.

Según el concepto de salud de la OMS, se trata de un completo bienestar social, por lo que, por ejemplo, estar desempleado o en situación de miseria produciría sufrimiento psíquico; esto significa que existen factores externos, determinantes sociales para la producción de la salud mental, que van más allá de los elementos biológicos o de la fisiología interna.

Por lo tanto, es necesario entender la salud mental como relacional, también vinculada a la realidad material externa concreta, y esto es fundamental para comprender la construcción histórica del campo de la salud mental en Brasil.

En su libro *História da Psiquiatria no Brasil: um corte ideológico*, el psiquiatra Jurandir Freire Costa afirma:

> *El sistema psiquiátrico no era más que una disposición artificial de elementos que se introducía forzosamente en la causalidad biológica (...). Este biologismo solo pudo implantarse en el pensamiento psiquiátrico de la Liga Brasileña de Higiene Mental (LBHM) porque se ajustaba a los prejuicios de la época. Evidentemente, se trata aquí del biologismo eugenésico (Costa, 2007, p. 27).*

Como señala el autor, el campo de la salud mental en Brasil fue forjado por psiquiatras que entendían el origen de las llamadas enfermedades mentales desde el ideario eugenésico, es decir, racista.

La LBHM, fundada en 1933 en Río de Janeiro (capital de Brasil en aquel momento), representaba a la élite de la psiquiatría brasileña y basaba sus prácticas en la eugenesia: "La eugenesia fue el artefacto conceptual que permitió a los psiquiatras expandir los límites de la psiquiatría y abarcar así el terreno social" (Costa, 2007, p. 3).

La LBHM simplemente reescribió, a su manera, la discusión del tema vigente en los círculos intelectuales de la época: los conflictos raciales posteriores a la abolición. El grupo de psiquiatras de la LBHM justificaba los efectos de la esclavitud en la población negra recién liberada, mediante argumentos médico-psiquiátricos y, de este modo, daba continuidad a la dominación racial.

Durante el período post-abolicionista: "se produjo una reformulación de los mitos raciales, reflejos de la esclavitud, en el contexto de la sociedad de capitalismo dependiente que la sucedió; una reformulación que alimentó a las clases dominantes con el combustible ideológico capaz de justificar el tamizado económico-social, racial y cultural" (Moura, 1988, p. 17).

En este sentido, "para estos intelectuales, una de las principales razones de la crisis enfrentada por el régimen republicano se encontraba en las condiciones naturales constitutivas del Estado brasileño. Brasil fue sacudido por revueltas sociales y crisis económicas, no por la inmadurez histórica y política de las élites gobernantes, sino, según ellos, por el clima tropical y la constitución étnica del pueblo" (Costa, 2007, p. 36).

Por esta y otras razones, la Dra. Rachel Gouveia Passos escribió un importante artículo, "¿Holocausto ou Navio Negreiro?" [¿Holocausto o barco de esclavos?] (2018), en el que cuestiona el enorme contingente de personas negras en los manicomios. Señala el racismo estructural presente en la constitución del campo de la salud mental en Brasil y también en el movimiento de lucha contra el asilo, una lucha que se instauró desde una perspectiva crítica de la institucionalización de la locura, del enclaustramiento de la llamada locura.

El movimiento anti-asilo ha estado buscando hasta hoy la desinstitucionalización de la locura, y se diferencia de una perspectiva de deshospitalización, porque la primera implica un cambio cultural en la forma de tratar la locura en la sociedad, con la mirada puesta en acabar con la lógica del manicomio, que incluye la patologización, la medicalización y las comunidades terapéuticas; en definitiva, se trata de otra ética (Costa-Rosa, 2013).

> *Lo que queremos destacar es que estas instituciones de violencia son funcionales para la reproducción de desigualdades y opresiones, además de controlar cuerpos, comportamientos y subjetividades. La naturalización de la violencia institucional contra los cuerpos negros conforma el modelo de manicomio.*
>
> *El manicomio se estructura más allá de un edificio, porque, incluso con el fin del hospital psiquiátrico, aún experimentamos innumerables formatos y formas de apartheid social, expresados a través de la medicalización y patologización de la vida, de la hospitalización obligatoria, de la esterilización coercitiva, de la higienización urbana y otros fenómenos; es decir, el manicomio es social, ya que se introyecta y se reproduce en las relaciones sociales. (...) Tal relación nos hace cuestionar hasta qué punto el manicomio y la cárcel sirven para contener de muchas maneras las vidas negras y pobres (Passos, 2018, p. 13).*

Es importante destacar lo predominante que sigue siendo la lógica del manicomio en el ámbito de la salud mental y, a su vez, cómo la ética tutelar que rige el manicomio está entrelazada con elementos de nuestra cultura racista, clasista y sexista.

> *Con la esperanza de continuar problematizando la función social del hospicio en el capitalismo, creemos que es imprescindible (re)construir nuestros análisis y caminos anti-asilo, reconociendo las particularidades de la formación social brasileña. Si queremos inspirarnos, ampliemos nuestra lente e identifiquemos que los hospitales psiquiátricos en Brasil son un gran reflejo de los barcos de esclavos, un lugar donde muchos murieron en el anonimato, sin dignidad e impedidos de manifestar su existencia. Recordemos que los manicomios trascienden los muros y se actualizan constantemente (Passos, 2018, p. 19).*

Por último, hay que destacar la importancia de la dimensión del deseo que tiene como objetivo corroborar la construcción de otra ética, una ética de la Atención Psicosocial atenta al sujeto del sufrimiento psíquico en sus dimensiones histórica, racial, de género y política.

En la actualidad, movimientos sociales en el ámbito de la Salud Mental, como Kilombrasa (Lanari; Santos, 2020), han defendido una lucha *antimanicolonial*, es decir, la construcción de una ética de la Atención Psicosocial que incluya estrategias antirracistas, antipatriarcales, anticapitalistas, etc.

El deseo en el psicoanálisis

La ética y la clínica de la Atención Psicosocial

El profesor Abílio Costa-Rosa (2011) defendió una ética y una clínica para la Atención Psicosocial radicalmente diferentes a las éticas disciplinarias orientadas a la tutela, a la exclusión de la subjetividad, las que, al mismo tiempo, excluyen a los individuos de la producción de subjetividad al incluirlos en el consumo de psicofármacos.

En la modalidad de asilo, se priva al sujeto de la posibilidad de actuar como protagonista en el tratamiento de su impase psíquico y, a través de la tutela, se busca gestionar sus procesos subjetivos e individualizar las angustias colectivas (Costa-Rosa, 2011).

Por otro lado, nos guiamos por la brújula ética, cercana al Paradigma Psicosocial (PPS) y a la ética de la Clínica en la Atención Psicosocial (Costa-Rosa, 2011), en la que la subjetividad es entendida como estar "entre sentidos", y en la que el cuidado privilegia la construcción del protagonismo del sujeto en la producción de sentido sobre su sufrimiento. Los dispositivos de cuidado prestarán atención a las relaciones de poder, los enfrentamientos de fuerza, las jerarquías establecidas y las formas de cuidar.

Según Dunker (2015, p. 219), "el sufrimiento se convierte en la función directa de la gramática que lo reconoce", es decir, el impase psíquico cambia según la forma en que lo miramos y lo narramos. En consecuencia, esto afecta la forma cómo lo tratamos.

Si, en el campo de la Atención Psicosocial, reconocemos el sufrimiento psíquico únicamente a través de la lente que ofrece el Manual Diagnóstico y Estadístico de los Trastornos Mentales (DSM, *Diagnostic and Statistical Manual of Mental Disorders*), se producirán diferentes formas de tratamiento y diferentes procesos de subjetivación. Nuestra mirada puede estar subordinada a las relaciones de poder/saber de la psiquiatría-DSM (Costa-Rosa, 2013) y, para cambiar la mirada, es necesario una reevaluación a partir del campo pulsional (Santos, 2023).

La ética de la clínica en la Atención Psicosocial también se diferencia de una ética del cuidado basada en la empatía y la compasión, ignorando el lugar del sujeto del sufrimiento como sujeto, y situándolo como objeto (Costa-Rosa, 2011).

Más adelante, consideraremos cómo el trabajo clínico en el que los sujetos ocupan el lugar de construcción de saberes sensibles se alía con la costura de una red de composición.

La ética de la clínica en el Campo de la Atención Psicosocial se basa en la concepción del sujeto y su sufrimiento en el "entre sentidos", y tiene como objetivo la construcción del protagonismo de los sujetos del sufrimiento en la producción de sentidos necesarios para superar el sufrimiento y otros impases que motivaron la búsqueda de ayuda: "esto posibilitaría reposicionarlos en el 'entre social' y en el 'entre sentidos' componentes de la salud, en su sintonía con la subjetividad singularizada referenciada en los ideales socioculturales y en el devenir deseante" (Costa-Rosa, 2011, p. 743).

El campo deseante en el psicoanálisis

Para comprender mejor lo que se ha dicho, es necesario volver a la idea de síntoma en psiquiatría y psicoanálisis. Según ciertas corrientes de la psiquiatría-DSM (Costa-Rosa, 2013), el síntoma es una mala hierba que hay que extirpar, silenciar en el tratamiento; en psicoanálisis, el síntoma es positivo, porque sería metafórico, una pulsación político-deseante con capacidad subversiva de los procesos de colonización de la subjetividad. De esta manera, la escucha clínica de la pulsación presente en el síntoma permitiría acceder al deseo inconsciente reprimido.

La psicoanalista Maria Rita Kehl afirma que la naturaleza última del deseo está en la categoría de lo imposible, de lo absoluto; sin embargo, no es así como ocurre el deseo en nuestra experiencia diaria como sujetos deseantes.

Según ella, todo sujeto es sujeto porque es deseante. Para entenderlo, es necesario diferenciar el deseo y el placer, que, para el psicoanálisis, no son lo mismo. El deseo se manifiesta precisamente en la suspensión del principio de placer. Al mismo tiempo, la ausencia o escasa posibilidad de placer real favorece la desinversión del pensamiento en favor del retorno a la actividad alucinatoria. En este sentido, la miseria extrema puede ser motivo para enloquecer (Kehl, 1990).

Lacan, por su parte, dice que el movimiento deseante del devenir, expresado como producción de sentido, sea a partir de los significantes-maestros que componen lo reprimido de la historia de cada uno, sea como efecto de la producción de nuevos significantes que cifran, significan el goce angustiado que hasta entonces solo encontraba el camino del "plus-goce", correlato de la plus-valía; y el plus-goce, como la plus-valía, se pierde en la disipación (Costa-Rosa, 2013).

El deseo, para Lacan (1953-54), es el deseo del otro, es decir, el deseo se forja a partir de la relación con el lazo social:

> *El deseo que nos revela Freud tiene una doble característica: en primer lugar, su necesaria distorsión; y, en segundo lugar, su alejamiento con respecto a la satisfacción. (...) Es este descentramiento con relación a la satisfacción lo que permitirá a Lacan hablar de la errancia del deseo y utilizar el concepto lingüístico de metonimia para esclarecerlo (García-Roza, 1985, p. 146-147).*

Hablar de la errancia del deseo es hablar de su carácter multivagante, nómada, sin objeto fijo, y esta plasticidad permite, al mismo tiempo, pensarlo como errante, sin destino cierto; sin embargo, debido a que se forja en la cultura, puede ser capturado, colonizado por movimientos de esta.

Un ejemplo de cómo se puede capturar el ejercicio del deseo está en un posible despliegue de la discusión sobre el malestar en la cultura. La teoría freudiana (1930) nos enseña que el malestar proviene del lazo social, del resto de la represión de los deseos destructivos y sexuales inconscientes. Sin embargo, Fanon hace una salvedad:

> *Esta opulencia europea es literalmente escandalosa porque se construyó sobre las espaldas de los esclavos, se nutrió de la sangre de los esclavos, procede en línea recta del suelo y del subsuelo de este mundo subdesarrollado: el bienestar y el progreso de Europa se construyeron con el sudor y el cadáver de negros, árabes, indios y amarillos. No debemos olvidar esto (Fanon, 1979, p. 76-77).*

Lo que Fanon señala es el malestar colonial (Santos, 2023), un remanente de la construcción de las metrópolis europeas. Aquellos impulsos destructivos y sexuales reprimidos para construir la civilización fueron utilizados como lenguaje de pura violencia en la colonia (Fanon, 1979).

Por lo tanto, la implicación deseante como "movimiento absoluto del devenir" no acontece desligada de la cultura, sino al contrario:

> *Es en esta coyuntura que aparece la expresión "emprendedor de sí mismo". Al sujeto se le hace creer que, si antes había restricciones, coerción por parte de diferentes dispositivos e instituciones, ahora es libre de desear. (…) Lo que a menudo no se advierte es que el control de los cuerpos sigue existiendo en forma de autocontrol exacerbado, siendo la responsabilización una estrategia utilizada para este fin (Kushnir, 2023, p. 99).*

Traemos a colación la noción ética de la responsabilidad bajo el deseo. El concepto de deseo permite destacar la definición de subjetividad como la necesaria inserción del sujeto en el campo del sentido: devenir-sentido (Costa-Rosa, 2013).

> *Solo cuando el sujeto piensa y reflexiona sobre sus deseos, preferencias y opciones es capaz de decidir. De este modo, el psicoanálisis, al dar mayor complejidad al lugar de la*

> *responsabilidad, puede ofrecerse como una forma de tratamiento más adecuada no solo al diagnóstico individual, sino también al diagnóstico social y político. No hay manera de combatir una cierta moral que coloniza nuestro campo, articulada con un discurso neoliberal, si prescindimos del campo de la moral, separando el psicoanálisis de las normas sociales, como si éste, en tanto que institución, no debiera dar razones de su práctica y transmisión. La responsabilidad, por tanto, como ya señaló Lacan, depende también de que los psicoanalistas comprendan el modo en que están insertos en la sociedad en la que trabajan, en la cultura por la que se orientan y en el país en el que viven, para que puedan responder con propiedad sobre su hacer (Kushnir, 2023, p. 102).*

Esa inserción en la sociedad es consecuencia de la circunstancia de que el sujeto necesita construir activamente su ingreso en el campo humano, lo que solo puede hacerse a través de la mediación del lenguaje, entendido como campo simbólico, y en la convivencia con sus semejantes.

En otras palabras, situar en esta perspectiva la producción de significación implica una definición del deseo inconsciente como dispositivo de producción de sentido, y no solo como "otra escena" reprimida de la historia individual.

Lacan eleva el deseo a una ética, porque las pulsaciones inconscientes se autorizan a sí mismas; el sueño y el acto fallido, por ejemplo, no piden autorización. Desde esta perspectiva, el deseo es evaluado como una ética; en general, la vida es un proceso de evaluación, es la esencia de la realidad. La realidad solo será inteligible desde el punto de vista del deseo; ella solo es tratable desde el punto de vista del deseo (García Roza, 1985).

La reevaluación del deseo psicoanalítico realizada por la filosofía de la diferencia

A partir de lo ya expuesto, entramos en la reevaluación del deseo psicoanalítico, propuesta por la filosofía de la diferencia, retomando la idea de síntoma:

> *Síntomas son como pájaros que golpean con el pico la ventana. No se trata de descifrar su significado oculto, sino de situar su trayectoria para ver si son capaces de servir de indicadores de nuevos universos de referencia, los cuales puedan adquirir la consistencia suficiente para provocar un viraje en la situación (Guattari; Rolnik, 2005, p. 222-223).*

En este sentido, el inconsciente es una fábrica que hay que (re) ocupar, no un teatro; el síntoma debe ser utilizado para experimentar cartografías de un porvenir posible. Es decir, es producido en una encrucijada y para escucharlo hay que posicionarse en sus tensiones.

Por lo tanto, se propone un cambio ético-estético-político del inconsciente:

> Solo hay el deseo y lo social, y nada más. *Incluso las formas más represivas y más mortíferas de la reproducción social son producidas por el deseo, en la organización que se desprende de él bajo tal o cual condición que deberemos analizar. Por ello, el problema fundamental de la filosofía política sigue siendo el que Spinoza supo plantear (y que Reich redescubrió): "¿Por qué los hombres combaten por su servidumbre como si se tratara de su salvación?" ¿Cómo es posible gritar: "¡Queremos más impuestos! ¡menos pan!"? Como dice Reich, lo sorprendente no es que la gente robe, o que haga huelgas; lo sorprendente es que*

> *los hambrientos no roben siempre y que los explotados no estén siempre en huelga. ¿Por qué los hombres han soportado desde siglos la explotación, la humillación, la esclavitud, hasta el punto de quererlas no solo para los demás, sino también para sí mismos? Nunca Reich fue mejor pensador que cuando rehúsa invocar un desconocimiento o una ilusión de las masas para explicar el fascismo, y cuando pide una explicación a partir del deseo, en términos de deseo: no, las masas no fueron engañadas, ellas desearon el fascismo en determinado momento, en determinadas circunstancias, y esto es lo que precisa de explicación, esta perversión del deseo gregario (Deleuze, Guattari, 2010, p. 46-47).*

Las masas desearon el fascismo e, incluso antes, el colonialismo y la esclavitud. No obstante, ¿a través de qué procesos de violencia colonial (Fanon, 1979) llegamos a desear la servidumbre?

La colonialidad se sustenta en la instrumentalización del deseo en su faceta reactiva, que reivindica más servidumbre. Por lo tanto, es imprescindible realizar un análisis de los procesos de subjetivación para distinguir, en la clínica, el deseo en la voz activa de la colonialidad que nos atraviesa y lo que lo lleva a emitir una voz reactiva. El análisis debe volver a ocupar la fábrica del inconsciente colonial-capitalista, estando atento a la brújula ética del deseo (Rolnik, 2018).

> *El deseo es el sistema de signos a-significantes con los cuales se producen los flujos del inconsciente en un campo social. No hay ningún estallido de deseo, en cualquier lugar, sea pequeña familia o escuela de barrio, que no cuestione las estructuras establecidas. El deseo es revolucionario porque siempre quiere más conexiones y agenciamientoss. Pero el psicoanálisis corta y aplana todas las conexiones,*

> *todos los agenciamientos, odia el deseo, odia la política (Deleuze; Parnet, 1998, p. 94-95).*

El deseo en la voz activa (Santos, 2023) es revolucionario porque siempre quiere más conexiones y agenciamientos. El deseo no es, por tanto, interno a un sujeto, ni tiende hacia un objeto: es estrictamente inmanente a un plano al que no preexiste. El deseo solo puede alcanzarse en el punto en que alguien se ve privado de poder decir "yo". Algo desea en mí, solo hay deseo agenciado o maquinado.

Así que, como ya se ha dicho, el ejercicio del deseo puede ser capturado, puede ser colonizado, como dice Fanon:

> *Hay una zona de no-ser, una región extraordinariamente estéril y árida, una rampa esencialmente despojada, donde puede tener lugar un auténtico resurgimiento. La mayoría de los negros no disfruta del beneficio de hacer esta bajada a los verdaderos Infiernos (Fanon, 2008, p. 25).*

Uno de los efectos de la colonialidad sobre los movimientos deseantes es impedir procesos en la condición de vivientes (Rolnik, 2018). La cual, en términos de Fanon (2008), puede entenderse como la llamada zona del no-ser.

El colonialismo, para Fanon (2008), es una forma de explotación objetiva, pero tal materialidad concreta no sería posible sin la actuación en el proceso de subjetivación. Ocurre por la interdicción de acceder a la zona del no-ser, una zona de conflicto e indefinición.

El racismo (herramienta colonial) representa la imposibilidad de entrar en la zona del no-ser, ya que crea una interdicción de la humanidad (Faustino, 2022a), que impide a las personas negras vivir sus contradicciones debido al proceso de deshumanización.

El negro no es humano (Fanon, 2008), es un ser específico, una invención colonial. Desde esta perspectiva, la descolonización se convierte en un proceso en el que se actúa en la encrucijada de la desalienación de la dimensión subjetiva, de la existencia en la zona del no-ser y de la necesaria superación de la desigualdad material. Así, "la clínica, para Fanon, es solo uno de los momentos de la praxis desalienadora. Él apuesta por una desalienación, pero ésta no se agota en la clínica. La clínica es fundamental, pero es solo un momento" (Faustino, 2022b).

La zona del no-ser es donde reside la fuerza vital (Lopes; Simas, 2020). Es el lugar de producción de sentido, en el que puede acontecer la producción de la diferencia. En definitiva, es el lugar de encrucijada y enfrentamiento de las contradicciones que nos componen (Faustino, 2018).

La mayoría de los negros e indígenas no disfrutan de esta bajada a los infiernos, ya que existe una interdicción del reconocimiento de su humanidad (Faustino, 2021).

Puesto que la colonialidad es una expresión material de la explotación de los cuerpos y de la expropiación vital, tiene la faceta concreta de la explotación material, pero solo puede sustentarse a través de la expropiación vital, es decir, de la colonización sensible y subjetiva del movimiento deseante. En nuestra sociedad neoliberal, el racismo, principal herramienta colonial de dominación, solo existe porque genera lucro.

No es casualidad que, en la base de la pirámide económico-social, que está compuesta por mujeres negras, haya un modo de producción económica y de subjetividades que se complementan.

He atendido en el consultorio a decenas de mujeres negras, cuya queja inicial era el agotamiento, o que ya llegaban declarándose deprimidas. Al mismo tiempo, tenemos una cultura racista que refuerza ideológicamente que las mujeres negras son más fuertes, fortalezas que pueden soportar más dolor.

Dicho esto, traigo datos del IBGE[1] de 2022, que muestran que la mayoría de los hogares en Brasil son mantenidos por mujeres negras y, como ya se mencionó, son las que menos ganan. ¿Cómo puede saldarse esta cuenta si no es mediante la sobreexplotación y la promoción de una cultura de racismo de género?

Consideraciones finales

La gramática que utilicemos con relación a un determinado sufrimiento psíquico definirá la forma en que trataremos tal impase. En los últimos 50 años, en el centro gravitacional del campo de la salud mental reposa el fenómeno de la medicalización, la expansión de la medicina a campos que no eran de su dominio.

En la época contemporánea, en el campo de la salud mental, predominan las metáforas farmoquímicas (Coser, 2010) para narrar el sufrimiento psíquico y, consecuentemente, los diagnósticos psiquiátricos, lo que produce efectos ético-políticos, ya que la noción de subjetividad se encuentra como telón de fondo de la discusión.

La propuesta central es la de poder ampliar la discusión sobre la salud mental rescatando uno de los aportes centrales del psicoanálisis, el concepto de deseo. "Afirmar que el deseo se ubica en el centro de la teoría y la práctica psicoanalíticas no es, hoy en día, una afirmación original. J. Lacan lo viene diciendo desde hace mucho tiempo" (García-Roza, 1985, p. 139), pero, como dice el poeta, quizás sea necesario "repetir, repetir hasta que sea diferente / repetir es un don de estilo" (Barros, 2013, p. 63).

Por lo tanto, la diferencia que pretendemos transmitir a través de este texto es el reconocimiento del deseo en su faz disruptiva, en su

1 *NdT.* El Instituto Brasileño de Geografía y Estadística (IBGE) es el principal proveedor de información estadística de Brasil.

dimensión singularizadora, que es lo que orienta nuestra brújula ética en el Campo de la Atención Psicosocial (Costa-Rosa, 2013).

Eso será más radical en el análisis de que en la producción de la salud psíquica, es decir: en la producción de sentido para los mandatos e impases de la vida cotidiana y de la subjetividad, solo los sujetos del sufrimiento pueden ser los principales productores. "Donde hay protagonismo, se puede abrir la posibilidad de elección; elecciones de los sentidos para la subjetivación. Puede abrirse la dimensión deseante. Ahí radica la dimensión ética del análisis" (Costa-Rosa, 2013, p. 234).

Por último, nuestro deseo es que el campo de la salud mental se oriente de acuerdo a la Ética de la Atención Psicosocial, de modo que se alíe en la construcción de una sociedad sin los muros coloniales del manicomio, lo que necesariamente implica un rescate del deseo en su voz activa, donde las diferencias puedan ser más que toleradas, que puedan ser deseadas.

Referencias

Barros, Manoel de. (2013). *Poesia completa.* 2ª ed. Leya Brasil.

Chuji, M. (2014). Sumak Kawsay versus desarrollo. In: Hidalgo Capitán, A. L.; Gullén García, A.; Déleg Guazha, N. R. (orgs). *Sumak Kawsay Yuyay. Antologia del Pensamiento Indigenista Ecuatoriano sobre Sumak Kawsay.* CIM e FYDLOS, .

Coser, O. (2010). *As metáforas farmacoquímicas com que vivemos*: ensaios de metapsicofarmacologia. Garamond.

Costa, J. F. (2007). *História da Psiquiatria no Brasil*: um corte ideológico. Garamond.

Costa-Rosa, A. (2013). *Atenção Psicossocial além da Reforma Psiquiátrica*: contribuições a uma Clínica Crítica dos processos de subjetivação na Saúde Coletiva. Editora Unesp.

Costa-Rosa, A. (2011). Ética e clínica na Atenção Psicossocial: contribuições de Freud e Lacan. *Revista Saúde Soc.* v. 20, n. 3, p. 743-75.

Deleuze, G. & Guattari, F. (2010). *O anti-édipo:* capitalismo e esquizofrenia. Ed. 34.

Fanon, F. (1979). *Os condenados da terra.* Civilização Brasileira.

Fanon, F. (2008). *Pele negra, máscaras brancas.* EDUFBA.

Faustino, D. (2021). A "interdição do reconhecimento" em Frantz Fanon: a negação colonial, a dialética hegeliana e a apropriação calibanizada dos cânones ocidentais. *Revista de Filosofia Aurora,* v. 33, n. 59, p. 455-481. Disponível em: <https://periodicos.pucpr.br/index.php/aurora/article/view/28065/25101>.

Faustino, D. (2018). Frantz Fanon: capitalismo, racismo e a sociogênese do colonialismo. *SER Social,* v. 20, n. 42, p. 148-163. Disponível em: <https://periodicos.unb.br/index.php/SER_Social/article/download/14288/12963/25186>.

Faustino, D. (2022a). *Frantz Fanon e as encruzilhadas*: teoria, política e subjetividade. Ubu Editora.

Faustino, D. (2022b). Frantz Fanon e o mal-estar colonial: algumas reflexões sobre a clínica da encruzilhada. *Revista n-1.* Disponível em: <https://www.n-1edicoes.org/frantz-fenon-e-o-mal-estar-colonial-algumas-reflexoes-sobre-uma-clinica-da-encruzilhada>.

Freud, S. (1997). *O mal-estar na civilização.* Imago Editora.

Garcia-Roza, L. (1985). A. *Freud e o inconsciente.* Zahar.

Guattari, F. & Rolnik, S. (2005). *Micropolítica:* cartografias do desejo. Vozes.

Huanacuni Mamani, F. (2010). *Buen Vivir/Vivir Bien*: Filosofía, políticas, estrategias y experiencias regionales andinas. Coordinadora Andina de Organizaciones Indígenas.

Kehl, M. R. (1990). O desejo de realidade. In Novaes, A. *O desejo.* Companhia das Letras.

Krenak, A. & Maia, B. (2020). *Caminhos para a cultura do Bem Viver.* Ailton Krenak.

Kushnir, C. Q. (2023). Considerações sobre o problema da responsabilidade em psicanálise. In: Nunes, L. N. & Silva, S. M. *Desambiguar Lacan de Freud.* Artes & Ecos.

Lacan, J. (1979). *Seminário, Livro 1.* Zahar.

Lanari, L. & Santos, K. Y. P. (org.). (2020). *Saúde mental, relações raciais e Covid-19.* SBMFC.

Lopes, N. & Simas, L. A. (2020). *Filosofias africanas:* uma introdução. Civilização Brasileira.

Moura, C. (1988). *A sociologia do negro brasileiro.* Editora Átila.

Muraca, M. (2022). O bem viver sob a perspectiva feminista: convergências, problematizações e desafios. *Revista Humanitas,* v. 2, n. 1/2.

Passos, R. G. (2018). "Holocausto ou Navio Negreiro?": inquietações para a Reforma Psiquiátrica brasileira / Holocaust or "The Ship Negreiro?": concerns for the Brazilian Psychiatric Reform. *Argumentum,* 10(3), 10–23.

Pelbart, P. (2018). Negros, judeus, palestinos: do monopólio do sofrimento. *Revista Percurso,* n. 60. Disponível em: <http://revistapercurso.uol.com.br/index.php?apg=artigo_view&ida=1292&ori=edicao&id_edicao=60>.

Santos, K. Y. P. (2022). *Por um fio:* uma escuta das diásporas pulsionais. Data de depósito. N. de folhas? Tese [Doutorado em Psicologia (Psicologia Clínica)]. Faculdade de Psicologia da Pontifícia Universidade Católica de São Paulo.

Rolnik, S. (2018). *Esferas da insurreição:* notas para uma vida não cafetinada. N-1 edições.

Spinoza, B. (2019). *Ética.* Autêntica Editora.

6. Experiencias de color: blanquitud y borradura

Andréa Máris Campos Guerra

"No todo lo que enfrentamos puede cambiarse, pero nada puede cambiarse hasta que se lo enfrente".

(James Baldwin)

Introducción

> *Lo que los blancos tienen que hacer es tratar de descubrir en sus corazones por qué es necesario tener un "negro", en primer lugar. Porque no soy un "negro", soy un hombre. Pero si crees que soy "negro", es porque lo necesitas. (...) Si yo no soy un "negro" aquí, y ustedes lo inventaron – ustedes, los blancos, lo inventaron – cabe a ustedes preguntarse por qué (Baldwin, Peck, 2016).*

Así interroga James Baldwin a la blanquitud estadounidense en el documental *I am not your negro* (Baldwin; Peck, 2016), basado en su libro inacabado *Remember this house*. En este texto, pretendo desarrollar, con el psicoanálisis, la hipótesis de que la blanquitud se impone como una posición universal y hegemónica, idealizada y sostenida por la jerarquía racial instalada sobre un régimen de poder interseccionalizado. ¿Qué significa esto psicoanalíticamente?

Preguntas como esa resuenan desde lejos y desde hace mucho tiempo. La historia nos enseña a echar una nueva mirada al pasado para resignificar el presente y ser capaces de planificar el futuro. El adinkra[1] Sankofa es el símbolo de este acto que recoge de la tradición del pueblo Ashanti el conocimiento disperso diaspóricamente y acumulado como sabiduría ancestral, que puede guiar e inspirar un nuevo movimiento por venir.

En este artículo, intentaré avanzar psicoanalíticamente en torno de la pregunta de Baldwin, tomando como eje analítico la noción de blanquitud. Aunque la entiendo como una de las avenidas interseccionales y estructurales que se cruzan, miro hacia abajo, hacia arriba, hacia los lados y hacia adentro. El plan es complejo. Sin embargo, tendré una guía: la recuperación de la invención colonial de la raza y la jerarquización de los cuerpos y seres desde la Modernidad. El psicoanálisis nos permite leer su reverso encubierto.

Nacida en la filosofía clásica con Aristóteles, la idea de *scala naturae*, una escala jerárquica de la naturaleza, cobró fuerza con la Escolástica y se asentó en la Modernidad sobre dos presupuestos: el dualismo cuerpo-mente y la idea de que los seres son unidades clasificables, por tanto, reducibles a un sistema de equivalencias (Wynter, 2001). La clasificación de los seres y la racialización de los cuerpos

1 Los *adinkras* son un conjunto de símbolos pertenecientes al pueblo Ashanti, actualmente ubicados principalmente en los países de Ghana, Burkina Faso y Togo, en África Occidental, aunque también presentes en otras partes del mundo, principalmente como resultado de los procesos de las diásporas africanas. Los *adinkras* son también un conocimiento y una tecnología ancestrales africanos, que están presentes en el campo del lenguaje. En este sentido, son ideogramas que expresan valores tradicionales, ideas filosóficas, códigos de conducta y normas sociales. El ideograma Sankofa está representado por un pájaro con la cabeza vuelta hacia atrás. Su etimología procede de la lengua ghanesa y se basa en tres términos: *san* (volver, regresar), *ko* (ir) y *fa* (mirar, buscar y tomar).

han engendrado efectos discursivos y subjetivos aun hoy incidentes, con mayor o menor violencia, en las respuestas inconscientes.

Esa idea se institucionalizó en la distribución del poder, el capital, la protección, el acceso, los beneficios, los cargos y los salarios, con el hombre blanco estableciéndose y manteniéndose en la cima (Schucman, 2012). Además, esta clasificación encubierta de lo humano retroalimenta el pacto narcisista que sustenta su circuito de privilegios, autojustificando su funcionamiento excluyente mediante la retórica de la meritocracia o la responsabilidad individual frente a procesos estructurales, que quedan así descontextualizados (Bento, 2022).

En este caso, la mirada retrospectiva incluye a América Latina en la Modernidad occidental como fruto del primer ciclo expansionista europeo. Somos países poscoloniales que hemos sufrido, de diferentes maneras, la depredación colonial (Ballestrin, 2013). Y lo que nos interesa aquí es comprender la continuidad de las formas coloniales de dominación, desde la perspectiva inconsciente, incluso después de los procesos políticos emancipadores.

La construcción de riqueza en los países *desarrollados* se debe en gran medida a la explotación del trabajo esclavo (Moore, 2010), a la invasión, colonización y extracción de las riquezas naturales de las *terras nullius* (Dussel, 1993) y al no reconocimiento del trabajo reproductivo, femenino y doméstico (Carneiro, 2011; Federici, 2017). Existe una relación de *dependencia* en la economía mundial, originada por el "viraje burgués" e intensificada por el neoliberalismo. Es necesario que algunos países sigan produciendo materias primas para que otros, produciendo industrialmente, se enriquezcan con ellas. ¿Cómo consentimos mantener esta desigualdad, aunque seamos conscientes de ello?

Somos docilitados por procesos discursivos y subjetivos. Podemos leerlos como ideología eurocéntrica (Amin, 2021), o como un modo colonial de poder (Quijano, 2000), o como el discurso del amo moderno (Lacan, 1969-70). El hecho es que se ha erigido un sistema de valores occidentales que actúan como un espejo en la composición de la subjetividad occidental. Incluso cuando decimos "occidental", sin especificar a qué aldea, pueblo, raza o país nos estamos refiriendo, reproducimos exactamente esa estructura discursiva de poder que se pretende universal. Aclaremos el punto de enunciación que está en juego aquí.

Desde la Modernidad occidental, líneas abisales e invisibles (Santos, 2017) han escrito la división global en dicotomías: una, regulación-emancipación, aplicada a la lógica de la metrópoli, y otra, apropiación-violencia, vigente en los territorios poscoloniales. Una herencia simbólica con efectos inconscientes.

Aquí pretendo detenerme en una de sus bases y herencias, la blanquitud. Esta implica el acto de transformar la blancura de la piel clara en un valor social jerárquico y compartido, que sustenta una red de distribución y mantenimiento interno de privilegios materiales y simbólicos. La blanquitud, por lo tanto, no debe confundirse con la albura o blancura de la piel. No se refiere simplemente a las personas blancas, sino a un sistema de poder, que reproduce una jerarquía racial y asigna privilegios o desventajas en función del color de la piel (Ibirapitanga; Schucman, 2023).

Quienes crean la jerarquía racial y clasifican los cuerpos y seres no forman parte del sistema de clasificación (Vergès, 2020; Mignolo, 2007). Tomados por la arrogancia del punto cero (Castro-Gómez, 2007), como si el conocimiento se fundara solo al ser pronunciado, la ilusión de universalidad, constituida por la misma ilusión de un acto de creación *ex nihilo*, borra su punto de enunciación.

La dominación colonial se fundó (y se renueva) en la creencia de que, incluso al producir suposiciones que solo se aplican a un *ethos particular*, estas pueden ser consideradas como si tuvieran un alcance global, a condición de que se enuncien desde un supuesto centro

(Bottici, 2024). Sin embargo, cuando adoptamos el globo terráqueo como métrica, no existe tal centro. Además, el mismo acto que funda la razón en un continente es el que, por la barbarie, avanza en otro.

¿Cómo entender entonces la construcción simbólica de la blanquitud como patrón normativo generalizado en Occidente y recoger sus efectos subjetivos e inconscientes? ¿Cómo podemos mirar lo global a través de sus desigualdades estructurales, con intersecciones específicas de formas de segregación, en lugar de universalizar abstractamente los modos de sufrimiento que de ello se derivan? ¿Cómo podemos romper las barreras del esquema racial y de la herencia colonial, si incluso el acto de teorizar está inconscientemente influenciado por la ignorancia sistemática de esos patrones raciales inconscientes que dan forma a la propia subjetividad, como si fuera inevitable reproducirlos? ¿Cómo entender que el *neosujeto* empresa de sí mismo, nacido como razón neoliberal, si es negro, pobre o mujer, aunque emprenda, siempre estará en un peldaño inferior en la *scala naturae contemporánea*? ¿Cómo realizar una clínica psicoanalítica sin reproducir esa escala?

Para abordar estas cuestiones, tomaré dos caminos, guiados por la teoría psicoanalítica. Primero, discutiré cómo la angustia moviliza pulsionalmente procesos defensivos inconscientes, atravesados por la dimensión interseccional de la raza. Y en un segundo momento, mostraré cómo la blanquitud, junto con otros valores como el androcentrismo, el eurocentrismo y el clasismo, se ha convertido en la base constitutiva de un espejo occidental a nivel de los ideales, moldeando inconscientemente la constitución del *Yo* y exigiendo superyoicamente una actuación alienada. Para ello, empiezo con una presentación del campo de los estudios sobre la blanquitud.

La blanquitud como campo de investigación

Sabemos que los estudios sobre la blanquitud tuvieron, de forma precursora, a W. E. B. du Bois en Estados Unidos, Frantz Fanon en Argelia y Steve Biko en Sudáfrica como sus exponentes (Cardoso, 2010). El intelectual estadounidense Du Bois es conocido sobre todo por su tesis de la doble conciencia del negro estadounidense, pero, posteriormente, también se dedicó a investigar la identidad racial blanca en *Black Reconstruction in the United States* (Du Bois, 1935). En esta investigación, muestra cómo el trabajador blanco, incluso cuando recibía un salario bajo, era compensado por una especie de salario público y psicológico, que se traducía en ganancias reales, simbólicas y materiales.

Frantz Fanon, a su vez, fundó el campo de los estudios decoloniales y desarrolló su tesis sociogénica del doble narcisismo en *Piel negra, máscaras blancas* (1952). Mostrando la construcción del sistema racial como un obstáculo para el ejercicio de la libertad, buscó liberar al blanco de su blancura y al negro de su negritud, entendiendo la raza como un esquema epidérmico-racial, dispuesta bajo el esquema corporal. Mientras que el activista Steven Biko, asesinado de manera trágica y emblemática (hook, 2022), debatió sobre el sistema clasificatorio del color y su impacto político, en el contexto del apartheid sudafricano de los años 1960-70.

El campo particular de estudios sobre la blanquitud, así como la adopción del término con el sentido de acumulación de privilegios, a partir de una perspectiva universalizadora que adopta la persona blanca, como si no estuviera racializada, se inauguró con la investigación de la socióloga inglesa Ruth Frankenberg. Su galardonado libro *White Women, Race Matters: The Social Construction of Whiteness* (1993) recoge la historia de vida de 30 mujeres blancas, mostrando cómo la raza, tanto como el género y la sexualidad, moldeaba sus vidas. Sin ser monolítica, desarrolla el modo en que la blanquitud, como experiencia cotidiana multifacética de estructuración racial, a diferencia de otras prácticas culturales, opera de manera invisibilizada, no marcada e innominada. Ella define la blanquitud como un lugar estructural a partir del cual el sujeto blanco ve a los demás y a sí mismo, una posición de poder, un lugar confortable desde el cual se puede atribuir al otro lo que uno no se atribuye a sí mismo.

Los estudios sobre la blanquitud se insertan en el campo de la Teoría Crítica de la Raza. Fueron admitidos y luego discutidos por las feministas negras estadounidenses, las primeras en reconocer la blanquitud como una condición social a ser investigada, junto con las discusiones sobre el racismo y el sexismo (Combahee River, 1977), ampliando así la interseccionalidad del tema.

En Brasil, los primeros estudios sobre la identidad blanca comenzaron con Alberto Guerreiro Ramos, en 1955, con su obra seminal *A patologia social do "branco" brasileiro*. Aunque el uso del término "blancura" se atribuye a Gilberto Freyre (Cardoso, 2010), fue Ramos quien se dedicó a analizar de qué modo "ser blanco" se convierte en el patrón normativo, produciendo excesos narcisistas. La persona blanca, concebida como patrón universal, sinónimo del ser humano ideal, es una de las características distintivas de la blanquitud, junto con el ejercicio invisible del poder y la acumulación de ventajas que reproduce el color blanco de la piel.

También en Brasil, al llamar la atención sobre cómo el racismo determina las experiencias del sexismo, las feministas negras identificaron la blanquitud como una condición social no transparente y no neutral. Se convirtieron así en precursoras del campo de los estudios sobre la blanquitud en Brasil, invirtiendo la línea histórica del movimiento estadounidense (González, 2020; Ribeiro, 1995). Sin embargo, el término se introdujo por primera vez como concepto en Brasil en la tesis doctoral de Maria Aparecida Silva Bento (2002), titulada *Pactos narcísicos no racismo: Branquitude e Poder nas organizações empresariais e no poder público*, posteriormente publicada como libro: *O pacto narcísico da branquitude*. Y Edith Piza (2002), con su artigo "Porta de vidro: entrada para a branquitude", también fue una *avant garde* en el ámbito nacional. Actualmente, el tema ha ganado protagonismo y relevancia principalmente, pero no exclusivamente, con Lia Schucman (2012) y Lourenço Cardoso (2010).

En el campo específicamente *psicoanalítico* de los estudios sobre la blanquitud, tres intelectuales brasileñas precedieron a su fundación. Además de la propia Lélia González, reunida entre las feministas, también fueron fundacionales la disertación de Neusa Santos Souza, defendida en 1983 y plasmada en el libro *Tornar-se negro* (2021), y la tesis doctoral de Isildinha Baptista Nogueira, también transformada en libro, *A cor do inconsciente*. Neusa Souza trabaja con diez personas negras en ascensión social, concluyendo que el ideal del yo blanco se convierte en el regente inconsciente de sus configuraciones narcisistas, mientras que Isildinha Nogueira denuncia que "ser blanco constituye el elemento no marcado, lo neutro de la humanidad" (2017, p. 122-123). Al analizar casos de personas blancas y negras en su práctica clínica, ella elaboró una teoría psicoanalítica del racismo. También el grupo Sedes Sapientae, de San Pablo, abordando el tema, produjo, a partir de un seminario, el libro *O negro no Brasil* (Kon et al., 2017), que reúne numerosas reflexiones sobre el racismo, tocando el tema de la blanquitud.

Podemos decir, en lo que respecta al psicoanálisis, que el campo de estudios particularmente dedicado a la blanquitud solo despierta a partir del año 2000 con la obra inaugural de Seshadri-Crooks. Acuñado como *Desiring Whiteness* (2000), la autora de origen indio propone la blanquitud como S1 en el discurso del amo moderno, produciendo efectos de cuerpo, goce y sentido. En Brasil, el Centro Psilacs, de Minas Gerais, ha buscado componer hipótesis para explicar psicoanalíticamente el tema, a partir de psicoanalistas negras brasileñas y autoras decoloniales globales (Guerra, 2021).

A continuación, se presentan dos reflexiones que nos permitirán avanzar en la discusión. En el primer momento, tomaremos la angustia resultante de la constitución originaria del yo, como dejando un remanente autoerótico (*Unheimilich*), que regresa como goce sobre los cuerpos, activando diferentes estrategias defensivas que fortalecen el ideal y el pacto de la blanquitud. Aquí desplegamos las tesis de Neusa Souza e Isildinha Nogueira.

Y, en el segundo momento, en la línea de Seshadri-Crooks, proponemos que el asentamiento del S1 de la blanquitud se alía con otros patrones hegemónicos, normativos y discursivos, fijando el campo del Otro como un espejo plano occidental. Así universalizado, afecta a cada sujeto de manera singular, pero resuena como discurso, estructurando, sin palabras, medios de goce. Al final, destacaremos los principios clínicos, habida cuenta de que la racialización es una estructura que afecta al inconsciente.

Angustia: lo íntimo familiar

En el texto Inhibición, síntoma y angustia (1926), Freud parte de la proposición de la angustia como señal ante el peligro. Su categoría móvil es el miedo sin objeto. Si el miedo emerge como peligro frente a un hecho real, la huida es siempre una posibilidad. Sin embargo, si se trata de un peligro sospechoso sin un objeto específico, un peligro psíquico, el sujeto se (re)ve ante una situación de indefensión, frente a la cual evalúa si puede defenderse.

Inicialmente, Freud supuso que la angustia era resultado de la represión, configurándose como el retorno de lo reprimido. La teoría de la angustia, como afecto originario, tiene lugar en una segunda fase de la obra de Freud.

> *¿Cómo es posible, desde el punto de vista económico, que un mero proceso de débito y descarga, como lo es el retiro de la investidura yoica preconsciente, produzca un displacer o una angustia que, de acuerdo con nuestras premisas,*

> *solo podrían ser consecuencia de una investidura acrecentada? Respondo que esta causación no está destinada a recibir explicación económica, pues la angustia no es producida como algo nuevo a raíz de la represión, sino que es reproducida* como estado afectivo siguiendo una imagen mnémica preexistente *(Freud, 1926, p. 17; énfasis nuestro).*

Hay una primera experiencia de angustia, vivida como desvalimiento originario (*Hilflosigkeit*), denominada por Freud *el complejo del prójimo* (*Nebenmensch*). Frente a la necesidad de supervivencia, el bebé precisa de una acción específica del adulto extraño que, al libidinizar y cuidar al niño, le ofrece rasgos que posteriormente serán incorporados por él. El desvalimiento (*Hilflosigkeit*) constitutivo de la situación inicial es la *fuente primordial* (*Urquelle*) de todos los *motivos morales* (Freud, 1895). Él será superado por medio de un "auxilio *ajeno*" (*fremde Hilfe*), en la que la atención de un individuo más experimentado se dirige a la condición infantil, atribuyendo sentido a las alteraciones internas de sus vías de descarga.

La situación psíquica del miedo se remonta, pues, a esta situación de desamparo originario. El peligro se percibe como un aumento de la excitación corporal o psíquica, imposible de controlar o regular un peligro subjetivo. Y la angustia emerge como efecto del afecto del encuentro con este peligro.

La angustia, por tanto, se refiere al "factor o momento" traumático (Freud, 1926; Soler, 2021), que implica la relación con el objeto perdido. Ella se convierte en el motor para buscar una defensa contra ese aumento de excitación, que vuelve a dejar al sujeto desamparado. Con la aparición de la angustia, el sujeto evalúa sus fuerzas ante el desamparo revivido. Por esta misma razón, la exigencia pulsional es algo real, que se impone como un movimiento necesario de defensa.

El peligro puede ser rememorado como la amenaza de un peligro posible. Freud lo denomina *angustia-señal*. Es una angustia que tiene la función de preparar al sujeto para enfrentar el peligro. Ella prepara el peligro, anticipa la sorpresa. Según Soler (2021), la *angustia-señal* es el remedio para la sorpresa que incluye el trauma. Sin embargo, por otra parte, puede ocurrir que una vivencia inédita rompa la capacidad de defensa. En ella, el peligro real es actual, desencadenado por una vivencia contemporánea. A la angustia que surge de ello, Freud la denomina *angustia real* (*Real Angst*).

¿Cómo se articula la angustia con las temáticas de la racialización y de la blanquitud?

En el proceso de constitución del Yo, según Lacan (1949) como recuerdan Neuza Souza e Isildinha Nogueira el cuerpo erógeno se reviste de una imagen unificadora, prefigurando el Yo, que posteriormente adquiere una armadura significante. En este proceso, el otro interviene sobre el *infans* que, al incorporar rasgos del Otro, se convierte en una unidad, en un objeto que puede ser nombrado e investido libidinalmente. Por eso, el *Yo* es siempre un Otro, un extranjero. Siempre hay un elemento alienante en el nivel del Yo.

Del autoerotismo vivenciado en las zonas erógenas, surge el narcisismo primario, en el que el Yo se configura como el primer objeto de inversión libidinal. Y será capaz, en un nuevo movimiento, de insertarse en las relaciones objetales. En el narcisismo secundario se establece entonces la condición de intercambio entre objetos. La construcción del Yo se realiza a partir de un doble movimiento inconsciente en relación con los ideales:

> *En el estadio del narcisismo infantil, el sujeto es su propio ideal. Este estadio se caracteriza por la autosuficiencia; es un período de intensa satisfacción autoerótica, porque el sujeto se basta a sí mismo. Esta situación se desplaza hacia el yo-ideal, que se convierte en el depositario de las*

> *idealizaciones de este estado. Por otro lado, algo externo al yo del individuo viene a imponerse, sobreestimando las cualidades del objeto amado, producido por la idealización, donde el objeto es tratado como el propio yo, es decir, una cantidad considerable de libido se desborda sobre el objeto, que se coloca así en el lugar del ideal del yo (Reis Filho, 2000, p. 64).*

En lo que respecta al yo ideal, puede concebirse como un rescate imaginario del narcisismo perdido de los padres. La imposibilidad de realizarlo complejo de castración implica una torsión que recae sobre el Yo como una imposición. Uno pasa de lo que le *gustaría* ser a lo que tiene que ser. En esta relación, una extensión del Yo comienza a regularlo a partir del Ideal del Yo, convirtiéndose en una fuente interna de exigencias pulsionales. Emerge como la figura tiránica del superyó, que pasa a medir el Yo por el Ideal del Yo. No hay protección contra ella, como la que existe para las imposiciones procedentes del mundo exterior. El placer se transforma en compulsión. "A pesar de la represión, la moción pulsional ha encontrado, por cierto, un sustituto, pero uno harto mutilado, desplazado, inhibido. Ya no es reconocible como satisfacción. Y si ese sustituto llega a consumarse, no se produce ninguna sensación de placer; en cambio de ello, tal consumación ha cobrado el carácter de la compulsión" (Freud, 1926).

Aquí convergen, sobre la persona de piel negra, las hipótesis de Souza: "El negro del que estamos hablando es aquel cuyo ideal del yo es blanco" (Souza, 2021, p. 65), y de Isildinha: "La experiencia del niño negro comporta una singularidad, ya que se enfrenta, desde el principio, con el ideal de blancura presente en sus propios padres" (Nogueira, 2021, p. 139). En el mundo occidental existe una configuración discursiva mediada por la blanquitud como significante-maestro decisivo. Como nos recuerda Baldwin (2016), "blanco es una metáfora del poder". Pues bien, cuando se imponen las exigencias del superyó, las múltiples opresiones sociales, de clase, raza y género, se materializan inconscientemente en rasgos que están en la base de los modos de defensa constitutivos.

Esta inmersión en la teoría de la angustia es importante para comprender que, en este momento más íntimo de configuración del Yo y sus ideales, la cuestión del color tiene un impacto estructurante. Neusa Souza trabajará directamente sobre esta hipótesis en su tesis de maestría. "El negro del que hablamos aquí es el que nace y sobrevive inmerso en una ideología que le es impuesta por el blanco como ideal a alcanzar" (Souza, 2021, p. 65).

Esta tesis encuentra eco en la propuesta de Isildinha Nogueira. Al explicar cómo se constituye el "mito de la blancura" (léase, hoy, de la blanquitud), Nogueira muestra la construcción inconsciente de las fantasías infantiles articuladas con los significados atribuidos al color de la piel en una escala social de valores jerarquizados y construidos a partir de la esclavización, produciendo una carencia real en el no-blanco. "(…) 'Ser blanco', así como 'ser negro', además de la tonalidad que recubre el cuerpo de los seres humanos, representan 'valores'. (...) Si la blancura es un objeto simbólico, su falta es real" (Nogueira, 2021, p. 149).

Cada sujeto vivirá de manera única su relación inconsciente con los significantes que rigen el discurso del amo. Sin embargo, dada la condición jerárquica del color de la piel, el niño negro experimentará una doble frustración que lo lleva a la fantasía recurrente de haber sido adoptado: sus padres no lo aman como deberían y, por eso, entregan su amor a otros y le imponen "una condición insoportable: ser negro" (Nogueira, 2021, p. 141).

¿Qué significa exactamente este "doble narcisismo"? Frantz Fanon (2008) propone la tesis de una epidermización de la inferioridad (p. 28), interponiendo un esquema epidérmico-racial bajo el esquema corporal como sistema simbólico de doble referencia a nivel del cuerpo, del Yo y de los medios para obtener satisfacción (p. 104-105).

Dada la condición histórica colonial, se impuso, junto con la violencia y la docilización, un esquema histórico-racial como referente universalizado para la clasificación jerárquica de los colores de piel, con fines hegemónicos de mantenimiento económico del poder. Inventaron la raza que reemplazó a la sangre, el color de la piel que sucedió al linaje y la mercantilización del ser humano como esclavizado que avasalló el proceso civilizador.

¿Cómo se configuró la blanquitud en este proceso? ¿Y qué efectos tuvo en la persona de piel blanca?

El modo colonial del poder y la raza

La blanquitud, mediada por un significante-maestro omnipresente, impone como portadora de una falta real a cualquier raza que no sea equivalente a ella. Precisamente porque la raza, matrizada por la blanquitud, no soporta el paradigma de la falta, el fenotipo crea la ilusión de superioridad racial y perpetúa el deseo de blancura. Pues bien, ¿cómo llegó a producirse esta composición discursiva?

La invención de un centro (Maldonado-Torres, 2007), universal (Wynter, 2001; Castro-Gómez, 2007), falocéntrico (Irigaray, 2017; Lugones, 2020) y hegemónico (Amin, 2021; Moore, 2010), se basa en una transposición lógica inaugurada con la Modernidad, ilustrada, racional y emancipadora. La instauración de un modo colonial de poder se instituye como otro de la modernidad, extendiéndose también a los campos del saber, del ser y del género. Mientras visitábamos sus presupuestos civilizatorios, aprendiendo a ser modernos, invasión, tortura, violación y violencias de todo tipo sucedían bajo el mismo yugo ilustrado. Entre tanto, la barbarie siempre estuvo desplazada del centro, habitando las periferias de un sistema global.

A finales del siglo XV, la Europa cristiana, acosada por el avance musulmán, se lanzó a ultramar, constituyendo una nueva cartografía, cultura y economía mundiales, referidas al centro europeo en el mapa geográfico y simbólico del poder. Desde una posición lateral y amenazada, Europa se centralizó como fuente de referencia, razón y desarrollo, basándose en la acumulación construida mediante las ocupaciones coloniales de nuevas tierras y riquezas. Los imperialismos se consolidaron como modelo de mundo. Y, aun después de que dejaron de existir, se perpetuaron en modos neocoloniales de ocupación. La blanquitud es uno de sus legados.

La primera ola colonial, en el continente americano, fue seguida, en el siglo XVIII, en el continente africano. En ambas situaciones, se consolidó y perpetuó un sistema-mundo (Wallerstein, 2004), sostenido por una línea invisible que borró la situación del Sur Global, encubriendo la lógica de apropiación/violencia vigente en los trópicos y que, aún hoy, se observa en los altos índices de mortalidad juvenil negra, hambre y miseria, violencia de Estado, feminicidios y desigualdades de todo tipo.

Hasta mediados de la década de 1980, sin embargo, América Latina fue borrada, sustraída de este debate. Conocido como el grupo colonialidad/modernidad, surgió una lectura, no mundial, sino marcadamente sur-global, sobre el malestar colonial de nuestra geopolítica (Ballestrin, 2013). Su concepto central, la *colonialidad del poder*, entendida como la perpetuación de la condición colonial, incluso después de los procesos políticos emancipatorios de liberación, se amplió para incluir la colonialidad *del saber, del ser y del género,* denunciada por las feministas contracoloniales como ausente del repertorio epistémico original del modo colonial de poder (Lugones, 2020). La dominación, la explotación y el conflicto se hicieron entonces evidentes como estrategia frente a los procesos de racialización en el mundo occidental, siendo constitutiva de las bases para su enraizamiento la imposición "científica" de la raza, como criterio de clasificación (Quijano, 2000).

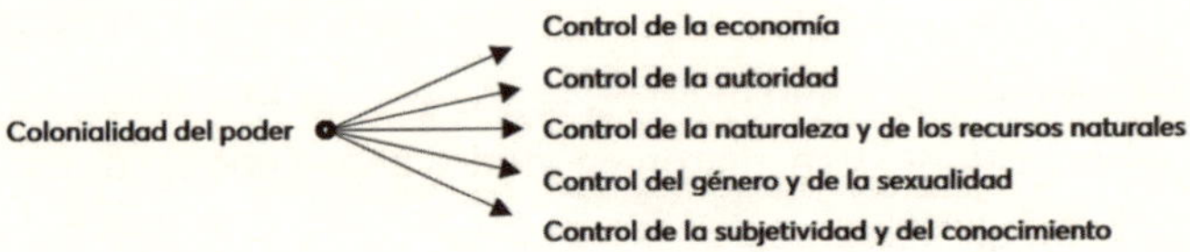

Figura 6.1 La matriz colonial del poder.

La colonialidad es el lado oscuro y necesario de la modernidad; es su parte indisolublemente constitutiva (Dussel, 1993; Quijano, 2000, p. 343; Mignolo, 2007, p. 30). Nuestra economía-mundo neoliberal no existiría sin la explotación esclavista y la colonialidad en las Américas (Quijano, 2000, p. 343). La modernidad está intrínsecamente asociada a la experiencia colonial (Maldonado-Torres, 2007). Raza, género y trabajo conformaron un nuevo orden mundial, basado en la aniquilación de las lenguas originarias y de los pueblos ancestrales, en la diáspora africana, en la cosificación mercantil de lo humano, en la negación de los saberes plurales y en la generalización de la diferencia en escalas de inferiorización. Nunca más fuimos los mismos.

El traje y la corbata se convirtieron en un índice del nuevo modo de poder occidental (Flügel, 1930), en el movimiento que se conoció como la *gran renuncia masculina* a los aderezos y frivolidades, en la encarnación del nuevo modelo de poder patriarcal-occidental. La naturalización del trabajo productivo como propiamente masculino y del trabajo reproductivo, doméstico y no asalariado, como perteneciente a las mujeres, configura binariamente cuerpos, deseos e imágenes. "Si bien esta división del trabajo ha estado en el corazón de la teorización feminista occidental durante mucho tiempo, los teóricos a menudo han ignorado cómo la producción de lo claro del sistema de género colonial/moderno va de la mano con su lado oscuro"

(Bottici, 2024). Así, aunque el patriarcado haya terminado, la androcracia insiste brutalmente en imponerse.

Sin embargo, fue la acumulación de capital mediante la esclavización lo que produjo el mayor enriquecimiento occidental de la historia. En el continente africano, los gobiernos locales se erigieron sobre la acumulación de búzios, una moneda local sin valor comercial internacional, siendo destrozados por el poder europeo, principalmente por el sistema esclavista, invisibilizado en la razón occidental moderna como la principal generación de ingresos de libre explotación. En la lectura económica clásica, lo universal acumulado se disocia de su violencia colonial esclavista (Moore, 2010).

Se produjo así un borrado necesario de la expropiación de la humanidad de las personas esclavizadas, que formaban, cuando sobrevivían, el verdadero ejército de mano de obra gratuita en la acumulación primitiva de capital. Las teorías de la época "sirvieron no solo para descifrar los enigmas que desafiaban a la historia, sino también para legitimar, de manera científica, la hegemonía de Occidente y la supremacía de los blancos" (Moore, 2010, p. 63). En este sentido, el silencio de los teóricos dialécticos sobre la Revolución haitiana es, como mínimo, sintomático.

Además del modo colonial de poder, presentado supra, el eurocentrismo es otra fuente de alienación colonialista, su otra cara. Precede a la cristalización de las otras dimensiones que definen el capitalismo (Amin, 2021, p. 83). Opera ideológicamente de tres maneras. En primer lugar, oscureciendo la naturaleza esencial del modo de producción capitalista mediante el discurso de una racionalidad instrumental transhistórica. En segundo lugar, distorsionando la visión de la génesis del capitalismo, priorizando la especificidad de la historia europea. Por último, rechazando la reproducción de este sistema con el proceso de su reproducción globalizada, negándose a tomar el mundo como un análisis de las desigualdades globales, no reducidas a los problemas nacionales (Amin, 2021, p. 84-85).

"¿Puede una ideología, que incorpora sutiles principios filosóficos de naturaleza racista, servir como herramienta o arma contra el racismo?" (Moore, 2010, p. 109), es una pregunta que resuena actual. El mantenimiento de la esclavitud era, por lo tanto, un factor esencial e indispensable para el fortalecimiento del capitalismo occidental, al formar una clase asalariada blanca, que implementaría la dictadura del proletariado, y otra clase blanca, propietaria de los medios de producción. El trabajador negro, primero esclavizado y más tarde excluido del mercado laboral formal, o uberizado en el contexto neocolonial, no entró en la consideración marxista o capitalista como clase trabajadora. Esta cuestión sobre raza, clase y género sigue siendo objeto de discusión hoy en día. Aquí nos interesa destacar el procedimiento de borradura que la precedió bajo el régimen de la blanquitud, como fuente inconsciente de procesos identificatorios en la formación del Yo.

Esta lógica también prospera gracias a una operación de colonialidad del saber, fundada en ideales cartesianos, hoy desmantelados, pero que han sido potentes durante los últimos siglos. Santiago Castro-Gómez (2007) extrajo su lógica a partir de la proposición de la *hybris del punto cero*. La arrogancia del punto cero significa fundar un saber a partir del acto mismo de su producción. Como si, al fundar una interpretación, una visión, esta se convirtiera en universal por sí misma, en un acto autolegitimador. El "punto cero" es un punto de partida de observación, supuestamente neutro y absoluto, en el que el lenguaje científico desde la Ilustración se asume como el más perfecto de todos los lenguajes humanos y que refleja la estructura universal más pura de la razón (Castro-Gómez, 2007). La lógica del "punto cero" es eurocéntrica y "presupone la totalización de la gnosis occidental, fundada en el griego, el latín y las seis lenguas imperiales europeas modernas" (Mignolo, 2007, p. 29). Funda y sostiene la razón imperial (teo-ego-políticamente):

> *Se trata, pues, de una filosofía en la que el sujeto epistémico no tiene sexualidad, género, etnia, raza, clase, espiritualidad, lengua ni ubicación epistémica en ninguna relación de poder, y produce la verdad a partir de un monólogo interior consigo mismo, sin relación con nadie fuera de sí mismo. Es decir, es una filosofía sorda, sin rostro y sin fuerza de gravedad. El sujeto sin rostro flota por los cielos sin ser determinado por nada ni por nadie (...). A partir del siglo XIX, será asumida por las ciencias humanas como la epistemología de la neutralidad axiológica y la objetividad empírica del sujeto que produce el conocimiento científico (Grosfoguel, 2007, p. 64-65).*

Solo prospera porque se basa en esta racionalidad eurocéntrica, "impuesta en todo el mundo y admitida en los siglos siguientes, como la única racionalidad legítima. En todo caso, como la racionalidad hegemónica, el modo dominante de producción de conocimiento" (Quijano, 2002, p. 6). Ella se articula por:

1. Establecer el dualismo entre "razón" y "cuerpo" y entre "sujeto" y "objeto" en la producción de conocimiento.
2. Asociar una propensión reduccionista y homogeneizadora a su modo de reflexión, tomándolo como un universal axiomático.
3. Absolutizar la verdad a través de los cánones que construye, reproduce y exporta, centrados en cinco países (Inglaterra, Alemania, Francia, Italia y Estados Unidos) (Grosfoguel, 2016).
4. Constituir la apercepción de la experiencia social en una versión ahistórica del mundo, legitimada por la universalización de la experiencia racional cartesiana o egología divina (Dussel, 1993).
5. Operacionalizar la *hybris del punto cero* (Castro-Gómez, 2007) o arrogancia del punto cero, desde la cual no se legitima ningún otro saber-poder.

6. Descalificar cualquier saber que difiera de los centralizados, mediante la atribución de predicaciones tales como: parcialidad, localidad, atraso, primitivismo, salvajismo, misticismo, irracionalidad.
7. Asociar el género al dispositivo biológico del cuerpo, naturalizando las relaciones sexistas de dominación (Lugones, 2020).

Finalmente, respecto al género, Lugones (2020) recuerda que la naturalización de la jerarquización de los seres implica la diferencia sexual en su constitución. La reducción del sexo a dimorfismo biológico ciega la pluralidad de modos de composición de la diferencia sexual en la geopolítica global, como proponen Oyěwùmí (2021) para las culturas yorubas precoloniales, Cheng (2000) para las mujeres orientalizadas, Allen (1983) para las mujeres de la aldea cherokee en los EEUU, o incluso Núñez (2023) cuando retoma las formas de amar no monógamas de los guaraníes. Entre los teóricos, es un punto común la denuncia de la imposición del modelo occidental cis, hetero, patriarcal, monógamo y binario junto con los procesos de colonización. De este modo, múltiples experiencias de sexualidad y género se reducen a un mismo patrón binario de dominación, frente a la imposición de un único modelo occidental burgués. La raza, en la base de este sistema clasificatorio, lo hace aún más complejo.

El modo colonial del ser y la blanquitud

La colonialidad del ser, cuarto elemento de la colonialidad, se refiere al modo en que se domina el lenguaje utilizado para articular el ser. Si el inconsciente está estructurado como un lenguaje, aunque el goce lo supere, esto nos brinda una herramienta fértil para que el psicoanálisis piense la blanquitud. Sylvia Wynter (2006) propone analizar la sobrerrepresentación de lo humano, lo que implica la "codificación de nuestro actual discurso descriptivo hegemónico occidental-burgués biocéntrico de lo humano" (p. 119). Ubica en el amparo lingüístico estrategias para la composición del valor de lo humano que, para ella, se superponen y definen la economía, y no al revés.

La colonialidad, con la conquista, por un lado, y el darwinismo, con el evolucionismo, por el otro, son ejemplos de la construcción de esta sobrerrepresentación de lo que debería ser humano. Para ella, un nuevo sistema-mundo tiene lugar en el siglo XX cuando el capitalismo produjo un cambio cultural y discursivo, y no solamente económico. De esta manera, se produce una regulación, normalización y legitimación de una escala de valores de los cuerpos, que coloniza al propio ser (Wynter, 2000, p. 159-160). El capitalismo ha producido una forma subjetiva de ser que ha reemplazado la antigua definición teológica de humano. Para ella, el aparato económico es una función de esta identidad, y no al revés, como proponen Dardot y Laval (2016).

Sería sencillo reducir el mundo a binarismos: Norte y Sur global; Europa-América; Occidente-Oriente; Razón-Sinrazón; Naturaleza-Cultura. Sin embargo, lo que presenciamos es la imbricación compleja en múltiples dimensiones de los modos de incidencia en la composición del malestar. Pensar el inconsciente y sus defensas en este contexto implica reconocer un mundo articulado en distintas lógicas cosmológicas, que coexisten con semblantes no coincidentes y regulaciones no consensuadas en el uso ordinario. En otras palabras, un mundo que descree de una posible condición universal. La universidad demostró ser un ejercicio tiránico de imposición hegemónica. La invención de un centro, una verdad y una universalidad "para todos" ya no engaña a nadie.

Y lo que, finalmente, nos interesa decantar de este sistema-mundo es la blanquitud en la base de la domesticación de las ideas, de la performance de los cuerpos de goce y de la configuración de modos defensivos inconscientes de presentificación del lenguaje. Podemos resumir así la colonialidad del poder, del saber, del ser y del género, el eurocentrismo y el capitalismo tardío en su forma neoliberal, como articuladores de una nueva composición discursiva que ha funcionado como espejo plano occidental en los últimos siglos. Su piedra angular fue la imposición de una clasificación racial y étnica de la población como el lado sombrío de la Modernidad. Hoy en día, este patrón conservador es cuestionado en muchos frentes y nos implica como psicoanalistas. Por tanto, ¿cómo, con el psicoanálisis, podemos verificar la participación de la blanquitud en esta enmarañada trama?

"El significante inaugural de la raza, cuyo término es blanquitud, nos implica a todos por igual en una lógica de la diferencia" (Seshadri-Crooks, 2000, p. 3). Y no se trata de evocar propiedades físicas o biológicas, origen o fenotipo.

> *Por blanquitud entiendo el significante-maestro, que establece una estructura de relaciones, un significado actual que, a través de un proceso de inclusión y exclusión, constituye patrones de organización humana de la diferencia (Seshadri-Crooks, 2000, p. 3).*

El discurso, como una estructura sin palabras, sustenta a los sujetos en ciertas posiciones simbólicas, como "negro", "blanco", "asiático", "oriental", "indígena". Lo que delimita la condición simbólica se refiere al modo en que, en el discurso, el significante-maestro se posiciona y cómo el Otro se relaciona con él en la producción de una verdad (Siqueira, 2024). En el discurso del amo, el agente es el S1, el significante inicial de la cadena de significantes, que se dirige al Otro del saber (S2), produciendo angustia en la forma lógica del objeto perdido (objeto *a*). Así se revela la verdad del amo: el sujeto castrado.

En otras palabras, la castración del sujeto en apoyo del amo, como verdad del discurso moderno, es ocultada por los significantes que organizan la forma en que se distribuirá el goce para mantener en funcionamiento este orden. De acuerdo con Seshadri-Crooks (2000), es así como el S1 del orden de la diferencia racial promete la totalidad absoluta del sujeto, sustentada por la blanquitud. Esta encarna el dominio completo, la autosuficiencia y el goce del Uno. Propongo el desarrollo de esta composición, a partir de la propuesta del esquema óptico de Lacan:

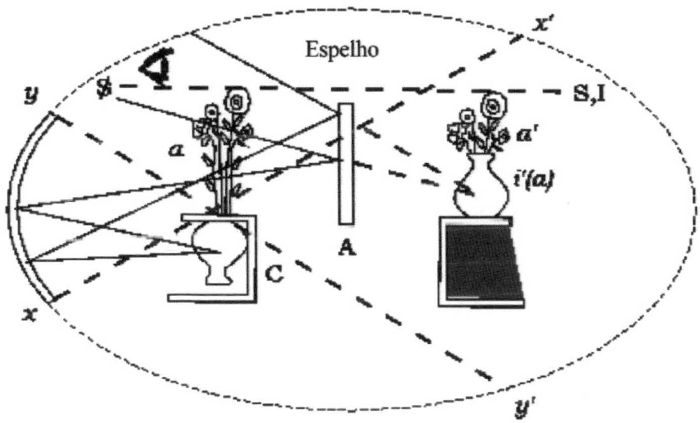

Figura 6.2 Esquema óptico.

Pena et al. (2019) señalan dos claves de lectura lacanianas que nos ayudarán a situar la blanquitud y su relación en la base constitutiva del espejismo egoico, en relación con el señuelo a nivel de los ideales. En la primera lectura, el cuerpo como organismo (jarrón girado a la izquierda), al que el sujeto no tiene acceso, se dispersa en las zonas erógenas y encuentra placer en objetos diversos (flores a la izquierda). El cuerpo anticipará una unidad de sí mismo, un narcisismo que se relaciona con la imagen corporal. Se refiere a la fuente imaginaria de lo simbólico que está vinculada al sentimiento (*Selbstgefühl*) que uno tiene de su propio cuerpo. Imagen real, que se encuentra en el lado izquierdo del esquema

Crea la condición de aprehensión del yo ideal, proyección narcisista e imaginaria. Y cuando se proyecta sobre el espejo plano dispuesto en el centro del esquema, regresa simbólicamente conformado como el Ideal del Yo. Tenemos, entonces, la configuración del narcisismo secundario y de las relaciones objetales en el nivel de la imagen real, "en la medida en que permite la organización de la totalidad de la realidad en un cierto número de marcos preformados" (Lacan, 1953-54, p. 148). El yo ideal, por lo tanto, se forma dentro del espejo plano, que es simbólico, ordenado por la forma en que la distribución del goce se ordena discursivamente a partir de los significantes-maestros civilizadores. "El espejo plano funciona como el lienzo del ideal del yo, donde el yo ideal se puede proyectar" (Pena et al., 2019).

Con la discusión de la angustia y la proposición teórica del objeto *a* como dimensión lógica y extracción corporal extrínseca al campo del lenguaje, Lacan introduce dos nuevos elementos en el esquema óptico. Estos se refieren a los puntos de opacidad, de no representación, de no equivalencia entre lo vivido (pulsión) y lo representado (representación). Son ellos los que transmiten la dimensión de la pulsión de muerte inconexa, así como el goce autoerótico, que será pensado en la obra de Lacan en la década de 1970 como goce del cuerpo. Se trata del objeto *a* y del menos-*phi* (-φ). Ambos elementos heteróclitos al significante.

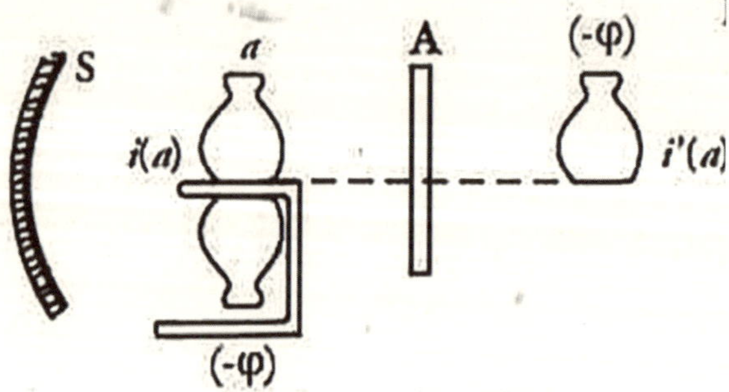

Figura 6.3 Esquema óptico simplificado (Lacan, 1962-1963/2005, p. 105).

Precisamente en el seminario sobre la angustia, Lacan formula el objeto *a* como un elemento lógico, efecto de la imposibilidad de significar todo lo que se vive. Como resto y al mismo tiempo causa del desliz significante, el objeto *a* indica la falta. Es el corolario del φ como experiencia de la ausencia de sentido, un agujero en el tejido del lenguaje. Veamos cómo funcionan las cosas en el esquema óptico después de la proposición del objeto *a*.

En el i'(*a*), en el lado derecho del diagrama anterior, solo se esboza la imagen reflejada de nosotros mismos en el campo del Otro. "Ella es autentificada por el Otro, pero ya es problemática, o incluso falaz" (Lacan, 1962-63, p. 55). Estamos aquí en el campo normativo de los significantes que regulan como semblantes el campo del goce en el discurso del amo moderno. Equipararse a lo normatizado, crear un campo identificatorio con estos significantes, apacigua. Así, cuanto más el sujeto se acerca del vértice de la escala jerárquica de valores de lo humano, más se aliena y se identifica con el campo del Otro.

Esta imagen, sin embargo, se caracteriza por una falta, es decir, "por el hecho de que lo que allí se convoca no puede aparecer" (Lacan, 1962-63, p. 55). Se trata de la ausencia encarnada por el objeto-causa de deseo, un objeto perdido desde cuando el *infans* comienza a hablar y emerge como sujeto. Por estructura, nunca alcanza lo vivido a través del lenguaje. Y por eso continúa en el vivir deseante.

Las relaciones del sujeto hablante, así dividido, con este objeto, objeto *a*, moviliza la fantasía que encuadra la realidad. Solo accedemos a la realidad a través de la fantasía inconsciente, que, a su vez, se ocupa de la ausencia plena del campo de representación. Esta ausencia adquiere, en la pérdida de significación, su marca negativa, una *a menos* de goce en el lenguaje. Permanece condensada como goce en el cuerpo, irreductible a la imagen especular. Es precisamente en este punto cuando surge la angustia, cuando falta la falta, cuando algo viene a obstaculizar la relación con el deseo, a impedir su deslizamiento metonímico, a suturar esta ausencia.

La pérdida de goce a nivel de la imagen (-φ) aparece en el lado izquierdo del esquema, como un resto no figurado y enigmático (*Unheimlich*). Implica la "reserva imaginariamente imperceptible, aunque esté vinculada a un órgano que, gracias a Dios, sigue siendo perfectamente aprehensible, ese instrumento que (...) de vez en cuando debe entrar en acción para satisfacer el deseo: el falo" (Lacan, 1962-63, p. 49). El objeto *a*, en el borde erógeno del cuerpo (el vaso en el lado izquierdo del esquema), indica su imposible sutura estructural por el lenguaje. Solo se nota cuando está envuelto por la imagen, i'(*a*) (en el lado derecho), por su brillo engañoso. Cuanto más cerca está el sujeto de la imagen, más lejos está del deseo.

> *En el lado derecho del esquema aparece de nuevo (φ), y desde este lugar se refiere a una función estructurante de un vacío en el imaginario. La falta que allí se instala concierne a un resto que queda del reconocimiento de la imagen del propio cuerpo, es decir, la reserva libidinal que está a la izquierda y no tiene imagen, y que, por lo tanto, no puede ser reflejada. Esta porción es la que permanece invertida en el cuerpo y no pasa al nivel especular. Como resultado, en el imaginario permanece una falta necesaria que estructura el campo del deseo, la relación del sujeto con el objeto a en la fantasía (Pena et al., 2019).*

Es la reserva libidinal autoerótica, un extraño goce que se vive y no se alcanza a traducir. Aquí la función del Otro espejo plano vertical se distingue en una triple operación: el reconocimiento en el plano imaginario, la condición de posibilidad de nombrar en el campo simbólico y el punto en que la angustia surge en lo real. Cuando no debería aparecer nada y en la imagen hay algo presente, un objeto lógico, surge la angustia. Por esta razón, Lacan dice que la angustia no carece de objeto, aunque no encuentre homonimia en la realidad fáctica entre los objetos empíricos del mundo.

> *Ahora estamos en condiciones de responder a una pregunta: ¿cuándo surge la angustia? La angustia surge cuando un mecanismo hace aparecer algo en el lugar que llamaré, para hacerme entender, natural, es decir, el lugar (φ), que corresponde, en el lado derecho, al lugar ocupado, en el lado izquierdo, por la a del objeto de deseo. Dije* algo, *entiendan* cualquier cosa *(Lacan, 1962-63, p. 51; énfasis del autor).*

Nuestra hipótesis puede, finalmente, ser formulada. En la configuración del espejo occidental contemporáneo, en el punto mismo en que la causa oscura del deseo (objeto *a*) es cubierta por los significantes-maestros civilizadores, un régimen normativo de goce, asignado como el Ideal del Yo [I(A)] estructura la blanquitud como referente universal. Como Otro, en el espejo plano matricial de la constitución hegemónica de cualquier imagen del Yo, se universaliza como Humano un patrón ideal y normativo en el Occidente.

Llega a tener un valor obligatorio cuando, inconscientemente, es incorporado simbólicamente por el Ideal del Yo, sobre el cual el superyó comienza a ejercer su función de autocontrol, vigilancia y exigencia moral. Cada vez que el sujeto, en su campo identificatorio, es desplazado de esta referencia simbólica, la angustia emerge. Hay, por lo tanto, un movimiento alienante de sujetos con cuerpos de piel blanca hacia este ideal.

Cuanto más identificada está con la blancura de la piel y sus resonancias narcisistas, más alienada se muestra la persona de piel blanca. Y es precisamente cuando ella se desprende de la imagen así constituida [i'(*a*)], en referencia a este ideal simbólicamente introyectado en la constitución del yo [I(A)], que la angustia emerge con su objeto (*a*). Como defensa contra la angustia, en la experiencia de la blanquitud, surgen modos singulares de respuesta.

Blanquitud y defensa inconsciente

Basándonos en Frantz Fanon (2008), enumeramos sin desarrollarlas las evoluciones singulares e inconscientes de las modalidades de respuesta articuladas por la blanquitud, así como sus reverberaciones discursivas en términos de lazo social. En lo que se refiere a la posición singular de cada sujeto, vislumbramos movimientos entre algunas de las posiciones abajo, obviamente no exhaustivas. En cuanto al *campo singular*, podemos, de un extremo al otro, vislumbrar diferentes posiciones respecto a la estructura de la blanquitud como normativa del lazo social:

1. Lo que encontramos con más frecuencia en la clínica es el identitarismo blanco. Los sujetos de piel blanca se identificaban con los privilegios narcisistas de la blanquitud. Hacen de la blancura en un ejercicio de blanquitud en un pacto narcisista (Bento, 2022) y perverso. Se consideran universales, ya que no se ven a sí mismos como racializados y partícipes de una jerarquía forjada colonialmente y renovada neocolonialmente. "El blanco está encerrado en su blancura. El negro en su negrura" (Fanon, p. 27).
2. Asistimos también a la proyección defensiva, condensada en la angustia, sobre los sujetos considerados enemigos, en el marco simbólico y geopolítico de su pertenencia al lazo social. "El negro es el símbolo del mal y la fealdad" (Fanon, p. 154). El Otro, encubierto en su humanidad, puede ser el negro, el latino, el extranjero, el palestino. En esta defensa, inconsciente, el sujeto proyecta su propio extrañamiento en el prójimo. "El prójimo es la inminencia intolerable del goce. El Otro no es más que su terraplén higienizado" (Lacan, 1968-69, p. 219).

3. Otra composición nace de la agresividad blanca dirigida de manera sádica contra el otro no blanco. Puede derivar tanto del deseo sexual como de la rivalidad que conlleva. "Hay, inicialmente, una agresividad sádica hacia el negro. A esto le sigue un complejo de culpa debido a la sanción que la cultura democrática del país en cuestión asigna a tal comportamiento. Esta agresividad es recuperada después por el negro, de ahí el masoquismo" (Fanon, p. 152). No es el esquema freudiano clásico, sino aquel que explica el comportamiento masoquista del blanco vivido de modo sádico, culpabilizando, de manera invertida, al negro o al otro, como violento y, por lo tanto, merecedor de castigo.
4. El campo simbólico, derivado de la incidencia del Otro y de su más allá, imposible de aprehender mediante el lenguaje, configura lo que podemos llamar una perspectiva de mundo. Si bien cada sujeto, singularmente, se la apropie de manera única, en el lazo social los elementos del lenguaje se disponen de forma compartida. Cuando eliminamos ciertos elementos del campo de la representación, ellos pasan a formar parte de una especie de topología de sombras, habitando un campo de invisibilidad. En estas fronteras abisales, un lado solo subsiste porque el otro es borrado. Así, la persona de piel blanca se convierte en el referente privilegiado de la existencia ideal, en detrimento de la persona de piel negra.
5. Obviamente, el desprendimiento de la blancura, en relación con la estructura forjada discursivamente por la blanquitud, empeña al sujeto en un trabajo de separación de los significantes-maestros contemporáneos. De este modo, puede posicionarse frente a ellos de tal manera que, aun participando en su estructura, de la que nadie escapa, pueda moverse en ella sin identificarse con la blanquitud, negando, combatiendo o denunciando su circuito de goce en el lazo social.

En la lógica de la blanquitud, en definitiva, el Yo se identificaría, en el nivel del -i(*a*) con una imagen real, la raza, articulada simbólicamente por el Ideal del Yo como campo del Otro constitutivo (Ⱥ), permaneciendo siempre no especularizable el objeto sustraído del lenguaje (φ), punto de anclaje del goce, matriz en los fenómenos segregadores. El resultado es la imagen virtual, que comporta la imagen real [i'(*a*)], reflejada en el espejo plano, como estrategia para componer una imagen sobre el fondo vacío de representación, aplacando la angustia.

Desde la perspectiva del discurso, hay otros desarrollos. La segregación, que es un hecho de la estructura del lenguaje, toma la forma de racismo, en el punto en que la causa oscura, perdida, es encubierta por la blanquitud como referente universal. Como S1, el racismo pone en marcha los discursos en acción, basados en la ilusión violentamente impuesta de que el blanco no es una raza, sino la humanidad misma.

SEGREGACIÓN
Diferencia inecuacionable de estructura
≠
RACISMO
Odio que pretende eliminar el goce vivido extimamente
como Otro a ser destruido en el prójimo

En esta perspectiva discursiva colonial, he propuesto en otra ocasión que el amo moderno es corrompido por el capital y regresa como amo colonial a través del reverso del discurso capitalista, como regresión del discurso del amo moderno (Guerra, 2022). Así, mediado por el saber-hacer del colonizado, dirigido al significante-maestro colonial (aquí la blanquitud), el sujeto en sus relaciones fantasmáticas con el objeto, se fija, de un extremo al otro del espectro, como equivalente a la blanquitud, en un extremo, o deficiente de ella, en el otro extremo, fijado en una posición defectuosa de inferioridad.

> *El sujeto no encuentra su lugar, desenfocado, dado que él mismo se ve obligado a ocupar la posición de objeto de una satisfacción robada, (...) despojado de su humanidad al servicio del goce imperialista, depredador y acumulador (...) es tomado como objeto en la fantasía imperial de dominación (Guerra, 2022, p. 166).*

El racismo, como discurso en acción, oriundo de lo real del goce mismo, ese íntimo extraño familiar, toma la forma de odio dirigido, que difiere de la segregación estructural. "*La raíz del racismo es el odio de mi propio goce*. No hay otra raíz que esa. Si el Otro está dentro de mí, aun en posición de extimidad, se trata igualmente de mi propio odio" (Miller, 2016). Por esta razón, la alfabetización racial no puede limitarse a una mera toma de conciencia, sino que debe involucrar el corazón del ser del sujeto, su asentimiento inconsciente a la diferencia racial.

> *No basta con cuestionar el odio del Otro*, porque eso plantearía la cuestión de saber por qué ese Otro es Otro. En el odio del Otro hay, ciertamente, algo más que agresividad. Hay una constante de esa agresividad, que merece el nombre de *odio, y que apunta a lo real en el Otro*. ¿Qué hace que ese Otro sea Otro para que uno pueda odiarlo, para que uno pueda odiarlo en su ser? Pues bien, *es el odio al goce del Otro*. Esta es exactamente la forma más general que se le puede dar a este racismo moderno, tal como lo vemos. *Es el odio a la forma particular en que el Otro goza* (Miller, 2016).

Como sabemos, el racismo moderno proviene de una estructura distinta. En la época del Imperio, saber y poder se correspondían, en el sentido de que el que sabían eran el que contaba y el que distribuía. Por eso el imperio siempre era justo. Con los imperialismos hubo una disyunción entre el saber y el poder, denunciando la falacia de la justicia. "Algo que surge de la destrucción de un antiguo orden social que yo simbolizaría por el Imperio cuya sombra aún se cierne sobre una gran civilización, para ser reemplazada por algo muy diferente y que de ninguna manera tiene el mismo significado: los imperialismos" (Lacan, 1967, p. 360). La distribución desigual del saber y del poder ha producido, simbólica y socialmente, una grieta, una brecha a través de la cual el goce del amo se ha vuelto obscenamente conocido y absurdamente inaceptable para ser sostenido y compartido desde una perspectiva ética.

El significante-maestro de la blanquitud, por lo tanto, como S1 el equivalente blanco de lo humano pone en marcha los discursos en acción en el espejo plano. Según Seshadri-Crooks (2000), hemos forjado una especularidad supuestamente universal del Ideal del Yo en la composición de la agrupación humana occidental, basada en la ilusión de que el Blanco no es un color, una raza, sino lo universal de la humanidad. El mantenimiento de su sistema de privilegios implica modalidades lógicas discursivas neocoloniales que estructuran el modo de distribución del goce. Estas modalidades lógicas discursivas pueden, finalmente, ser reunidas en articulaciones que apoyan las soluciones singulares. Como ya se ha explicado, son igualmente no exhaustivas, y condensan puntos de fijación y regresión que orientan los modos sintomáticos, a saber:

1. Supremacía blanca o creencia absolutizada en la blanquitud;
2. Relación de sospecha y desconfianza en el lazo o en el sujeto supuestamente *sospechoso*;
3. Meritocracia o sustentación del discurso de la ilusión narcisista de superioridad;

4. Identitarismo o negación de la propia raza;
5. Culpabilización que puede adoptar una forma entre la agresividad, la indiferencia radical y la caridad;
6. Victimización o inversión del vector de responsabilidad;
7. Asunción de la diferencia y respeto a la diversidad.

Salidas

No podríamos concluir esta reflexión sin pensar en soluciones clínico-políticas. "El estado de traumatizado no puede curarse a menos que se construyan las posibilidades del olvido, y la posibilidad del olvido es la constitución de una memoria" (Soler, 2021, p. 50). Nos parece que hoy, operar con la palabra y con la expansión del campo de lo simbólico convoque a una operación que modifique el punto mismo desde el cual se construye la perspectiva.

Tomar al analista como objeto-causa de deseo en la operación clínica no lo inmuniza de ocupar un lugar en la estructura social, étnico-racial, de género y de clase. ¿Cómo, entonces, incluir el propio cuerpo en la estructura, sin convertirse en una persona identificada con un lugar establecido discursivamente? ¿Cómo operar como objeto-causa de deseo, sin encarnar los S1 de su tiempo? A continuación, presento una tabla con principios que, en la actualidad, considero ineliminables de la práctica de un psicoanalista:

DE LA UNIVERSALIZACIÓN EN EL LUGAR DE LA ESTRUCTURA → MOSTRAR LO PLURAL	DE LAS NARRATIVAS Y DISCURSOS → REESCRIBIR LA HISTORIA DE LOS PUEBLOS	DEL LINGUAJE Y SUS DESLICES Y SUSTITUCIONES → MOSTRAR AS FALACIAS	DE LA MEMORIA Y SUS REAJUSTES → TESTIMONIO Y REESCRITURA
DEL SENTIDO Y DE LA INSIGNIA → DAR LUGAR A LA PALABRA QUE, AO PRONUNCIARLA, DESCOMPLETA	DE LAS DEFENSAS INCONSCIENTES → TRATAR EL MIEDO Y LA ANGUSTIA	DE LO REAO DEL GOCE ENCRIPTADO → CIRCULAR Y MOVILIZAR LOS AFECTOS	DE LALENGUA → INVERNTAR NUEVOS NOMBRES

Nos parece que el desafío de este siglo consiste en desvelar la intersección de múltiples determinaciones y sobredeterminaciones en la construcción del síntoma como respuesta inconsciente situada. La alfabetización racial, junto con una clínica que tenga en cuenta la raza, la clase y el género, restituye, a la condición deseante, elementos que han estado inmovilizados durante siglos en el discurso transgeneracional.

Así, pensar la estructura del inconsciente en su relación con el Otro y con el cuerpo, con el lenguaje y con el inconsciente, ya no puede eximir al analista de rectificar su posición de neutralidad, ni de dejar de leer el síntoma a partir de la incidencia de la normatización discursiva del goce sobre el cuerpo. Estar alineado con el sistema o leer su estructura desde dentro sin cuestionarla puede significar la victoria. Y, en este caso, la repetición de la pureza que, incluso en el campo psicoanalítico, puede conducir a una solución final reproducida de forma violenta y ciega, porque es abisal e invisibilizada, en la teoría y en la clínica.

No lucho para ganar,

yo sé que voy a perder.

Lucho para ser fiel hasta el final.

Mi perspectiva es el fracaso.

Porque en este sistema,

si no fracaso,

es porque adherí a él.

(Padre Lancelloti, 2024)

Referencias

Allen, P. G. (1983). *Studies in American Indian Literature: Critical Essays and Course Designs*. New York: Modern Language Association of America.

Amin, S. (2021). *O eurocentrismo: crítica de uma ideologia*. São Paulo: LavraPalavra.

Baldwin, J. (Escritor); Peck, R. (Director). (2016). *I am not your negro.* [Documental]

Ballestrin, L. (2013). América Latina e o giro decolonial. *Revista Brasileira de Ciência Política*, 11 (agosto), 89-117.

Bento, M. A. S. (2022). *O pacto da branquitude*. São Paulo: Companhia das Letras.

Bhaba, H. K. (2013). *O local da cultura*. Belo Horizonte: UFMG.

Bottici, C. (2024). *Anarcafeminismo*. Porto Alegre: Criação Humana.

Cardoso, L. (2010). Branquitude acrítica e crítica: a supremacia racial e o branco anti-racista. *Revista Latinoamericana de Ciencias Sociales, Niñez y Juventud*, 8 (1), 607-630.

Carneiro, S. (2011). *Racismo, sexismo e desigualdade no Brasil*. São Paulo: Selo Negro.

Castro-Gómez, S. (2007). Decolonizar la universidad. In: S. Castro-Gómez; R. Grosfoguel (eds.). *El giro decolonial: reflexiones para una diversidad epistémica más allá del capitalismo global* (pp. 79-93). Bogotá: Siglo del Hombre; IESCO; Instituto Pensar.

Cheng, A. A. (2000). *The Melancholy of Race: Psychoanalysis, Assimilation and Hidden Grief*. New York: Oxford University Press.

Combahee River Collective. (1977). *The Combahee River Collective Statement*. Disponible en: https://www.blackpast.org/african-american-history/combahee-river-collective-statement-1977/

Dardot, P.; Laval, C. (2016). *A nova razão do mundo: ensaio sobre a sociedade neoliberal.* São Paulo: Boitempo.

Du Bois, W. E. B. (1935/1999). *Reconstruction in the United States: 1860-1880.* Washington: Free Press.

Dussel, E. (1993). *1492: o encobrimento do Outro. A origem do mito da Modernidade.* Petrópolis: Vozes.

Fanon, F. (2008). *Pele negra, máscaras brancas.* Salvador: EdUFBa.

Federici, S. (2017). *Calibã e a bruxa: mulheres, corpo e acumulação primitiva.* São Paulo: Elefante.

Frankenberg, R. (1993). *White Women, Race Matters: The social construction of whiteness.* Minneapolis: University of Minnesota Press.

Freud, S. (1895/1976). Projeto para uma Psicologia científica. In: S. Freud. *Edição standard brasileira das obras psicológicas completas de Sigmund Freud* (Vol. I, pp. 387-547). Rio de Janeiro: Imago.

Freud, S. (1919/1976). O estranho. In: S. Freud. *Edição standard brasileira das obras psicológicas completas de Sigmund Freud* (Vol. XVII, pp. 275-313). Rio de Janeiro: Imago.

Freud, S. (1926/2014). Inibição, sintoma e angústia. In: S. Freud. *Obras Completas* (Vol. 17). São Paulo: Companhia das Letras.

Gonzalez, L. (2020). *Por um feminismo afro-latino-americano: ensaios, intervenções e diálogos.* Rio de Janeiro: Zahar.

Grosfoguel, R. (2016). A estrutura do conhecimento nas universidades ocidentalizadas: racismo/sexismo epistêmico e os quatro genocídios/epistemicídios do longo século XVI. *Sociedade e Estado*, 31 (1), 25-49.

Guerra, A. M. (2021). Branquitude e Psicanálise: segregação racial e a matriz colonial do saber. *Espaço Acadêmico*, 21 (230), 55-67.

Guerra, A. M. (2022). *Sujeito Suposto Suspeito: a transferência no Sul Global.* São Paulo: n-1 Edições.

Hook, D. (2022). Recuperando Biko: uma crítica da consciência negra à branquitude. In: A. M. Campos (ed.). *O mundo e o resto do mundo: antíteses psicanalíticas*. São Paulo: n-1 Edições.

Ibirapitanga; Schucman, L. (Eds.). (2023). *Branquitude: diálogos sobre racismo e antirracismo*. São Paulo: Fósforo.

Irigaray, L. (2017). *Este sexo que não é só um sexo: sexualidade e status social da mulher*. São Paulo: Senac.

Kon, N.; Abud, C.; Silva, M. (eds.). (2017). *O racismo e o negro no Brasil: questões para a psicanálise*. São Paulo: Perspectiva.

Lacan, J. (1949/1998). O estádio do espelho como formador da função do eu. In: J. Lacan. *Escritos* (pp. 96-103). Rio de Janeiro: Zahar.

Lacan, J. (1953-54/1986). *O seminário, livro 1: os escritos técnicos de Freud* (3ª ed.). Rio de Janeiro: Zahar.

Lacan, J. (1960/1998). Observação sobre o relatório de Daniel Lagache: "Psicanálise e estrutura da personalidade". In: J. Lacan. *Escritos* (pp. 653-691). Rio de Janeiro: Zahar.

Lacan, J. (1962-63/2005). *O seminário, livro 10: a angústia*. Rio de Janeiro: Zahar.

Lacan, J. (1967/2003). Alocução sobre as psicoses da criança. In: J. Lacan. *Outros escritos* (pp. 359-368). Rio de Janeiro: Zahar.

Lacan, J. (1968-69/2008). *O seminário, livro 16: de um Outro ao outro*. Rio de Janeiro: Zahar.

Lacan, J. (1969-70/1992). *O seminário, livro 17: o avesso da psicanálise*. Rio de Janeiro: Zahar.

Lugones, M. (2020). Colonialidade e gênero. In: H. B. Holanda. *Pensamento feminista hoje: perspectivas decoloniais* (pp. 52-82). Rio de Janeiro: Bazar do Tempo.

Maldonado-Torres, N. (2007). Sobre la colonialidad del ser: contribuciones al desarrollo de un concepto. In: S. Castro-Gómez; R. Grosfoguel. *El giro decolonial: reflexiones para una diversidad epistémica más allá del capitalismo global* (pp. 127-167). Bogotá: Siglo del Hombre; IESCO; Instituto Pensar.

Miller, J.-A. (2016). Racismo e extimidade. *Derivas analíticas: Revista digital de psicanálise e cultura da Escola Brasileira de Psicanálise – MG* (4).

Moore, C. (2010). *O marxismo e a relação racial: Karl Marx e Friedrich Engels frente ao racismo e à escravidão*. Belo Horizonte; Uberlândia: Nandyala; Cenafro.

Nogueira, I. B. (2021). *A cor do inconsciente: significações do corpo negro*. São Paulo: Perspectiva.

Núñez, G. (2023). *Descolonizando afetos: experimentações sobre outras formas de amar*. São Paulo: Paidós.

Oyěwùmí, O. (2021). *A invenção das mulheres: construindo um sentido africano para os discursos ocidentais de gênero*. Rio de Janeiro: Bazar do Tempo.

Pena, B. et al. (2019). Das flores à angústia: o esquema óptico de Bouasse, por Lacan. *Estudos Psicanalíticos* (online), 51 (en.-jun.), 149-155.

Piza, E. (2002). Porta de vidro: entrada para a branquitude. In: I. Carone; M. A. S. Bento (eds.) *Psicologia social do racismo: estudos sobre branquitude e branqueamento no Brasil* (pp. 59-90). Petrópolis: Vozes.

Quijano, A. (2000). Colonialidad del poder, eurocentrismo y América Latina. In: E. Lander (ed.). *La colonialidad del saber: eurocentrismo y ciencias sociales. Perspectivas latinoamericanas* (pp. 107-130). Buenos Aires: CLACSO.

Ramos, A. G. (1995). A patologia social do "branco" brasileiro. In: A. G. Ramos. *Introdução crítica à sociologia brasileira* (pp. 215-240). Rio de Janeiro: UFRJ.

Reis Filho, J. T. (2005). *Negritude e sofrimento psíquico*. São Paulo: PUC-SP. (Tesis doctoral en Psicología). Fonte: https://tede2.pucsp.br/handle/handle/15816

Ribeiro, C. (2022). *Tornar-se negro, devir sujeito*. Belo Horizonte: Agência de Iniciativas Cidadãs.

Said, E. W. (2011). *Cultura e Imperialismo*. São Paulo: Companhia das Letras.

Santos, B. d. (2007). Para além do pensamento abissal: das linhas globais a uma ecologia de saberes. *Novos Estudos CEBRAP*, 79 (nov.), 71-94.

Schucman, L. V. (2012). *Entre o "encardido", o "branco" e o "branquíssimo": raça, hierarquia e poder na construção da branquitude paulistana*. São Paulo: USP-Instituto de Psicologia. (Tesis doctoral).

Seshadri-Crooks, K. (2000). *Desiring Whiteness: a Lacanian analysis of race*. London: British Library.

Siqueira, F. G. (2021). *O genocídio da juventude negra brasileira e as trilhas do gozo racista*. Belo Horizonte: UFMG. (Tesis doctoral en Psicología).

Soler, C. (2021). *De um trauma ao Outro*. São Paulo: Blucher.

Souza, N. S. (2021). *Tornar-se negro ou as vicissitudes da identidade do negro brasileiro em ascensão social*. Rio de Janeiro: Zahar.

Vergès, F. (2020). *Um feminismo decolonial*. São Paulo: Ubu Editora.

Wallerstein, I. (2004). *World-System Analysis. An Introduction*. Durham, NC: Duke University Press.

Wynter, S. (2000). The Re-Enchantment of Humanism: An Interview with Sylvia Wynter. *Small Axe. A Caribbean Journal of Criticism*, 8 (set.), 119–207

Wynter, S. (2001). Towards the Sociogenic Principle: Fanon, identity, the puzzle of conscious experience, and what it is like to be "black". In: M. Durán-Cogan; A. Gomez-Moriana (eds.). *National Identities and Sociopolitical Changes in Latin America.* New York: Routledge.

Wynter, S. (2006). On How We Mistook the Map for the Territory and Re-Imprisoned Ourselves in Our Unbearable Wrongness of Being, of *Désêtre*: Black Studies Toward the Human Project. In: L. R. Gordon and J. A. (eds.). *Not Only the Master's Tools: African-American Studies in Theory and Practice.* (pp. 107-169) New York: Paradigm.

7. El Falo blanco o la inscripción de la supremacía blanca y el racismo en el que hacer psicoanalítico

Marco Posadas

> *"Me diziam: "Não tenho preconceitos contra a cor da sua pele, eu tinha uma babá que me amamentou com seu leite materno. Minha mãe não tinha leite, e a babá gorda e gentil, tinha e me amamentou com seu leite." Veja, isso não é prova de que você não tenha preconceitos."*
>
> Ruth de Souza no documentário "Conversaciones con Ruth de Souza", Netflix, 2022.

Antes que nada, quiero agradecer a Paola Amendoeira, *chair* del comité de la ONU dentro de la la API, con quien trabajé en el inter comité de la asociación para investigar los prejuicios y el racismo en el psicoanálisis como cuerpo teórico y el psicoanálisis institucionalizado. A Wania Cidade, presidente de Fepal, quién tomó interés en mi trabajo con prejuicios como la homotransfobia y el racismo en la clínica e instituciones psicoanalíticas. Las Dras. Cidade y Amendoeira vieron como una posibilidad la creación de espacios psicoanalíticos donde se pueda discutir el impacto histórico y presente del racismo anti-negro, el racismo antindígena, y la supremacía blanca en el psicoanálisis. La intención de nuestro trabajo en la API es tener discusiones sobre racismos y prejuicios dentro del psicoanálisis de manera respetuosa, cálida, amable, científica y rigurosa.

Conceptualizar al racismo anti-negro, el racismo antindígena, y la supremacía blanca dentro de la clínica nos da las herramientas necesarias para sostener una escucha psicoanalítica con pacientes racializados dentro de sistemas identificados como blancos. Como psicoanalistas, independientemente de nuestra posicionalidad social (identificados como blancos o el grupo homogéneo denominado personas de color), el trabajo clínico con estos y otros tipos de prejuicios socialmente construidos nos enfrenta a los embates de violencia característicos de este tipo de momentos en la clínica psicoanalítica contemporánea (Davids, 2003 & 2011). Aquí denominaremos el proceso de racialización como un proceso parte de sistemas socialmente construidos de creencias que dan o restan valor capital, es decir, asignan capital económico a los cuerpos humanos. Las personas, tanto la racializada como el racializante, se deshumanizan volviéndose objectos simbólicos con valor agregado (+ o -).

Históricamente, la racialización se forma por procesos simbolizantes que han sido parte de colonización y adquisición o eliminación de cuerpos indígenas y negros y de territorios calificados como extranjeros, salvajes, o como lo escuchamos en la actualidad: Terroristas. La creencia errónea que este tipo de prejuicios están basados solamente en características físicas visibles del cuerpo de la persona, como la pigmentación, tamaño y capacidades físicas e intelectuales del cuerpo, etc., nos abre el camino como psicoanalistas para pensar los efectos que estos prejuicios tienen en el psicoanálisis en general, y en tres áreas en particular: 1. La clínica psicoanalítica (encuadre, la situación analítica, relación terapéutica, la persona del analista, diagnósticos, y formulaciones que informan el juicio clínico y las intervenciones del psicoanalista), 2. La construcción de teorías, 3. La vida institucional a través de las políticas y los estatutos que consolidan sistemas que abren o cierran el acceso a espacios donde se toman decisiones.

En este trabajo desarrollaré el concepto del Falo blanco y como opera en procesos psíquicos de racialización o *racecrafting* (Fields y Fields, 2012) y los proyectos de supremacía blanca dentro de la clínica psicoanalítica. También daré algunas recomendaciones teóricas y clínicas que pueden ayudar a pensar estos y otros tipos de prejuicios socialmente construidos (prejuicios de género como la homotransfobia y el cisgenerísmo), su rol en la contratransferencia y en la participación consciente o inconsciente por parte del analista en *enactments* iatrogénicos/ enactments racistas y/o enactments de género. En Latinoamérica el concepto norteamericano de "enactment" (Chused, 1991; Jacobs, 1986) se conoce como repeticiones traumáticas iniciadas por el analista que dañan al paciente y que pueden generar rupturas en la alianza terapéutica y la interrupción unilateral del tratamiento.

Prejuicios

Elisabeth Young-Bruehl (1996) propone pensar los prejuicios de manera plural (Young-Bruehl, 1996), y esto es de suma importancia para el trabajo clínico psicoanalítico. Pensar los prejuicios en plural sostiene el poder conceptualizar relaciones de poder complejas dentro de los prejuicios; algunos ejemplos la islamofobia, el sentimiento antiárabe, el antisemitismo, y la misoginia entre otros. Encuentro más útil la pluralidad dentro de los prejuicios contrastando con el término de psicología evolutiva y psicología social "sesgos cognitivos implicitos" o *implilcit biases* en inglés (Kite & Whitley, 2016; Nelson, 2016). Ya que este último tiende a oscurecer de manera importante la relación significativa (y yo agregaría simbolizante) que los prejuicios y la discriminación tienen con el poder (Kahn, 2018). Siendo el uso y abuso de poder (tanto económico como de autoeficacia), y sus derivados inconscientes, ejes cardinales de proyectos de colonización blancos que se harán presentes en la clínica psicoanalítica en diadas racializadas. Son estos ejes cardinales de uso y abuso de poder para la explotación de recursos naturales y personas de color a favor de proyectos colonizadores blancos y eurocéntricos lo que darán vida a lo que propongo como el Falo blanco.

En *La anatomía de los prejuicios* Young-Bruehl (1996) elabora una especie de cartografía para pensar los prejuicios de manera psicoanalítica. Este libro es el primer intento de articular los prejuicios desde una perspectiva psicoanalítica desde Allport en 1954. Aquí, Young-Bruehl (1996) identifica dos raíces que marcan formalmente los estudios sobre prejuicios; una son los estudios del Holocausto y la investigación sobre el antisemitismo y la segunda es la diáspora africana y la investigación sobre racismo anti-negro. Un punto importante para remarcar es su recomendación de estudiar los prejuicios en plural, contrastando con los clásicos como el citado Allport (1954). Este cambio de formulación aparentemente sutil nos permite conceptualizar el lugar que obtura lo diferente dentro de los prejuicios. Además, nos da las herramientas para comprender que no todos los prejuicios tienen el mismo fin, resultado o modo de expresión. De aquí despega el concepto de "niñismo"; que el autor trabajó durante las siguientes casi dos décadas hasta antes de su muerte.

En su libro póstumo *Childism: Confronting prejudices against children* publicado en 2012, cuatro meses después de su muerte, la autora identifica el *infantilismo* como un prejuicio que, similar al antisemitismo, al racismo anti-negro y el racismo antindígena convierte a los infantes en objetos despojándolos de su humanidad (derechos humanos) a cambio de una inocencia que justifica la posesión de un Amo, en este caso la unidad parental. Los niños no tienen voz, ni voto. Es esta objetivización, pasando por la infantilización, de personas de color donde podemos identificar los efectos de la "racialización" (Bonilla-Silva, 1997).

Desde un punto de vista psicoanalítico, el impacto racilizante descrito por Bonilla-Silva (1997), y elaborado a profundidad 15 años después por Fields y Fields (2012) dentro del concepto de "hechizo racial" (*racecraft* en inglés) es un derivado inconsciente pulsional que encuentra una manera de expresión inconsciente a través del Falo blanco. Fields y Fields discuten los puntos ciegos en nuestro entendimiento de dinámicas racistas como efecto importantes de centrar el discurso racial en el sujeto blanco como punto de partida. De acuerdo con las autoras, no podemos ver la raza, lo que experimentamos es la impugnación del proyecto de supremacía blanca confrontado por la existencia de personas de color. A esto denominamos racismo. Esto también lo vemos en la existencia en público de personas trans en general y los desproporcionados índices de violencia en contra de estas (expectativa de vida de las personas trans en Estados Unidos es de 35 años), y de mujeres trans de color en lo particular (entre 80% y 90% de todos los asesinatos de personas trans en Estados unidos son mujeres trans de color, y el 95% de los perpetradores de estos transfeminicidios son hombres blancos cisgénero y heterosexuales). Lo que blanquea y racializa al mismo tiempo, y termina por objetificar a ambos integrantes de la diada analítica es el Falo blanco.

Históricamente prejuicios como el racismo antindígena, anti-negro y la supremacía blanca han sido herramientas imprescindibles de proyectos de colonización Europeos (religión, capitalismo, y la rigidización del concepto de género al fijarlo a órganos reproductores y convertirlo en un binario). El concepto de raza y/o racialización, así como la supremacía blanca, tienen que ver más con el poder económico y la adquisición y explotación de recursos naturales y de personas de color; y menos que ver concretamente con la pigmentación de la piel y las diferencia factuales entre categorías raciales. Es decir, hay más diversidad genética entre miembros de una "raza" específica, que entre miembros de "razas" diferentes.

A partir de la muerte de George Floyd en Estados Unidos hubo muchas reacciones políticas y comunitarias como en Norteamérica, Europa y Latinoamérica. Tuvieron lugar protestas en contra de sistemas sociales opresivos que valoran la vida de unas personas más sobre la de otras. En el psicoanálisis históricamente hemos empezado a hablar de Justicia social, de racismo y opresión, pero no hemos podido reconocer el impacto de estos conceptos en el psicoanálisis institucionalizado. Pareciera que en el psicoanálisis institucional prejuicios como el racismo, la transfobia, la islamofobia solo se pudieran pensar desde afuera (desde el margen), no desde dentro de la institución.

Se ha hablado ampliamente de la necesidad de una *mestizaje* en el psicoanalisis, de incluir dentro de la mirada psicoanalítica los avances académicos de otras torres de marfil. Es mi experiencia en los últimos 25 años trabajando con estos temas es precisamente por la dificultad de hablar estos asuntos por la cual se evaden. Es mi intención (y espero poder compartirla con ustedes) poder crear un espacio donde se pueda pensar en conjunto sin generar una angustia y violencia emocional innecesaria.

Sistemas racistas y el mito de la neutralidad blanca

Así como el sujeto está habitado por lo inconsciente a manera de lenguaje (frase clásica de Lacan (1987)), la situación analítica está habitada por prejuicios como el racismo y la supremacía blanca internalizados en la mente y el cuerpo del psicoanalista. La situación analítica y el método psicoanalítico están diseñadas para crear un campo fértil para la irrupción de lo inconsciente, incluyendo prejuicios internalizados por el psicoanalista. El *holding environment* (Winnicott, 1986) producido por el entendimiento teórico y la sofisticación clínica (técnica) del analista fungirá como escenario para la expresión consciente o inconsciente de prejuicios en el psicoanalista.

Uno de los objetivos principales de la práctica psicoanalítica antiopresiva con personas racializadas y marginalizadas por su identidad/expresión de género es facilitar el proceso asociativo del paciente a través de la reducción de intervenciones del analista movilizadas por sus prejuicios. Es decir, el prevenir que el analista colapse el espacio analítico e interrumpa el proceso terapéutico ocasionando una ruptura en la alianza terapéutica. Es difícil de negar que este tipo de movimientos en la escucha analítica van en línea con una de las contribuciones más significativas de Winnicott al psicoanálisis, "el reconocimiento del paciente como persona" (Greenberg and Mitchell, 1983, p.191).

A continuación, daré tres ejemplos de cómo el racismo y la supremacía blanca están imbricados con teorías psicoanalíticas son las ideas clásicas de neutralidad freudiana (o netrutralidad blanca), la regla de abstinencia, y el Falo Freudiano (o Falo blanco).

Neutralidad blanca

La idea de que el psicoanalista debe operar como un "espejo opaco" (Freud, 1912, p. 118) y como una "tabula rasa/*blan(c)k slate*" nos ayuda a ilustrar la manera en cómo se pensaba la actitud analítica donde la neutralidad del analista es sinónimo de no contaminar el espacio analítico con la humanidad del analista. La idea de que el analista puede ser neutro por solamente ser analista, además de ser un error, ha sido criticada ampliamente por teóricos intersubjetivistas y relacionales entre otros. Adscribirse a la idea de que el analista es incuestionablemente neutro opera en nuestra escucha blanqueándola. Es decir, la promesa de neutralidad blanca funciona a manera de cuña que inclina nuestra escucha hacia lo blanco como valor positivo, y lo oscuro como negativo. Esta dinámica saca al analista de su lugar (de lado de lo inconsciente) para funcionar como un agente superyoico que da veracidad y legitimidad al tratamiento, indepedientemente de lo efectivo de su escucha: "esto sí es psicoanálisis", "esto no es psicoanálisis", "por zoom no es análisis", "usted no parece mexicano", "lo único que sabemos es que la madre es mujer". El analista se convierte en policía del Superyó.

La clínica psicoanalítica contemporánea demanda una neutralidad que no es racista, es decir que no perpetue ideales eurocéntricos como la blancura: Un psicoanalista que opera como espejo *opaco* o "*blank slate*" que borra al analista detrás de una capa de buenas intenciones. La neutralidad no racista le permite al psicoanalista estar a la misma distancia de lo inconsciente para el analista, así como lo inconsciente del paciente. Independientemente de la pigmentación de nuestra piel, o de la clase social que ocupemos, lo inconsciente se manifestará en la diada analítica y creará tensiones en las dinámicas transferenciales y contratrasnferenciales. En contraste con la neutralidad psicoanalítica clásica o, como yo la llamo, una neutralidad blanca donde se pensaba que el psicoanalista era una tabla rasa que debía de servir de espejo del paciente y la contratransferencia se negaba como un problema a resolver y no se utilizaba como una herramienta de navegación para el psicoanalista. Creo que el poder nombrar el racismo junto con la neutralidad, nos puede recordar el poder económico (libidal) que ejerce la idea de neutralidad.

La neutralidad antiopresiva, o lo que ahora quiero proponer como neutralidad psicoanalítica, es el tipo de neutralidad flexible, en movimiento y constante que opera como límite simbolizante. Este, también lo podemos identificar en la regla de abstinencia contiene y filtra las presiones culturales y en respuesta que permite balancear las tensiones creadas los participantes de la diada analítica. Es una manera de prevenir convertir al paciente en un otro y posicionar al analista en el lugar del superyó que determina lo que esté bien/correcto en el análisis. La neutralidad antiopresiva nos ayuda a centrar la escucha del analista en la subjetividad del paciente racializado, y a tolerar los embates violentos de ser vistos como perpetradores de actos racistas, no solo en la transferencia, pero en lo real.

El Falo blanco

El Falo blanco, es el vehículo de la ideología de "supremacía blanca" que impone un hecho cuestionable como una verdad absoluta (la creación de la categoría *caucásico* como representación de *lo blanco*). Otros ejemplos de expresiones de ideas fálicas blancas operando en malentendidos de género son la idea de que los hombres no se pueden embarazar y parir un hijo, que un bebé viene necesariamente de una madre, y que los niños son propiedad de los adultos al cuidado de ellos, entre muchas más. Es lo absoluto de las ideas biológicas lo que expresa la rigidez del "Falo blanco" a manera de brutalidad policial. Otros ejemplos concretos de expresiones del Falo blanco son el privilegio masculino de expresión de violencia de género, la brutalidad policial, la supremacía blanca, y la infalibilidad del Papa entre muchos.

Este tipo de ideas internalizadas nos obligan, como psicoanalistas y trabajadores de la salud mental interesados en el psicoanálisis, a cuestionar y re-enunciar nuestras formulaciones teóricas acerca de lo que entendemos como expresión de violencia y daño a pacientes marginados por experiencias de racilización, clase, género diverso e identidades de género creativas. El quehacer psicoanalítico no es la endocrinología, el coaching, la jurisprudencia o la actuación notarial. El quehacer psicoanalítico es escuchar. Y solo desde ahí es que podemos ver al psicoanálisis y a la psicoterapia psicoanalítica como propuestas importantes para crear espacios de atención a personas racializadas y el apoyo a analistas en formación indígenas y personas negras y de color.

La regla de abstinencia

Laplanche y Pontalis (1973) documentan el momento en que Freud habla de esta regla como una herramienta para prevenir los desplazamientos de necesidades del paciente de su vida diaria al análisis. En sus inicios esta regla estaba asociada con la "frustración optima" del paciente, lo cual se creía favorecía la neurosis transferencial. Actualmente sabemos que la regla de abstinencia debe incluir los momentos en que la voz del psicoanalista no es necesaria, y lo apremiante es escuchar. Esto es particularmente importante cuando trabajamos con poblaciones marginadas por cuestiones de clase, raza, género o sexualidad. La regla de abstinencia, principalmente cuando no es necesaria la voz del analista, es crucial para el trabajo analítico con infancias trans.

Es importante tener espacios donde se pueda pensar la clínica del racismo y de la supremacía blanca y sus implicaciones para personas del colectivo LGBTQI+ y de sexualidad diversa sin juzgarla desde lo patológico como respuesta reflejo. Es necesario pensar la patología desde el paciente y no solamente impuesta desde el sistema médico y jurídico que determina las casillas en las que un ser humano se puede clasificar para existir con dignidad. Al comenzar a trabajar institucionalmente para abrir espacios de discusión sobre temas de prejuicios, invariablemente nos topamos con diversos tipos de resistencias a estos temas. Estas resistencias informaron al comité en estudios sobre diversidad sexual y de género sobre el cómo íbamos a desarrollar una agenda de trabajo que soportara el hablar, pensar, y a gestionar todo el tema de los prejuicios y el racismo institucional dentro de la IPA. Actualmente nos encontramos en este punto.

El racismo, la supremacía blanca y la homotransfobia son organizaciones defensivas internas del paciente (Cassorla, 2005; Davids, 2011), del psicoanalista, y de las instituciones. Recordando a Bleger:

Las instituciones llevan en sí las transferencias psicóticas de las personas que trabajan en ellas.

Falo blanco y el trabajo institucional

Un ejemplo de cómo la ley obtura en nuestra realidad es el veredicto de Kyle Rittenhouse al ser declarado "no culpable" tras asesinar a tres personas que se manifestaban en contra de la brutalidad policial tras matar a Jacob Blake de Kenosha, Wisconsin. Rittenhouse fue exonerado por un jurado de 12 personas de las cuales 11 eran personas blancas en Kenosha, Wisconsin. El sistema judicial norteamericano esta edificado sobre cimientos de racismo y supremacía blanca. El racismo sistemico anti-negro y la supremacía blanca (que siempre van juntas) se vuelven el cemento y las varillas metálicas con que se construyen las cárceles donde el 70% de los internos son personas de color. De acuerdo con cifras del PEW Research Center, el rango de encarcelamiento de personas negras y afroamericanas disminuyó casi una tercera parte desde el 2006. Sin embargo, las personas de color (latinos, hispanos y afroamericanos) representan el 16% y 12% respectivamente (Gramlich, 2020). Así como lo inconsciente nos habita en forma de lenguaje, prejuicios como el racismo anti-negro/ antindígena y la supremacía blanca habitan la Ley en forma de políticas, normas y dispositivos legales. Los prejuicios se encarnan dentro de la Ley.

Rittenhouse de 17 años, cruzó un estado conducido por su mamá para "defender sus derechos", y su comportamiento fue visto como en defensa propia. ¿Pero cómo nos puede ayudar esto a que se pueda pensar el racismo y la supremacía blanca internalizada en el analista y su impacto en la clínica y las instituiciones psicoanalíticas?

Al trabajar con poblaciones que han sido afectadas por experiencias de trauma complejo estamos expuestos a vivir los efectos de esas experiencias en la las dinámicas transferenciales y contratransferenciales (Pearlman & Saakvitne, 1995). Estos son procesos que se transmiten transversalmente, es decir, una estructura o una persona que ha sobrevivido trauma desde la infancia va a tener un tipo de organización psíquica que va a entrar al encuadre psicoanalítico. La experiencia del paciente, más el encuadre junto con la experiencia del psicoanalista consolidan un espacio psíquico que va a promover la escucha y la irrupción de lo inconsciente. De este modo, se busca facilitar el proceso de cura o el proceso analítico. La escucha analítica es en sí una herramienta antiopresiva.

Hablar de racismo y supremacía blanca en el analista nos permite crear más espacios en la mente del psicoanalista para escuchar a este tipo de pacientes sin hacerles daño [ejemplo clínico de *enactment* de violencia y llamar a la policía]. Este tipo de trabajo con pacientes racializados es transferible a otras poblaciones, por ejemplo, con pacientes LGBTQ+. Las dinámicas de racismo en el encuadre psicoanalítico informan el trabajo con pacientes de género creativos. Necesitamos pensar como las dinámicas de prejuicios como el racismo, la transfobia, y el heterosexismo impactan nuestro trabajo infiltrándose en la creación de teorías psicoanalíticas que terminan por ser racistas o transfóbicas. Esto va a informar nuestro juicio clínico y buscará expresión en las dinámicas de transferencia y contratransferencia.

Referencias

Abend, S. M. (1989). Countertransference and technique. *Psychoanalytic Quarterly*, *48*, 374-395.

American Psychoanalytical Association (2019). *Overdue Apology to LGBTQ Community*. Disponível em: https://apsa.org/content/news-apsaa-issues-overdue-apology- lgbtq-community

Ansara, Y. G. (2010). Beyond cisgenderism: Counselling people with non-assigned gender identities. In L. Moon (ed). *Counselling ideologies: Queer challenges to heteronormativity*, (pp. 167–200). Ashgate.

Bicudo, V. L. (2019). Incidência da realidade social no trabalho analítico. *Jornal de psicanálise*, 52(97), 151-174. Retirado de: http://pepsic.bvsalud.org/pdf/jp/v52n97/v52n97a12.pdf

Bonilla-Silva, E. (1997). Rethinking racism: toward a structural interpretation. *American Sociological Review*, 62(3), 465–480.

Cassorla, R. M. (2005). From bastion to enactment. *Int. J. Psycho-Anal.*, 86(3):699-719.

Chodorow, N (1994). *Femininities, Masculinities, Sexualities. Freud and Beyond*. Free Association Books.

Chused, J. F. (1991). The Evocative Power of Enactments. *Journal of the American Psychoanalytical Association.*, 39:615-639

Davids, M. F. (2003). The internal racist. *Bulletin of the British Psychoanalytical Society*, 39(4), 1-15.

Davids, M. F. (2011). *Internal Racism: a psychoanalytic approach to race and difference*. Red Globe Press

Ferenczi, S. (1949). Confusion of the Tongues Between the Adults and the Child (The Language of Tenderness and of Passion). *International Journal of Psycho-Analysis*, 30:225-230.

Fields, K. E. & Fields, B. J. (2012). *Racecraft: The soul of inequality in American life*. Verso.

Freud, S. (1905). Three Essays on the Theory of Sexuality (1905). In *The Standard Edition of the Complete Psychological Works of Sigmund Freud*, Volume VII (1901-1905): A Case of Hysteria, Three Essays on Sexuality and Other Works, pp. 123-246.

Freud, S. (1910). The Future Prospects of Psycho-Analytic Therapy. In *The Standard Edition of the Complete Psychological Works of Sigmund Freud*, Volume XI (1910): Five Lectures on Psycho-Analysis, Leonardo da Vinci and Other Works, pp. 139-152.

Freud, S. (1912). The Dynamics of Transference. *The Standard Edition of the Complete Psychological Works of Sigmund Freud, Volume XII (1911-1913): The Case of Schreber, Papers on Technique and Other Works*, pp. 97-108.

Freud, S. (1912) Recommendations to Physicians Practising Psycho-Analysis. In *The Standard Edition of the Complete Psychological Works of Sigmund Freud,* V. 12. pp. 109-120.

Freud, S. (1915). Observations on Transference-Love (Further Recommendations on the Technique of Psycho-Analysis III). *The Standard Edition of the Complete Psychological Works of Sigmund Freud, Volume XII (1911-1913): The Case of Schreber, Papers on Technique and Other Works*, pp. 157-171.

Gabbard, G.O. (1995). Countertransference: The Emerging Common Ground. *International Journal of Psycho-Analysis*, 76:475-485.

Gramlich, J. (2020). *Share of black white hispanic americans in prison 2018 vs 2006*. Disponível em: https://www.pewresearch.org/fact-tank/2020/05/06/share-of-black-white-hispanic-americans-in-prison-2018-vs-2006/

Hayes, J. A. (2004). The Inner World of the Psychotherapist: A Program of Research on Countertransference. *Psychotherapy Research*, *14*(1), 21–36.

Hayes, J. A., Gelso, C. J., & Hummel, A. M. (2011). Managing countertransference. *Psychotherapy, 48*(1), 88-97. https://doi.org/10.1037/a0022182

Jacobs, T. J. (1986). On Countertransference Enactments. *Journal of American Psychoanalytical Association.*, 34:289-307

Kahn, J. (2018). *Race on the Brain: What Implicit Bias Gets Wrong About the Struggle for Racial Justice*. Columbia University Press.

Kite, M. E. & Whitley, B. E. (2016). *Psychology of Prejudice and Discrimination, 3rd Edition*. Routledge.

Lacan, J. (1987). *El Seminario, Libro 11, Los cuatro conceptos fundamentales del psicoanálisis* (1964), Paidós.

Langer, S. J. (2019). *Theorizing Transgender Identity for Clinical Practice A New Model for Understanding Gender.* Jessica Kingsley Publisher.

Nelson, T.D. (2016). *Handbook of Prejudice, Stereotyping and Discrimination (*2nd ed). Psychology Press.

Norton, J. (1997). "Brain says you're a girl, but I think you're a sissy boy": Cultural origins of transphobia. *Journal of Gay, Lesbian, and Bisexual Identity,* 2, 139-164.

Pearlman & Saakvitne. (1995). *Trauma and the Therapist: Countertransference and Vicarious Traumatization in Psychotherapy with Incest Survivors.* Ch. 1. WW. Norton.

Saketopoulou, A. (2020). Thinking psychoanalytically, thinking better: Reflections on transgender. *International Journal of Psycho-Analysis,* 101(5):1019-1030.

Sharman, Z. (ed.). (2016). *The Remedy: Queer and Trans Voices on Health and Health Care.* Arsenal Pulp Press

Stefana, A. (2017). *History of Countertransference: From Freud to the British Object Relations School.* Routledge.

Stryker, S. (2008). *Transgender history.* Seal Press.

Stryker, S. & Aizura A. Z. (ed.). (2013). *The Transgender Studies Reader 2.* Routledge.

Tuck, E. & Wayne Yang, K. (2012). Decolonizing is not a metaphor. *Decolonization: Indigeneity, Education & Society.* Vol. 1, No. 1, 1–40.

Winnicott, D. W. (1945). Primitive emotional development. *International Journal Psycho-Analysis,* 26, 137-143.

Winnicott, D. W. (1949). Hate in the counter-transference. *International Journal of Psycho-Analysis,* 30:69-74.

Winnicott, D. W. (1953). Transitional objects and transitional phenomena—a study of the first not-me possession. *International Journal of Psycho-Analysis*, 34, 89-97.

Winnicott, D. W. (1969). The use of an object. *International Journal of Psycho-Analysis*, 50, 711-716.

Winnicott, D. W. (1986) Holding and Interpretation: Fragment of An Analysis. Holding and Interpretation: Fragment of An Analysis 115:1-194.

Young-Breuhl, E. (1996). *The Anatomy of Prejudices.* Harvard Press.

yker, S. (2008). *Transgender history*. Berkeley, CA: Seal Press.

Stryker, S. and Aizura A. Z. (Eds), (2013). *The Transgender Studies Reader 2*. New York: Routledge.

Tuck, E. & Wayne Yang, K. (2012). Decolonizing is not a metaphor. *Decolonization: Indigeneity, Education & Society.* Vol. 1, No. 1, pp. 1 – 40.

Young-Breuhl, E. (1996). *The Anatomy of Prejudices.* Harvard Press.

8. Viaje a través del racismo y la búsqueda de una salida

Iván Gutiérrez Cuadrado

... "la expresión abierta de la emoción y los sentimientos en lugar del intelecto, una ausencia de "refinamiento civilizado" en la vida sexual y social, una dependencia del rito y la costumbre, y la ausencia de instituciones cívicas desarrolladas" encontrada en grupos poblacionales negros, pero no únicamente de piel negra, son utilizadas como soporte para la teoría racial.

(Grossfoguel, 2009)

Nada de lo que voy a decir está exento de problemas, de incomodidades o de controversias. Y es que es problemático hablar o escribir de algo que no se quiere ver, que se vuelve invisible o que nosotros de forma consciente o inconsciente lo invisibilizamos. Tal vez me tome demasiadas libertades puesto que intentar delinear elementos personales, demográficos, históricos a modo de una pretendida genealogía puede no ser académicamente adecuado.[1] Sin embargo, lo intento porque el tema me compete como persona, como psiquiatra y como psicoanalista latinoamericano.

1 Este introducción y otros apartes del presente escrito son tomados de la presentación que realicé en el webinar de Fepal "Una cuestión de color: Decolonialidad y psicoanálisis" el 12 agosto de 2023, de un trabajo clínico y otros escritos inéditos que esperan ser leidos.

Uno de mis intereses es mostrar que el racismo no es una cuestión de minorías. Aunque existan lugares comunes y no por eso menos importantes sobre el racismo que tiene que ver con las condiciones de dignidad, económicas, relacionales de los afrodescendientes en esta sociedad del siglo XXI. También existen otras menos visibles, menos repetidas y por supuesto menos claras como: ¿Por qué un mestizo no quiere verse como mestizo?, ¿Cómo se construyó esa subjetividad?, ¿Por qué quieren ser blancos (Blanquearse)?

Pero empezaré con el inicio del viaje. Este periplo comienza cuando un analizando me racializa, me encuadra como "negro", me vuelve a poner la carimba (marca de esclavo) que pensé no tener. De esto nació un trabajo escrito titulado *Racismo e Impasse*, expuesto como trabajo clínico individual en el 53° Congreso IPA *La mente en la línea de fuego* realizado en la ciudad donde nací, Cartagena de Indias, Colombia, en julio de 2023. La situación clínica y vivencia personal sucede en 2010 y desde entonces vengo andando, leyendo, discutiendo, reflexionando para entender porque el racismo está vigente y a veces con una fuerza abrumadora teniendo en cuenta con pesadumbre que 14 años después ya no es el racismo si no los racismos.

Este es el caso clínico al que me refiero como el inicio del viaje. Voy a intentar resumir en la siguiente viñeta lo que me movió para moverme del adusto, acostumbrado y cómodo lugar detrás del diván y salir a buscar comprensiones de mí y nuestra subjetividad y del impacto silencioso, inadvertido y negado del racismo en esta.

Viñeta 1

El analizando, profesional, mestizo, acomodado con posiciones importantes tanto laborales como sociales, no gusta de sí, no gusta de su cuerpo, tiene la fantasía con ser fisonómicamente blanco (caucásico) y luego de algunos años de análisis resuelve expresar su dificultad en el proceso: No puede confiar en mi más porque soy negro. Me dice que necesita despreciarme de esta manera y que por esa misma razón no puede confiar en mí. Luego, en el trascurso de la sesión, damos cuenta que esto sucede con su madre y desde su abuelo. Y concluye: "Soy el producto del odio y de la discriminación". Las interpretaciones no fueron evidentes puesto que yo como analista me encontré evitándolas. O eran un posible problema mío, pensaba, o el tema estaba fuera de lugar, no era psicoanalítico si no un tema social y fuera de época. Y al final encuentro que era un problema de la pareja analítica inmersa en la cultura latinoamericana no discutida como racista. Su dificultad para confiar y mi dificultad para interpretar.

Tratando de entender este fenómeno es como llego a la posibilidad de expresar mi sitio de enunciación, un sitio de privilegio desde donde me encuentro: afrodescendiente profesional de fisonomía mestiza, viviendo en una capital, estudiando y habitando un lugar entre pares. Y al tiempo me racializo y me racializan. Soy parte de las clasificaciones de clase/raza de la nación en la que vivo y pertenezco legal y políticamente. Estoy en el siglo XXI y soy latinoamericano y el racismo a mi pesar es estructural. Este sitio de enunciación determina por el momento que mi viaje se relaciona con el racismo sobre y entre los afrodescendientes, entre psicoanalistas y sus analizandos y sobre y entre mis conciudadanos.

Tratando de entender, termino por concluir que esto va a formar parte de cualquier relación transferencial – psicoanalíticamente hablando – venidera como lo he constatado desde entonces. La mitad de las madres de mis analizandos no vendrían donde mi porque son "prejuiciosas, religiosas, conservadoras y no le gustan los morenos, latinos o negros." Adjetivación que los mismos analizandos utilizan describiendo a sus familiares más cercanos.

Esto último establece uno de los intereses de este escrito. El racismo no es de minorías, es de mayorías. Los blanco-mestizos ejercen una acción racista sobre si y los demás de su entorno de manera sutil, no advertida y en muchas ocasiones con evidentes implicaciones inconscientes. Y si, lo personal es político y así se hacen aún las políticas perpetuando estas estratificaciones, jerarquías y vidas con un efecto transgeneracional que pulsa en el inconsciente de Latinoamérica.

Para afianzar lo anterior encuentro este otro ejemplo clínico donde las percepciones del self se observan cargadas de elementos racistas que colorean el movimiento intrapsíquico y establecen el escenario para el sufrimiento.

Viñeta 2

Ella es una mujer en sus treinta, profesional con una empresa exitosa, con dificultades para tener pareja estable. Una de estas dificultades es que se siente fea. Estudió en un colegio bilingüe donde un porcentaje de las compañeras eran de otro país, principalmente de origen europeo, con fisonomía occidental: blancas, rubias, de ojos claros. Siempre se dijo que nunca sería linda como ellas. Y eso la hacía fea. Sus padres eran como ella, nunca escuchó ningún comentario racista en su casa, pero era mejor no ser tan "moreno". A las blancas les va mejor.

No únicamente lo que te hace ser está determinado por tu relación con los objetos primarios y el tipo de apego que estableces. También influyen las representaciones sociales que se encuentran en el medio, en la familia, en la escuela donde pasas tanto tiempo con los amigos. ¿Es solo el devenir psíquico interno lo que nos interesa a los psicoanalistas? Si se intenta comprender la presencia y relación intrapsíquica de sus objetos primarios, considero que también se debe comprender la cotidianidad y el impacto que esta tiene en su psiquis si lo que le dicen externamente es que tiene *algo* que lo hace no confiable, que es alguien de evitar en la calle, no tan bueno, no tan racional, no tan educado, no tan civilizado, demasiado emocional. Ese *algo* llena el estereotipo que se reconoce como "negro".

Dividiré el texto en tres acápites buscando agrupar o posicionar lo hallado en este viaje, que no está pronto a acabar, en encuadres importantes para mí como actor inmerso en la sociedad global, como psicoanalista y colombiano.

Inicio con la situación clínica que me dio pie para buscar comprensiones y lo escrito por autores que viven y reflexionan sobre el tema. En este acápite que llamo reflexiones sobre el Racismo en la subjetividad, escojo a dos autores principales queriendo afirmar con grata sorpresa que es diría imposible intentar abarcar todo lo escrito alrededor del tema del racismo y sus efectos. El descubrimiento de tamaña cantidad de producción escrita me hace cuestionar la posición como psiquiatra y psicoanalista que se interesa por la psiquis, las subjetividades, el sufrimiento y otros componentes de la vida mental; leer sobre psicoanálisis y no haberme topado con este tema antes. Un segundo acápite sobre hallazgos clínicos psicoanalíticos, cuando el racismo aparece en el diván analítico. En este acápite descubro psicoanalistas norteamericanos que detallan diferentes situaciones y movimientos en la relación transferencia – contratransferencia que dan luces clínicas. Encuentro que la extensa y vivida experiencia que tienen en el tema, tanto personal como clínica les permite enumerar escenarios que explican unos pero que difieren de otros con nuestra realidad. Y en tercer acápite, intento mostrar algunas ideas de como aparece en mi país el fenómeno racial y que se dice al respecto.

Reflexiones sobre el efecto del racismo en la subjetividad

Es evidente que todos los días los estereotipos raciales, los prejuicios y la discriminación afectan a las personas, dejando dolor y sufrimiento y distorsionando el desarrollo del self y su carga narcisista. Estos mensajes se apoderan de la mente y desalientan el desarrollo (Leary, 2012). Según Balibar y Wallerstein (1991), el racismo se inscribe en prácticas de violencia, de desprecio, de intolerancia, de humillación, de explotación, en discursos y representaciones de desarrollos intelectuales del fantasma de la profilaxis o de la segregación (necesidad de purificar el cuerpo social, de preservar la identidad del yo, del nosotros, ante cualquier perspectiva de promiscuidad, de mestizaje, de invasión). Y se articulan en torno a estigmas de la alteridad (apellido, color de la piel, prácticas religiosas). Señalan estos autores que el racismo organiza sentimientos confiriéndoles una forma estereotipada tanto a sus objetos como a sus sujetos. Esta combinación de prácticas, de discursos y representaciones en una red de estereotipos afectivos es la que permite atestiguar la formación de una comunidad racista, y también el modo en que, los individuos y las colectividades que son blanco del racismo (sus objetos) se ven obligados a percibirse como comunidad (Gutiérrez, 2023).

Es sabido que el término raza no tiene fundamento científico, dados los descubrimientos genéticos, como también los desarrollos de nuevas corrientes antropológicas basadas en los datos obtenidos de esa especialidad médica. Pero según De la Torre (1996) dicho concepto continúa jugando un papel fundamental en la estructuración y representaciones que se manejan en el mundo actual. Ello, puesto que para la mayoría de las personas las razas existen y explican su realidad social, y si los actores sociales definen una situación como real, esta tiene consecuencias reales.

Uno de los autores que encontré cercanos – por su profesión – en este camino fue Franz Fanon (1925-1961), psiquiatra, filósofo y escritor de origen martiniqués. Estudió en Lyon, Francia y una de sus posiciones políticas luego de trabajar como psiquiatra en el país galo fue apoyar el Frente de Liberación Nacional que luchaba por la independencia de Argelia como colonia francesa. Tomo como material en interpelación de este acápite elementos principalmente su libro "Piel negra, máscaras blancas" (1952) así como interpretaciones de algunos autores estudiosos de su línea de pensamiento.

Para Fanon, el racismo es una jerarquía global de superioridad e inferioridad sobre la línea de lo humano que ha sido políticamente producida y reproducida como estructura de dominación durante siglos por el "sistema imperialista, occidentalocéntrico, cristianocéntrico, capitalista, patriarcal, moderno, colonial" (Grosfoguel, 2012). Fanon determina que esta línea que el poder hegemónico de los actores que lo detentan establece es la raza. Por encima de esta línea se encuentran quienes son superiores e inscritos en la zona del ser (se otorgan el derecho a ser), mientras aquellos que se encuentran por debajo son los no-humanos. Ello, pues son tratados como tales, son inferiores, son los arrinconados a la zona del no ser. Arrinconados en el habitus, por el discurso, por las estructuras que silenciosamente determinan los comportamientos sociales "normales, morales y aceptables" desde múltiples ámbitos y escenarios.

Encuentro que el impacto del racismo sobre la subjetividad es llamado por Fanon como la comprobación del Mito del Negro. Este sería algo comparable a lo que describe Edward Said como Orientalismo (1997/2002) donde el imaginario establecido por el discurso hegemónico determina como es el Otro. En este caso el negro a partir del discurso, de los mitos, hábitos y costumbres del negro esclavizado o del negro en una supuesta África salvaje, natural, emocional y diferente. De hecho, algunos escritores muestran que Fanon vuelve a ser un autor de referencia gracias a la obra de Said. También la aproximación del negro como elementos cercanos a lo natural/naturaleza también es utilizada en relación con las mujeres y declarado por las feministas como razonamiento explicativo del patriarcado para su posicionamiento sobre ellas.

La solución que esgrime Fanon es la de buscar la dignidad. No se trata de mirar el pasado en aras de reivindicación, si no reconocer, aceptar y luchar porque se es un hombre como cualquier otro, de cualquier otro color de piel. Y que no debe haber ningún pueblo sometido por otro. El racismo estructural, ese constructo que silenciosamente entra a tu mente y a tu cotidianidad sin saber desde la casa y la escuela, produce en los negros colonizados por el discurso racista hegemónico una alienación de sí. El no reconocimiento de su imagen como tal si no se es. En el caso del habitante antillano de la época de Fanon, francés (blanco, continental, culto, emocionalmente contenido); lleva a Fanon a traer a colación el concepto psicoanalítico de negación. Se niega lo que se ve en el espejo y se articula dicha verdad a partir de otros significados de lo negro: lo negro es lo malo, lo negro es lo salvaje, lo inmoral. Les enseñan en las escuelas y en casa (instituciones que instauran como estar y usar el cuerpo trayendo a interlocución a Foucault) que son franceses como los continentales. No se reconocen negros porque negro corresponde como describo arriba a la imagen creada por quienes controlan: lo oscuro, lo malo, lo salvaje, lo no civilizado. La incorporación de la mentalidad de quien decreta la cultura, lo hegemónico y el desprecio por la propia piel en tanto no blanca, lo llama epidermización.

Otros, como la investigadora Esther Pineda en varios de sus artículos y escritos habla de *Endoracismo o Racismo internalizado.* Lo define como la presencia del estigma que dirige al sujeto a odiarse o denigrarse cuando está solo ante el espejo. Se puede definir como el racismo desde dentro (Pineda, 2013), autodiscriminación del sujeto que sufre y experimenta el prejuicio por su pertenencia étnico-racial. Es una consecuencia del desprecio externo vivido por estar vinculado a una "raza" considerada inferior; esto ejerce una presión tal, que introduce en el propio individuo al desprecio que al que está expuesto. El sujeto racializado acepta mirarse a sí mismo con los ojos del amo como consecuencia de la coacción racista. De este modo se internaliza como propia la discriminación que se le ha impuesto y la reproduce sobre sí como también sobre aquellos pertenecientes a su grupo étnico-racial.

Este sujeto intentará corregir lo que es considerado motivo de discriminación o hacer un gran esfuerzo para reducir la exhibición del estigma (aclarado de la piel, cirugías estéticas para modificar sus rasgos físicos por unos más cercanos a los de los que ostentan el poder, ocultación de familiares, etc.). De este modo, acaban asumiendo y encarnando la visión negativa que se tienen de ellas, se asume el estereotipo divulgado publica y masivamente y desarrollan menor autoestima y una imagen negativa de sí mismos (Pineda 2018). Adoptará como propia la cultura de su opresor, imitará sus conductas, valoraciones, actos, rasgos físicos, indumentaria, preferencias musicales y culinarias, modos relacionales, modismos, expresiones corporales, oficios, profesiones y creencias, considerando que este es un método para alcanzar las posiciones de poder, privilegio, estima social.

Y ¿si es esto lo que encuentro en sujetos mestizos, profesionales, que funcionan sobre la línea del ser, considerando a Fanon? No tienen una situación de precariedad, no están luchando por su dignidad de manera evidente, no existe una violencia declarada como presente y actual. No obstante, ello se descubre en el escenario psicoanalítico, donde el inconsciente tiene su espacio y es reconocido como existente.

¿Qué sucede en la experiencia clínica analítica cuando el racismo llega al diván?

Encuentro psicoanalistas norteamericanos, y con mayor asiduidad en analistas relacionales, que toman este tema como presente e importante en el diván. Quizá, una de las razones es que apoyan su pensamiento psicoanalítico en la interseccionalidad. Tal vez porque traen la historia y el escenario social al interior del diván tanto elemento impactante y moldeador de la subjetividad de todos, y por supuesto de aquel que viene por ayuda.

De este modo, encuentro posiciones sugeridas como ver la subjetividad racial como un resultado externo del esfuerzo por manejar los estados mentales internos. Estos psicoanalistas lo ven como una categoría de identidad construida, tanto social, como históricamente. Kimberly Leary (1997) se ha dedicado a estudiar el elemento racial en el psicoanálisis y sus efectos emocionales tanto en el paciente, como en el terapeuta. La autora intenta extender el espacio conceptual en el que los psicoanalistas se posicionan ante la experiencia racial para así mejorar la capacidad de trabajar lo que ella denomina "la subjetividad racializada". Según Leary, los analistas podrían ubicarse en dos posiciones frente a este tema: la raza y el racismo es solo una cortina de humo producto de las defensas del paciente, o el contenido y el impacto va más allá e involucra lo inconsciente, lo histórico y lo real (Gutiérrez, 2023).

Otra psicoanalista con larga trayectoria en el tema es Dorothy Holmes (1992). La autora muestra como en estudios sobre procesos psicoterapéuticos biculturales donde la raza se hace presente, se concluye que: el paciente puede utilizar la raza cómo tema central de su reacción defensiva y solo, luego de traer el tema a la situación analítica, es cuando se permite tratar sus fantasías de identificación; el paciente utiliza este tema como defensa, en la transferencia, para protegerse del desprecio que tiene de sí mismo; y que corresponde a un acto de odio y desprecio también por sí mismo.

En las revisiones de esta autora se encuentra, que en procesos donde los miembros de la pareja analítica pertenecen a diferentes razas, se hace presente la tendencia a no interpretar temas relativos a asuntos raciales. Estos temas incluyen la culpabilidad del terapeuta blanco, la identificación excesiva del terapeuta negro con lo oprimido y la agresión controlada en el paciente y del terapeuta. Esta limitación ocurre cuando el paciente explica el problema racial desde su perspectiva y el terapeuta no busca ampliar la comprensión del paciente una vez reconocido el componente racial (Gutiérrez, 2023).

Asimismo, Holmes (1992) describe las diferencias raciales como un disparador y contenedor de las proyecciones de impulsos inaceptables. Resulta claro que sigue la idea psicoanalítica que sostiene los deseos desautorizados se proyectan sobre el otro que entonces deben ser contenidos o controlados para mantener un sentido de seguridad y superioridad.

Holmes (1992) asevera que el analista tendrá que recurrir a toda la neutralidad posible mientras aclara la situación y logra resolver lo proyectado dándole sentido a aquello que se percibe y llama a la actuación contratransferencial. El analista que se enfrenta al tema racial en el proceso necesita reconocer los miedos que surgen en el escenario analítico cuando la propia posición racial o "racista" sale a flote si ha de evitar posibles impases. El trabajo ante este tema requiere de evaluación y renegociación de antiguas lealtades ya que este compromiso lleva consigo pérdidas y duelos. Uno de los duelos se encuentra relacionado en cómo nosotros, psicoanalistas, entendemos las identidades de grandes grupos y la legitimidad otorgada al papel del ambiente público en la conformación de la subjetividad individual y la utilidad de los conocimientos derivados de la ciencia social empírica.

Igualmente, Holmes afirma que el tema racial puede ser el contenido manifiesto que oculta o evita la dependencia y pulsiones libidinales hacia el analista, que desplaza el reconocimiento de elementos transferenciales edípicos y/o de inferioridad entre otros.

Esta autora sostiene que, así como los pacientes evitan el tema y todo aquello relacionado con el asunto racial, el analista también puede tener dificultades en mantener su actitud atenta y escrutadora ante el tema, o su neutralidad cuando se utiliza dicha trama como un gatillo para vehiculizar la agresión. Al respecto el paciente puede argumentar que no toca el tema porque en caso de un cruce cultural y racial, el analista no comprenderá su punto de vista. Por el contrario, si los dos pertenecen al mismo grupo, género o clase social, etc.; el paciente asumirá la similitud y se identificará con el psicoanalista lo que le permitirá ocultar sus prejuicios. Las parejas analista-analizando de diferente raza presentan una infinidad de posibilidades. Puede darse el paciente afro que se siente traidor por escoger a un analista blanco o, al contrario, considerarlo como un objeto idealizado al fin alcanzado. Nuevamente estos temas han de ser tenidos en cuenta e interpretarlos para permitir el buen desarrollo del proceso.

Holmes (1992) sugiere utilizar la contratransferencia en su versión ampliada para acoger estas alusiones transferenciales, puesto que el analista también está bajo la influencia de su propio contenido inconsciente asociado al tema. Sostiene esta analista que, así como puede coludir con el analizando, también puede tener reacciones de repudio ante las mismas, llevando a la pareja lejos de sentimientos inquietantes tales como la rabia o el dolor.

La raza y la etnia representan una clase de revelación por parte del analista que está inscrita en su persona e inflige una presión particular en el diálogo psicoanalítico. Para Holmes, aunque pudiera ser otro elemento demográfico del analista, la actualidad en que vivimos (problemas raciales en todo el mundo, aumento de la población de las minorías en espacios académicos y psicoanalíticos) lo hace relevante.

¿Y que hemos pensado nosotros los analistas latinoamericanos? Existen trabajos en curso desde las diferentes directorias de Fepal a cargo de Wania Cidade como presidenta durante el periodo 2022-2024 con sus diferentes seminarios web, letramentos raciales y otras múltiples actividades que intentan pensar este fenómeno actual y constituyente a través del tiempo. En Brasil encontré a los psicoanalistas Isildinha Nogueira e Ignacio Paim, entre otros. Y por ser este encuentro no apenas novedoso para mí, me relaciono hoy con sus producciones como las de tantos otros que estudian y piensan el tema. La experiencia en el consultorio me lleva a reconocer gran parte de lo descrito por Holmes, pero las particularidades del territorio latinoamericano hacen que el tema sea aparentemente mínimo en su aparición y determinado por mi fisonomía; soy uno de os pocos psicoanalistas negros de Colombia. La población afro en Colombia que hace psicoanálisis es muy poca. Todas las razones posibles para afirmarlo: raza, clase y sexo intervienen en este dato.

Colombia (Latinoamérica) y el mestizaje

El racismo en Latinoamérica debe ser entendido incluyendo la perspectiva colonial. Quiero decir que comprender este fenómeno, en este ámbito geográfico, requiere tener en cuenta la mente colonial que forma parte de nuestro contenido heredado transgeneracionalmente y confirmado diariamente en la cotidianidad familiar como a través de los distintos medios de comunicación. Según Roldan (2009) el Colonialismo es definido como una imposición de un sistema histórico sobre otro, de una cultura sobre otra, de una etnia sobre otra y de una clase o alianza de clases sobre otras.

Pensar el racismo en Latinoamérica requiere que también sea pensado el colonialismo propio de este territorio. El mestizaje hace que el racismo que aquí se da tenga unas características singulares, no tan evidente como en otras tierras y tampoco aparentemente ausente como en otras. Se requiere como en otros lados pensar interseccionalmente. El racismo va de la mano con los conflictos referentes a la clase social y al género. El mestizaje hace que no sea evidente, que se pueda decir no existe o que se pida sutileza "*no agraven las cosas, no toquen ese tema*".

Es por eso por lo que en mi viaje me encuentro con Santiago Castro-Gómez, filósofo colombiano, uno de los fundadores del grupo Modernidad/Colonialidad junto a Anibal Quijano, Enrique Dussel y Walter Mignolo, precursores de las comprensiones decoloniales tal vez en contraposición a lo poscolonial del momento. En su libro *La hybris del punto cero: ciencia, raza e ilustración en la Nueva Granada (1750-1816)* (2005/2019) muestra a partir de documentos de época la visión y directrices de los intelectuales de la Gran Colombia (nombre de la actual Colombia en el siglo XVIII), la relación probable que hay de estas intelecciones con la construcción de la racialización vigente. Según Nieto Olarte (2007), uno de los antecedentes centrales del libro es el equívoco de la ciencia moderna al esgrimir que produce conocimiento neutro y universal, en ausencia de elementos locales en su producción, sin lugar de enunciación y abrigando la falacia de no estar cargada de supuestos intereses particulares o sesgos políticos. Y yo, en calidad de autor del presente artículo, considero que esto llama con vehemencia a repensar el psicoanálisis europeo que pudiera llegar a practicarse como propio.

Castro-Gómez observa que los intelectuales criollos de la época

> *on responsables de haber traducido y enunciado el discurso del pensamiento ilustrado europeo sin tener en cuenta las particularidades étnicas y culturales de su lugar de enunciación y atribuye este proceder a la pretensión que tenían los criollos de ser "limpios de sangre".*

El autor concluye que dicha enunciación, la mezcla del discurso ilustrado y el de limpieza de sangre como una unidad es utilizada por los criollos que intentaban posicionarse como un grupo dominante frente a los grupos mestizos, negros e indígenas (Medina, 2005). De este modo, como la raza y el racismo en Colombia se encuentran atravesados por la clase siendo el color de piel determinante para los presupuestos sociales. Por supuesto, esta investigación hecha texto tiene sus detractores tanto metodológicos como epistemológicos. Pero al parecer es un muy buen intento de tener una visión no colonial de la sociedad de este Estado nación.

De hecho la hipótesis se encuentra refrendada en otros textos y hallazgos de las políticas públicas de épocas posteriores a la Nueva Granada. En estas, sujetos pertenecientes a los ministerios del gobierno promovían la inmigración de individuos europeos que pudieran mejorar la raza y disminuir el efecto deteriorante que producían las herencias de lo afro y lo indígena en nuestra constitución biológica y comportamental. Ello puede observarse en el libro del genetista colombiano Emilio Yunis *¿Por qué somos así? ¿qué pasó en Colombia? Análisis del mestizaje* (2003).

No quiero dejar de mencionar la presencia de investigadores colombianos prolíficos en el tema desde las ciencias sociales como Eduardo Restrepo y Mara Viveros a los que llegué un tiempo después.

Hagamos el salto hacia el escenario social y político del territorio donde me encuentro. En Colombia, el Departamento Administrativo Nacional de Estadística (DANE) presenta un informe en junio de 2022 sobre el último censo de 2018. Dicho informe hace énfasis en el diferencial étnico realizado para visibilizar los datos demográficos de las comunidades étnicas y sus condiciones socioeconómicas y de vivienda. La población que este informe muestra se define a partir del autoreconocimiento. Es decir, si la persona encuestada se reconoce como perteneciente o no a alguno de los grupos étnicos (negro, afrocolombiano, raizal o palenquero). Esta es la respuesta del ente nacional ante cuestionamientos y requerimientos legales debido a la disminución de la población étnica de manera incomprensible en los datos. El organismo inicialmente responde que el problema es el autoreconocimiento, las personas no se reconocen y no es por razones burocráticas y logísticas. La población colombiana estaba siendo más blanca, mestiza y menos negra o indígena pero solo por subregistro de más de 1.700.000 habitantes desaparecidos de un censo a otro.

Me pregunto ¿Este hecho se da porque esas poblaciones están en sitios de difícil acceso?, ¿Por qué es más fácil buscar personas en las ciudades?, ¿O es la tendencia a la invisibilización de los diferentes?, ¿Otros, al racismo y a la discriminación racial y a lo complejo que puede resultar autoreconocerse? La institución expone razones de este fallo apoyadas en documentos como la cartilla de Mosquera y Rodríguez (2015). Allí se argumenta que las principales barreras que impiden el autorreconocimiento étnico-racial en la región Caribe es la difícil la construcción de las identidades diversas. A saber, el intenso mestizaje de la Costa Atlántica o el mito del mestizaje triétnico, la existencia del racismo y la discriminación racial, el desconocimiento de los aportes de África y de las culturas negras, la negación de la etnicidad de la gente negra en territorios donde existen pueblos indígenas, etc. y así sucesivamente. Este acercamiento a elementos cuantitativos es importante porque los censos demográficos hacen parte fundamental para la creación de políticas públicas, de modificaciones en cómo se dirime el gobierno y sus directrices en la búsqueda de un mejor vivir que puede determinar quiénes pueden llegar a nuestros consultorios particulares y quienes no. De hecho la conclusión fue que se debe tener

> *en cuenta en las políticas públicas laborales a escala de áreas metropolitanas un componente diferencial étnico racial y de género orientada a la reducción de las cargas de desigualdad y que cuenten operacionalmente con un carácter zonal y microlocalizado (Mosquera y Rodríguez, 2015).*

Viñeta 3

C. es un hombre en sus 40´s, profesional con una gran trayectoria en empresas multinacionales, con dominio de varios idiomas, casado, sin hijos. Con experiencias regulares donde el trabajo soñado nunca le llegaba, siempre el escogido es el amigo menos calificado, pero de apellido reconocido. Se mantiene en un entorno donde todos le llaman "el negro", pero ningún otro tiene apodo. Lo usual, el apodo no le causa problema alguno. Pasado un tiempo en análisis reconoce que nunca ha sido suficiente para conseguir esos trabajos deseados, aunque su círculo cercano pueda darle acceso a estos. Lo llaman siempre para consultas, pero no es adecuado para dirigir. Reconoce entonces que el no solo es "el negro", sino que también es negro y que eso juega en la valoración que su entorno hace de él.

Lo anterior, la toma en cuenta de "otros", se inicia en el país, tal vez a partir de la constitución establecida en 1991 que nos reconoce como un estado laico, pluriétnico y multicultural. En la carta magna de 1991 se encuentra contemplado el Derecho a la Igualdad, donde se encuentra la posición del gobierno ante la discriminación y su decisión de proscribirla. Luego la Ley de Negritudes (Ley 70 de 1993) que establece prevalencia de tierras de la Costa Pacífica (la Costa sobre el océano Pacifico) relacionadas con la producción económica propia de las comunidades ancestrales afro. Legislación sobre la cual hubo acuerdos y descacuerdos. Ello no únicamente por motivos económicos y de tenencia de tierras (donde uno de los procesos económicos que provee el sustento a la población es la extracción artesanal de minerales). Se dio también por el significado de tener que ser declarado afrodescendiente por el Estado y la implicación psicológica para de esto para algunos.

De este tiempo data una sentencia de la Corte Constitucional (T-098 de 1994) donde se añade que el carácter de una conducta, actitud o trato discriminatorio puede ser consciente o inconsciente. Sin embargo, solo a partir de los años 2000 en adelante es que se han hecho presentes intenciones concretas de instituciones gubernamentales, como por ejemplo la Defensoría del Pueblo, en por del real cumplimiento de esta disposición con la creación de grupos de trabajo como el "Grupo Antidiscriminación" o el Observatorio de Discriminación Racial. Y, asimismo, hay que mencionar uno de los últimos dispositivos legales al respecto, la ley 1482 (2011) o Ley Antidiscriminación.

Se encuentra en encuestas que no se conocen los derechos y las carencias de las minorías por parte del público general. O aparecen reclamos desproporcionados en defensa de los derechos, ante lo cual la población general atiende más los posibles daños que pudiesen darse en espacios públicos que el reclamo sobre la violación del derecho. Como sucedió con el acto de derribar esculturas de colonizadores en el sur del país por parte de comunidades indígenas. Ello terminó siendo problematizado por los medios, logrando desvirtuar el sentido de protesta que quiso implementarse en la intervención. Como dice Mara Viveros en su estudio Discriminación racial, intervención social y subjetividad (2007). En esta publicación la autora da cuenta del origen histórico, social y cultural de la discriminación a partir de la permanencia de representaciones sociales y culturales negativas sobre aquellas colectividades percibidas como diferentes y a las que se excluyen.

Continúa diciendo esta autora que "numerosos estudios han mostrado que el proyecto de construcción de la nación colombiana, que sucedió al proceso de Independencia asignó un papel subordinado a los pueblos no europeos, a las mujeres y a los grupos vulnerables, y excluyó a los que no se adecuaban a las características del varón "blanco", propietario, heterosexual, sin discapacidades.

¿Y la salida?

Abarcar los conceptos y disquisiciones llevadas a cabo alrededor del tema es imposible. Aquí intento plasmar contenidos adquiridos en este viaje. Puede ser que estos sean los que más he logrado comprender. Y hago énfasis en la alta calidad que tienen sinnúmero de discusiones y consensos que he dejado por fuera y que invito a visitar.

Una de las primeras cosas que puede ayudar es romper con el pensamiento colonial. Intentar decolonizarse, aceptar otras nuevas formas de ver el mundo. Repensar aquellas lógicas que fueron destinadas a verse como menos importantes, silenciadas, deslegitimadas. Intentar acoger lo diferente y tamizar aquello con lo ya prestablecido teniendo en cuenta la necesidad de coyuntura, apoyo y refracción.

Los sentimientos y emociones que aparecieron en este viaje son reconocidos como previamente habitados y acallados por los privilegios adquiridos al estudiar, trabajar y lograr la adaptación. No puedo decir si ser consciente de las rabias asociadas a la adquisición de estos contenidos como la conciencia de las desigualdades anteriores y pasadas y de las presentes y vigentes sea mantener el pensamiento colonial. Pero no puedo desprenderme aún de una necesidad de restitución, de una necesidad de reparación. Tal vez esta necesidad visceral o inconsciente que aparece concreta luego de lo caminado sea disminuida y elaborada trabajando humildemente con mis colegas psicoanalistas. Con colegas que aportan con el reconocimiento de sus privilegios y de sus vivencias en la estructura racista vivida transgeneracionalmente, que hoy intentan conmigo encontrar la compasión, comprensión y una salida a la complejidad. Con aquellos que se unen en el reconocimiento del dolor sufrido en carne y que aportan curas personales de como manejaron sus carimbas hasta lograr minimizarlas o desaparecerlas.

No podemos ser absolutamente iguales por lo tanto tenemos que trabajar en las diferencias como parte constituyente y ser conscientes del dolor que estas pueden causar. Ser antirracista en la medida en que se intenta vivir.

Agradezco a los colegas psicoanalistas latinoamericanos de Fepal (2022 – 2024) con los que hemos estado encontrándonos, conversando, discutiendo, impactándonos los unos a los otros durante este tiempo, es importante dejar constancia de lo que ha contribuido a mi pensamiento y comprensión.

Referencias

Balibar, E.; Wallerstein, I. (1991). *Raza, Nación y Clase*. IEPALA Textos.

Brah, Avtar. (2011). Diferencia, diversidad, diferenciación In Cartografías de la diáspora. *Identidades en cuestión* (pp. 123–156). Traficantes de sueños.

Castro-Gomez, Santiago. (2005/2019). *La Hybris del Punto Cero ciencia, razón e ilustración en la Nueva Granada* (1750-1816). PENSAR.

Chakravorty Spivak, Gayatri; Giraldo, Santiago. (2003). ¿Puede Hablar El Subalterno? *Revista Colombiana de Antropología*, vol. 39, enero-diciembre, pp. 297-364.

DANE (Departamento Administrativo Nacional de Estadística por sus siglas) (2023). Mercado Laboral Etnico Raciales. https://www.dane.gov.co/files/investigaciones/notas-estadisticas-casen/abr--2023-Mercado-Laboral-Etnico-Raciales.pdf

Fanon, F. (2009). *Piel Negra Mascaras Blancas*. Ediciones Akal S. A.

Friedmann, Nina. (1984). Estudios de negros en la antropología colombiana. In J. Arocha & N. Friedman (eds.). *Un siglo de investigación social en Colombia*. Etno.

Grosfoguel, Ramon. (2009). Apuntes hacia una metodología Fanoniana. Apéndice. In *Piel Negra Mascaras Blancas*. Ediciones Akal S. A. pp. 261-284.

Grosfoguel, Ramon. (2012). El concepto de «racismo» en Michel Foucault y Frantz Fanon: ¿teorizar desde la zona del ser o desde la zona del no-ser? *Tabula Rasa*, núm. 16, enero-junio, 79-102.

Grossberg, L. (2006). Stuart Hall sobre Raza y racismo: estudios culturales y la práctica del contextualismo. *Taula Rasa*. N° 5, Julio--diciembre.

Gutierrez, I. (2023). Racismo e Impasse. 53° *Congreso IPA La mente en la línea de fuego*.

Gutierrez, I. (2023). El Racismo en Colombia hoy. *Webinar de la Coordinación Científica de Fepal Una Cuestion de Color, Decolonialidad y Psicoanálisis*. En: https://www.youtube.com/watch?-v=IgQMxNcoXKs&t=5446s

Holmes, D. (1992). Race And Transference In Psychoanalysis And Psychotherapy. *Int. J. Psycho-Anal.*, 73, 1.

Latour, Bruno. (2007). *Nunca fuimos modernos. Ensayo de antropología simétrica*. Siglo XXI Editores.

Leary, K. (1997). Race, Self-Disclosure and "Forbidden Talk": Race and Ethnicity in Contemporary Clinical Practice. *Psychoanalytic Quaterly*, 66: 163-189.

Leary, K. (2012). Race As An Adaptative Challenge: Working with diversity in the clinical consulting room. *Psychoanalytic Psychology. Advance online publication*. Doi: 10.1037/a0027817

Medina, Lina. (2005). *La hybris del punto cero: ciencia, raza e ilustración en la Nueva Granada* (1750-1816). En universitas Humanística. Editorial Pontifica Universidad Javeriana.

Mosquera y Rodríguez, (s.f.). *Cartilla 2*: Principales barreras que actúan como barreras en los procesos de autorreconocimiento étnico-racial en el Caribe continental colombiano. Encontrado en internet: https://issuu.com/educacionintercultural/docs/cea_cartilla_02

Nieto Olarte, Mauricio. & Castro-Gomez, Santiago. (2007). La Hybris del Punto Cero: ciencia, raza e Ilustración en la Nueva Granada (1750-1816). *Revista de Estudios Sociales [En línea]*, 26| Abril 2007. Publicado el 01 abril 2007. URL: http://journal.opnedition.org/revestudsoc/21148

Pineda, E. (2018). Las heridas del racismo: Efectos psicosociales de la discriminación racial en las personas afrodescendientes en America latina. *Revista-Red de Estudios Sociales*. (XI) p. 46-64.

Pineda, E. (2013). *Racismo, endoracismo y resistencia*. Fundación Editorial el perro y la rana.

Puertas, M. (2010). *Del Color De La Piel Al Racismo. Prácticas y representaciones sobre las personas afrodescendientes en el contexto escolar bogotano. Un estudio de caso*. Universidad Nacional de Colombia, facultad de ciencias humanas, departamento de Antropología

Roldan, J. (2009). La mentalidade colonial. De Garcilaso de la Vega a Vargas Llosa. *Runa Yachachiv, Revista electrónica virtual.* Disponível em: https://www.alberdi.de/mentalcolRold,17.04.09.pdf

Said, Edward. (1997/2002) *Orientalismo*. De Bolsillo. Random House Mondadori.

Viveros, Mara. (2007). Discriminación racial, intervención social y subjetividad. Reflexiones a partir de un estudio de caso en Bogota. *Revista de Estudios Sociales* n° 27. Agosto. 106-121.

Wade, Peter. (1997). *Gente negra, nación mestiza. Dinámicas de las identidades raciales en Colombia*. Editorial Universidad de Antioquia – ICAN – Siglo de Hombres Editores – Ediciones Uniandes.

Yunis, T. E. (2003). *¿Por qué somos asi? ¿Qué pasó en Colombia?* Analisis del Mestizaje. Editorial Temis S. A.

9. Trenzas de ébano

Luis Fernando Orduz

La mano

Cada vez que el tema del pensamiento colonizador me interroga, y tengo que pensarlo desde el psicoanálisis, viene a mi mente el concepto de relación de dominio planteado por el analista francés Roger Dorey, quien describe una forma de relación entre dos sujetos a partir del concepto freudiano de pulsión de dominio.

Recordemos que en las descripciones tangenciales realizadas por Freud sobre dicha pulsión nos habla del tacto y de las implicaciones de la forma en como la mano hace con-tacto con el mundo que lo rodea. Freud insinúa un modo psíquico que se va construyendo a partir de un funcionamiento ligado al ejercicio, a la praxis, de esa zona corporal. Una representación psíquica surge del modo en como la mano busca aferrarse al mundo externo para sostener en su cuenco los diversos objetos que se tropiezan en su concavidad palmar.

Con-tacto habla del tacto del otro sobre mi piel, y de mi actuar sobre el cuerpo de otros. Idea que refleja el enfoque binario y antitético en el que Freud fue organizando el funcionamiento de la psiqué, entre el yo y el otro, entre la búsqueda de placer para liberarse de las tensiones contrarias de carácter displacentero, y entre la diferencia gramatical de la acción pulsional que opera desde la actividad o la pasividad del verbo. Dicho así, esto implica que hay una mano que domina el mundo, pero a la vez hay un tacto que nos doblega, por el poder de su vigor o por el poder de su seducción.

En la comprensión freudiana hay una polaridad que oscila entra el dominador y el dominado, hay una actividad que da origen al polo sádico de la pulsión táctil, y hay un acto pasivo-receptivo, que da origen al otro polo, al que Freud denominó masoquista. Entre los dos se da la posibilidad de una forma intermedia, una acción que se dirige hacia sí mismo, y que en el pensamiento de Freud se sitúa como la auto-agresión, expresada en formas transitivas verbales.

Agredir viene del latín *gressus*, que refiere a dar un paso, agredir es ir hacia otro. Si el origen está en la pulsión táctil, sus derivados pulsionales avanzan en su dominio del mundo, en ocasiones su gradiente aumenta de intensidad, por ello se transgrede o se agrede. Pero si la agresión no hace transgresión la dinámica lleva a la regresión, la agresión retorna sobre el sujeto. La pulsión táctil opera entre el polo agresivo y el regresivo.

El tacto también es génesis de la conexión con el mundo, de la interacción, de la relación. El tacto es el signo que comunica sobre la presencialidad de otros cuerpos, el testimonio de la existencia carnal del otro, de su textura, de su tesitura, de su temperatura.

De la mano emergerán los instrumentos con los que mediamos la relación con el mundo, de la mano emerge la herramienta, el lápiz para escribir, el pincel de dibujo; de la mano emerge la posesión del otro, de esto último se desprende que la mano da significación al concepto de manipulación. De ella también emerge la caricia, de la caricia de un instrumento de cuerda o de percusión surge la musicalidad; de la caricia intensa y desbordada puede surgir una laceración. De la mano que percute puede surgir tanto el golpe como la musicalidad.

El poder se ejerce desde las metáforas del dominio manual, el sometedor signa con su mano empuñada la acción violenta sobre otro cuerpo, el gesto manual de la mano levantada opera como amenaza, un hombre levanta la mano frente a una mujer para demostrar su fuerza y la debilidad de ella, el violento golpea con la mano o con alguna extensión de la mano (espada, cuchillo, revólver, mazo, todos ellos extensiones manuales) para maltratar, herir y asesinar.

El amo domina al esclavo como si fuera una presa, la mano que apresa, que aprisiona, que aplasta, que destroza. El esclavo dominado, el sujeto sujetado, porta en las muñecas grilletes y cadenas, como testimonio de la impotencia frente a la mano esclavizadora.

La mano empuñada emerge como símbolo del poder y la manipulación, las cadenas sobre las extremidades, como símbolo de la esclavitud.

Doña Dulce María Loynaz, poeta cubana de principios del XX, decía:

> *Tu mano dura, rígida, apretando...*
> *Apretando, apretando hasta exprimir*
> *la sangre gota a gota...*
> *Tu mano, garra helada, garfio lento*
> *que se hunde... Tu mano.*
>
> *(Poema, El juego de la muerte)*

El dominio

Retorno al concepto de relación de dominio de Roger Dorey, en el que el autor quiere demostrar la forma en cómo un sujeto domina a otro, en cómo un sujeto manipula a otro para borrarle sus deseos e imponer los propios.

La nívea piel de un sujeto narciso no soporta la diferencia que el color de otras epidermis le reflejan. Cuando algún otro muestra su diferencia el sujeto dominante intenta, en un primer paso, despojar al otro de aquello que desea para imponer en un segundo tiempo, su propio deseo; en una función de anulación, el deseo del dominador se impone y borra otros deseos diversos, la ley del padre prevalece.

Pero estas dos acciones no son suficientes, me refiero al despojo y la imposición, si no se realiza la tercera acción que signa el dominio, la marca corporal. El dominador necesita rayar la piel del otro, dejar una marca de su potencia en el cuerpo del otro. De manera similar a como un amante deja la marca de un beso en el cuello del amado, el dominador necesita marcar la piel o el cuerpo del dominado, marca que le recordará al sujeto sujetado un signo de pertenencia y sumisión (Escobar & Orduz, 2011).

Estos tres aspectos de la relación de dominio pueden ejemplificarse fácilmente en relación cón las prácticas coloniales que nuestros pueblos primitivos tuvieron que sufrir de mano de los conquistadores españoles y portugueses. Estos, nos despoblaron de nuestros dioses, de nuestras costumbres, de nuestras posesiones, para imponernos su único dios, su lengua y sus ritos católicos signados por la condena moral de nuestros actos y pasiones.

Para la imposición de sus credos cercenaron nuestros lenguajes y nuestras formas de habitar nuestros cuerpos. La marca empezó por imponernos unos ideales que nos llevó a odiar nuestros cuerpos para anhelar las formas europeizadas, sus colores y fragancias, sus éticas y sus estéticas.

En el caso particular de los pueblos afro, sus cuerpos fueron marcados literalmente con el hierro y el fuego. Esos dos elementos que Hipócrates pretendía para la cura médica aquí operaron como signos del dominio. Esa marca denominada carimba, solo pudo ser detenida, en ocasiones, porque un cuerpo quemado, mutilado, lacerado, hacía que el esclavo perdiera valor comercial.

La imposición de un ideal, que configuró una forma deseante lejana de nuestros cuerpos originarios, constituyó un gesto simbólico que determinaría nuestras construcciones identitarias, nos dejó el gesto de reconocernos en la piel del otro como si fuera un espejo, el gesto de mirar hacia otra latitud para poder enunciarnos como yo.

Tal vez, podría argumentar alguien, que ese sea el movimiento de todo proceso identificatorio, el movimiento alienatorio en la superficie especular del otro ¿Pero justifica esa teoría del movimiento alienatorio constitucional donde nos reconocemos en la mirada del otro materno, esa otra acción alienante que nos lleva al despojo de nuestros ideales para reconocernos a partir de los dioses del otro que nos coloniza o nos domina?

Solo para ilustrar esto quisiera recordar que mi país de origen, Colombia, adoptó el nombre de Colón (el Colon-izador) justo en el momento en que declaraba su independencia. De ahí en adelante nos reconocemos en la superficie de una otredad que pasa por los espejos de los vecinos del norte (Orduz, 2023).

Figura 9.1 Caro, Antonio.

La marca de la colonia parece ser esa, que nuestra identidad está en otra parte, mas no en nosotros, nos la pasamos construyendo simulacros de nuestra identidad, pastiches de una imagen en la que nuestros deseos, para ser aceptados, tienen que tomar la forma de esa otredad dominante.

Sin embargo, así como los cuerpos son desollados de la piel de su identidad para que se impongan otros colores y otras formas de reconocimiento, cabe también pensar que hay marcas del origen arcaico que no lograron ni lograrán ser domesticadas por las figuras que operan como dominadores. Así como el sincretismo religioso permitió la sobrevivencia de los Orishas, hubo muchas otras prácticas que han escapado al dominio del amo esclavizador, los sabores de la cocina, las formas de expresión de los cuerpos, los relatos orales que habitan en forma de cantos. Mientras la palabra escrita puede morir bajo la acción letal del fuego, la forma hablada pervive en las matrices de las generaciones como ecos sonoros que no se diluyen con el paso del tiempo.

Así de esa forma oral, llegó algún día a mis oídos estos versos rotundos de una mujer llamada Shirley (Campbell), *Rotundamente Negra*:

Me niego rotundamente
a negar mi voz
mi sangre y mi piel
y me niego rotundamente
a dejar de ser yo
a dejar de sentirme bien
cuando miro mi rostro en el espejo
con mi boca
rotundamente grande
y mi nariz

rotundamente hermosa
y mis dientes
rotundamente blancos
y mi piel
valientemente negra.
Y me niego categóricamente
a dejar de hablar
mi lengua, mi acento y mi historia
y me niego absolutamente
a ser de los que se callan
de los que temen
de los que lloran
porque
me acepto
rotundamente libre
rotundamente negra
rotundamente hermosa.

Desplazados

Un aspecto importante en la forma de configurar un dominio de un sujeto sobre otro, de un pueblo sobre otro, está en la forma en cómo se organizan las coordenadas espaciotemporales sobre las cuales un sujeto construirá las formas de representación de su nuevo mundo.

Un efecto importante del proyecto colonizador español, por ejemplo, se logró con las marcas del territorio, en particular con el diseño geométrico de la plaza, el centro de la colonia. La plaza era, o es, una estructura rectangular, donde en cada arista de su cuadratura se erigía un monumento arquitectónico representativo del poder español o portugués, es decir, la catedral, y los edificios de las instituciones legislativas de cada entorno (Pérgolis, 2002).

Por contraste, la mayoría de las estructuras precolombinas tenían una disposición circular, las construcciones de los aborígenes eran bohíos que se presentaban como circunferencias. En la concepción espacial aborigen predominaba la curvatura que se dibujaba en la periferia de los ríos o de las montañas.

La cuadratura de una concepción espacial que pensaba la línea como la forma más corta de unir dos puntos llegó para deshacer el círculo de nuestros asentamientos indígenas. Pero lo interesante es que cada domingo, cuando en el virreinato se celebraba el día del mercado, esa plaza rectangular era ocupada de forma circular por los indígenas o campesinos criollos que venían a ofrecer sus productos.

Para deshacer esa práctica circular, los virreinatos de la época desplazaron, es decir, sacaron de la plaza, a los mercaderes, y movieron los mercados a otros lugares distantes del centro geométrico. El proceso del desplazamiento implicó entonces que ciertas actividades se llevaran a los márgenes para preservar las acciones centrales que eran aquellas que al estar instituidas reflejaban los ideales de las instituciones que enmarcaban la plaza central (Moreno, Pérgolis, Orduz, 1998).

La geometría del poder está resguardada por la imposición de un centro y por unos márgenes que sirven de límites y fronteras para diferenciar lo propio de lo ajeno, lo común de lo externo, lo interno de lo extranjero, lo conforme de lo deforme, lo familiar de lo no familiar, y recordemos que esta última idea es importante dentro del ideario psicoanalítico porque a lo no familiar se le asigna la noción de lo siniestro.

Cada vez que la cuadratura se curva, cada vez que la línea del encuadre se desdibuja, cada vez que el orden otea una seña de desorden, los cuidadores del centro identitario emergen como inquisidores éticos para demandar la restauración de las marcas, de los límites. Cuidar se ha asociado a conservar un orden institucional. La palabra marqués viene dada por aquellos señores a los que se les encargaba del cuidado de las marcas, de los márgenes espaciales, así como de los límites de la ética se encargaban los inquisidores (Orduz, 2023).

Los marqueses e inquisidores tienen la función de supervisar y controlar las fronteras del territorio, para sancionar a aquel sujeto, grupo o idea que transgreda con alguna acción, decir o pensamiento, el límite continente del territorio. Para ese otro que no refleja el centro identitario está el lugar del ex: expulsado, excluido, extraditado, extraño, extranjero.

Lo paradójico de este enunciado es que la figura del colono es la de un extranjero, que adviene como una especie de dios católico. El colono parece una encarnación del hijo de dios, quien desde la sede celestial de un topos urano envía a su hijo para que reine en un topos terrestre. Ese ser que se instala en el centro identitario es un aventurero advenedizo, que para sostener su reino y su dios, necesita deshacerse de las formas diferentes que no encajan con la cuadratura de su organización mental.

Copias

Latinoamérica es sinónimo de diverso y contrario a las identidades unitarias. Carlos Fuentes (1990) en *Valiente Mundo Nuevo* propuso nominarnos Indo-Afro-Ibero América señalando a otras identidades que la nominación europea ocultaba. Resalto esta idea porque la otra acción importante en relación con la diferencia, es invisibilizar las formas de su existencia, para que no se reflejen en la superficie especular de las matrices culturales.

La acción unitaria que busca una esencia ha sido importante para disipar los brotes de mutaciones diversas. Por ello las instituciones como la escuela y la iglesia han sido centrales en los procesos de homogenización cultural.

La iglesia fue fundamental para imponer un alma en los nuevos cuerpos que convergían en este nuevo territorio, por eso nos animaron con su dios, el ideal unitario católico basado en el culto a una imagen de sufrimiento permitió la cohesión del conjunto social, permitió la orientación de la diversidad del mestizaje o mulataje hacia el único dios, blanco y masculino, que se imponía como regente de nuestros credos.

Quiero hacer un paréntesis y quedarme un momento en las implicaciones que la palabra orientarnos refleja en su sonoridad, para indicar que dicha palabra nos refiere a un sentido espacial específico, orientación proviene de oriente.

Las primeras formas de orientación se ubicaron por la salida del sol, por ello durante algún tiempo, en el medioevo, los mapas tuvieron una estructura en la cual, lo que estaba en la cabeza era el continente asiático. Eran mapas que se denominaron T en O, Se dibujaba un círculo (a pesar de la creencia en el mundo plano) y en su interior se hacía una T (tal vez por ser el signo de la cruz). En la parte superior de la T estaba Asia, y en los costados izquierdo y derecho de la vertical estaban Europa y África. El centro era Jerusalén. Todo esto se mantuvo hasta que la institucionalización de Europa como continente dominador de los territorios de ultramar en el siglo XV, cambiaron las cartografías (Orduz, 2023).

Figura 9.2 Mapa T en O. Orbis Terrarum, San Isidro.

Hoy ya no es el oriente, la salida del sol, lo que orienta los procesos formativos. Hoy el punto cardinal dominante es el norte, o el occidente, y recordemos que Occidente es una palabra que proviene del ocaso del sol. Hoy por hoy tiene más peso validar el conocimiento con un diploma de alguna academia francesa o inglesa, que en una academia boliviana o africana.

La copia del modelo europeo ha colonizado nuestras mentes, reforzado por las formas cotidianas de la escuela. No es el proceso formativo la búsqueda del decir de uno mismo, es la búsqueda del decir de otro, autorizamos nuestra voz en la voz del otro.

Vivimos en el universo de la cita, la réplica y la copia, un estudiante copia a otro, o plagia la labor de otro. Esta acción del estudiante es inmediatamente sancionada, pero ¿no es acaso el acto del estudiante un extremo de lo mismo que la institución le ha promovido? Es como una paradoja interna dentro del sistema. El profesor al interior de una clase magistral vive citando a otros autores (europeos o norteamericanos, pocas veces de nuestras propias latitudes) y pide, de alguna forma, a los estudiantes que realicen dicha labor.

Somos la cultura de la foto-copia. Construidos a imagen y semejanza del otro hiperbóreo habitante de los límites al norte del trópico de cáncer, el universo se compone a partir de la reproducción de sus ideales. El problema, en mi concepto, no radica en esa idea del alter que nos construye, desde el psicoanálisis esto se entiende como un hecho estructural en el desarrollo psíquico como ya indiqué. El problema radica en el carácter unitario de dicha imagen, que niega íconos alternativos, que anula a la singularidad o a la particularidad por considerarla una caso bizarro o salido del canon establecido.

Monstruos

El hombre blanco europeo monoteísta y racional ha convertido en monstruoso todo lo que difiere de su corporeidad idealizada. El otro que opone su diferencia de la cultura racional europea o norteña, se demoniza. El otro género como la mujer, las otras pieles como las negras, marrones, cobrizas, amarillas, las otras latitudes como las sureñas y los orientales, las otras formas consideradas deformes, las otras éticas consideradas antiéticas, los otros dioses que ni siquiera estudiamos, las otras razones que nos suenan exóticas. Esos otros, voz-otros, son (o somos) unos bárbaros de la extraterritorialidad, un conjunto de voz-otros sin voz.

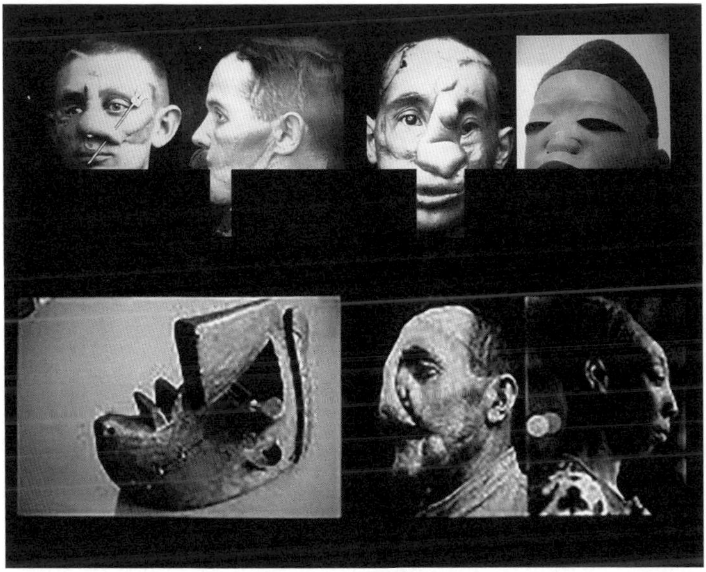

Figura 9.3 Addia Kater, Scared.

La palabra símbolo, en griego, remite a un objeto o moneda partida en dos que servía como contraseña para que las dos partes desunidas se reconocieran, la palabra contraria a "sim-bolo", es "dia-bolo", diabólico son aquellas partes que no logran gestar el proceso de unión.

Para el colonizador el otro, el habitante del territorio que pretende desalojar tiene la connotación de diabólico. El colono europeo, y su correspondiente colonizado, hace símbolo con su historia, ahí construye la integración identitaria, por eso nuestros dioses están en Paris, en Viena, en Londres. Si seguimos reconociéndonos en ese espejo europeo colonizador, no podremos darnos cuenta de nuestras diversas intimidades, de la potencia creativa de nuestras deformaciones no lineales. Nuestras deformaciones son rechazadas por ser bárbaras, salvajes, incultas, rurales, tercermundistas, subdesarrolladas.

La solución frente a ese bárbaro, salvaje y bruto, es instruirlo. Educarlo es insertarle el código social que unifica en la razón occidental, limpiando sus asperezas y diferencias. El intento del centro identitario es hacer entrar en razón a este bruto por fuera de los códigos modernistas, progresistas, cultos y desarrollistas.

Toda forma monstruosa es refinada por la razón occidental, por la aceptación del único dios, por la formación académica universitaria. La ciencia positiva, la del método científico, ha servido para señalar las deformaciones dignas de ser reformadas, por ello la ciencia blanca ha bio-logizado las diferencias humanas.

En el siglo XVII un médico francés llamado Francoise Bernier inventó el concepto de raza en su obra *Nueva división de la Tierra según las diferentes especies y razas que la habitan*. Cien años después Pierre Camper, otro médico, holandés, determinó que los negros tenían un ángulo facial diferente y por tanto menos capacidad craneal, lo cual los hacía, desde luego, menos inteligentes que los europeos. Jose Arthur de Gobineau afirmó en su obra *Ensayo sobre la desigualdad de las razas humanas* (1853–1855), que los germanos eran los únicos en Europa que habían conservado su pureza, ya que en Francia se había desarrollado el caos (léase revolución) por la polución de las razas entre los estratos de clase media y clase baja.

Hago un desliz a una historia personal, siempre me llamó la atención las actividades sociales realizadas durante mis años de bachillerato, los grupos sociales a los que se enfocaba la atención eran poblaciones vulneradas. Par mi sorpresa estos grupos siempre fueron poblaciones de afrodescendientes o poblaciones indígenas, marginadas de los procesos de urbanización y producción moderna.

Es importante detenerse a pensar qué hay detrás de esta atención social a grupos vulnerables, no solo a poblaciones negras o indígenas, sino esa atención que se dirige a niños y mujeres, ancianos y discapacitados. De alguna forma se establece una relación entre un sujeto que posee un saber y un poder y otros sujetos, que carecen de estas potencias, sujetos a los cuales se les ubica en un lugar de ignorancia e incapacidad.

Esa relación entre el hombre blanco europeizado (por lo tanto, culto y racional) y el otro exótico y extraterritorial (por lo tanto, inculto e irracional) que no porta los signos blancos, sino que porta otras codificaciones y simbolizaciones, tiene varias formas de configurarse. Primero, la pretendida actitud científica, ya enunciada, de estudiar las características de ese otro para entenderlo y analizarlo, habría que poner orden en ese caos, luz en esa oscuridad, dominio en esa salvaje barbarie.

Dominar al otro, pensarlo como diferente, por fuera de los límites del orden establecido, ha implicado una actitud paranoica con ese otro que no refleja mi imagen. Haciendo un juego con la palabra *paranoia*, la dividiría para indicar que *para* es un prefijo que indica al margen o en contra, y *noos*, significaría razón. La paranoia se establece entonces cuando algo pone en jaque a la razón, o no tanto a la razón, sino a los fundamentos que dan origen a esa razón; para decirlo en términos psicoanalíticos, al núcleo más narciso de nuestro ser. Por tanto, el otro nos confronta con su diferencia, nos asusta con su alteridad, nos altera.

Dios es Negra

¿Y si además de no ser portadores de razones fálicas, somos de piel más oscura que la blancura que se arrobó para sí la idea de pura? ¿Y si además de no ser hombres y blancos no habitamos el paraíso del sueño americano sino el de la pobre realidad suramericana? ¿O alguien habla de vivir el sueño latinoamericano o el sueño afroamericano? Si hasta los intelectuales nuestros gozan de pensar su labor académica por fuera de nuestros territorios, y para ello siempre miran al norte como el universo deseable, como decía al principio.

¿Qué pasa con los que tenemos pieles diferentes, órganos sexuales diferentes o simplemente pensamos diferente? Estamos excluidos de formar parte del paraíso, somos extranjeros de nuestros propios sueños, no tenemos centro, habitamos la marginalidad. Estamos condenados a que nuestro centro es el sueño de otro.

Parodiando el discurso de Toni Morrison en su recepción del Nobel, creo que hay un tipo de sujetos condenados a habitar el margen, los navegantes eternos de la *Stultifera Navis,* las ebrias identidades que navegan en la deriva, siempre condenados a un exilio. Condenados por no ser ricos, condenados por no ser hombres, condenados por no poseer una tez blanca, condenados por no pensar cómo se debe.

Hoy por hoy el psicoanálisis es una práctica mayoritaria de mujeres que seguramente ha permitido el cuestionamiento de muchos de sus fundamentos conceptuales constituidos desde la mirada masculina. Pero el psicoanálisis sigue siendo una práctica muy exclusiva y excluyente en otros parámetros, como la raza y la condición socioeconómica. ¿Qué implicaría que ellos, negros, indígenas, poblaciones vulnerables, se acercaran a nuestra práctica? O ¿qué implicaría el cuestionamiento de la visión de nuestros elevados honorarios de la práctica individual para acercarnos a una práctica comunitaria desvalida económicamente?

¿En vez de mirarnos en el estético y armónico espejo griego, qué acontecería si buscáramos la superficie especular de los Orishas?

Figura 9.5 Rosales Harmonia, La creación de Dios.

¿Soportaría la casta pudiente blanca europea del psicoanálisis en su diccionario de términos básicos hablar en términos que no refieran a su centralidad europea?

En principio estaba Olodumare, el dios creador de todo lo existente, una deidad que no es ni femenina ni masculina, no se le puede representar pues no tiene atributos humanos. Olodumare tiene muchas encarnaciones, Oblatalá el regente de los sueños y el pensamiento. Changó el dueño del rayo, una especie de Zeus Yoruba. Eleguua un dios travieso que abre y cierra los caminos de la vida. Oggun la deidad irascible. Orunla, el orisha de la sabiduría, una especie de Tiresias que conoce el destino de todas las cosas vivientes. Yemayá, la deidad regente de la maternidad y de las aguas de donde proviene la vida, la diosa del mar y su hermana, la diosa de las agua dulces y del amor, la mujer vanidosa y danzarina, Oshun.

¿Podrían ingresar estos dioses al panteón de Edipo, Narciso, La Medusa, Caín, Antígona u Odiseo? ¿Me dirán que mejor me dedique al vudú o al candomblé?

Para la concepción Yoruba del mundo todo ser humano tiene un destino que se olvida con el nacimiento, pero al que estamos condenados a repetirlo, se denomina Ayanmo. Si no, se cumple en esta vida, por la razón que sea, el Ayanmo nos llevará a reencarnar en otro cuerpo para cumplirlo, una especie de compulsión a la repetición que devino transgeneracional en la santería. ¿ Podría hablar de Ayanmo y no de repetición?

Hay un concepto denominado *banzo*, lo leí en un texto que citaba a un escritor brasilero llamado Paulo Leminski. *Banzo* era un estado anímico común entre los afros sometidos a la esclavitud. Decia Leminski:

> *Cuando un negro banzaba, él paraba de trabajar, ninguna tortura de látigo de hierro en brasa lo hacía moverse. Él se quedaba allí, sentado, banzando, banzando. Le venía el deseo de comer tierra. Y, comiendo tierra, volver a África, a través de la muerte. Un negro con banzo era una pieza perdida. Parece que 'banzar' es una versión africana del verbo portugués 'pensar'. 'Pensar', para el negro afro-brasileño, era 'banzar'; sentirse triste, triste de morir. Una tristeza que era lo mismo que matarse (Leminski, 2013, p. 25).*

Los traumas que sufren las etnias enajenadas, nos habitan desde antes de que los cuerpos sean paridos a la vida, están inscritos en el ayanmo de las etnias sometidas y vejadas. Y están inscritos tanto en el cuerpo social como en el individual, de los cuerpos que se rebelaron al sometimiento o de los que cayeron en el *banzo* melancólico por no poder soportar el exilio y la esclavitud.

Trenzas

Para finalizar quisiera retornar al concepto de relación de dominio enunciado al principio, retornar a la idea de las manos que dominan, que someten, pero también pensarlas desde el polo opuesto las manos que acarician y comunican, las manos que liberan.

Las comunidades afro en mi territorio colombiano vienen recuperando aspectos de su historia a partir de la poética del trenzado de los cabellos. Mientras en los años 40/50, líderes de las negritudes americanas como Malcom X quemaban literalmente con lejía sus cabelleras para reconocerse en el espejo de las blanquitudes, hoy en día la recuperación del trenzado se ha convertido en una acción central de las reconstrucción identitaria afroamericana.

Una construcción que se logra a partir de la recuperación de huellas de acciones corporales que se resistieron al memoricidio de las prácticas coloniales, o que se gestaron creativamente como forma de resistencia frente a la dominación blanca. A partir de los relatos de Leocadia Mosquera, Lina María Vargas nos muestra como los peinados afro abrieron caminos de libertad:

> *Para planear la fuga de sus amos, las mujeres se reunían alrededor de las cabezas de las mas pequeñas y, gracias a la observación del monte, dibujaban un mapa lleno de caminitos y salidas de escape, ubicando los montes, los ríos y los árboles mas altos. Los hombres al verlas podían conocer hacia dónde partir. El lenguaje en el cuerpo, con códigos desconocidos para los amos, permitía a la gente huir (p. 119).*

Leocadia Mosquera, era una maestra afro, del Pacífico nuestro, a quien su abuela le enseñó el secreto de los peinados por considerarla la Anansé de la familia. Es decir, ese ser mítico representado en una araña; las anansés son tejedoras que con su astucia y poder, permitieron trazar en las trenzas de los peinados las rutas de la liberación.

Este relato de Leocadia Mosquera me trae como asociación el concepto de *Huellas de Africanía* (Nina de Friedemann, 1992), el cual define la identidad afroamericana como una reconstrucción que se fundamentó en recuerdos de sentimientos, de formas estéticas, de sistemas sociales y sobrenaturales propios de las diversas regiones africanas. Estos recuerdos han sido reelaborados continuamente, como reacción de los afrodescendientes ante los cambiantes contextos sociales y ambientales a los que han tenido que enfrentarse en América.

Es muy llamativo que, en el contexto de las identidades afro, las características que han sobrevivido estén ligadas a prácticas corporales y orales. Digo esto porque habría una fidelidad de la memoria mejor constituida para ser recordada en la palabra escrita que en las acciones corporales, pero en el caso de estas *huellas de africanía* la memoria ha sobrevivido a través de los cantos y las sonoridades, de la sazón y el sabor de las comidas, de los movimientos y las prácticas corporales. Hay una memoria escrita con actos en el cuerpo, tan potente y sobreviviente como las prácticas escriturales de la palabra, que pareciera constituir una especie de corpo-política de resistencia identitaria.

Césaire Aimé planteaba en 1993:

> *Nuestra época es la de la identidad reencontrada, la de la diferencia reconocida, la de la diferencia mutuamente consentida y, por consentida, superable en complementariedad, lo cual hace posible, espero, una solidaridad y una fraternidad nuevas* (p. 9).

En vez de discursos unitarios que defienden una identidad en oposición a otra, se plantea un con-jugar de diferencias, trenzar identidades.

Las manifestaciones culturales en la mayor parte de nuestro continente están permeadas por las huellas de ébano, a la manera del tejido que se construye con la labor de las trenzas. Las huellas de africanía han sido uno de los hilos con los cuales se ha mixturado las diversas identidades en Latinoamérica y eso se demuestra en la construcción de la música, la cocina y la corporeidad

El tambor es la marca del ritmo de la sonoridad africana que marca nuestra música, el sincretismo religioso de la santería y el candomblé permitió la pervivencia de los orishas y alimenta con sus prácticas nuestro pensamiento mágico, el vatapá brasileño o el tacu-tacu peruano llevan la mixtura de la cocción africana y sazonan nuestros sabores cercanos al mar; y el cuerpo, con su piel abundante en melanina, su bemba colorá (boca de labios grandes y oscuros) y las trenzas inagotables que brotan de sus sienes, hilos de ébano ensortijado, rizos enmarañados, identidades encrespadas y abigarradas.

A manera de epílogo

Yesenia Escobar (poeta barranquillera)

En mis cabellos, hace tanto

que murió el silencio
y en su lugar, una bandada de pájaros,
de vocingleros cuervos iracundos,
se abrió paso como tormenta
corriendo por los montes,
por los riachuelos secos,
por los caminos polvorientos
en los que habita la historia.

En mis cabellos,
el rumor del mar se encrespó en caracolas
para brotar como flor salvaje y trepar al sol
donde las diosas guardan
las viscosas aguas de sus sexos,
esas aguas que luego vierten como miel
en nuestras bocas
vestidas de aguacero....

...El África toda
grita en mis cabellos,
no puedo dejar que ese grito calle

Referencias

Campbell, Shirley. (2017). *Rotundamente negra*. Biblioteca Nacional de Colombia. DIsponível em https://bibliotecanacional.gov.co/es-co/colecciones/biblioteca-digital/poemas-y-cantos/Paginas/01-poemas.html?id_poeta=Shirley_Campbell.

Césaire, Aimé. (1993). *Discurso sobre el colonialismo*. Akal Editores.

De Friedemann, Nina. (1992). Huellas de africanía en Colombia. *Thesaurus. Boletin del Instituto Caro y Cuervo*. Tomo 47, No 3.

Diccionario Etimológico. https://etimologias.dechile.net/?agredir

Dorey, Roger. (1992). La relación de dominio. *Libro Anual de Psicoanálisis*. Vol.2. pp. 191-204.

Escobar, A. & Orduz, F. (2011). Rayarse tatuajes en la piel: en busca de un sentido. *Revista Sociedad colombiana de psicoanálisis*. Vol XXXVI. No 2.

Escobar, Yesenia. (2016). *En mis cabellos*. En https://www.triplov.com/novaserie.revista/numero_59/YeseniaEscobarEspitia/index.html.

Freud, S. (1980a). Los instintos y sus destinos . In *Obras Completas*. Tomo II, Ed Biblioteca Nueva (Obra original publicada en 1915).

Freud, S. (1980b). Lo Siniestro. In *Obras Completas*. Tomo III. Ed. Biblioteca Nueva (Obra original publicada en 1919).

Fuentes, C. (1990). *Valiente mundo nuevo*. Fondo de Cultura Económica.

Leminski, Paulo. (2013). *Vida: Cruz e Sousa, Bashô, Jesus e Trótski*. 4 Biografias. Companhia das Letras.

Loynaz, Dulce María. (1993). *Poesía completa*. Letras Cubanas.

Moreno, D., Pérgolis, J. & Orduz, F. (1998). *La ciudad de los milagros y las fiestas*. Tercer Mundo Ed.

Morrison, Toni. (1993). *Discurso al recibir el premio Nobel de Literatura*. Disponível em https://www.ersilias.com/discurso-de-toni-morrison-al-recibir-el-premio-nobel-de-literatura-7-de-diciembre-de-1993/.

Orduz, F. (2023a). Formación Colonizadora. *Revista T(r)ópicos*. Sociedad de Psicoanálisis de Caracas. Año XXVIII. Vol 1.

Orduz, F. (2023b). Prisões e liberdades: tornar-se sujeito. In *Práticas psicanalíticas na comunidade: relatos em dois atos*. Editado por Bracco, S. & Terepins, S. Blucher.

Pérgolis, Juan Carlos. (2002). *La Plaza. El centro de la ciudad*. Universidad Nacional de Colombia.

Vargas, Lina María. (2002). *Poética del peinado afrocolombiano*. Tesis para optar por el grado de Sociología (Universidad Nacional de Colombia) em https://jaimearocha.files.wordpress.com/2015/06/poc3a9tica-del-peinado-afrocolombiano.pdf

10. Piel marrón: discriminación, identidad y resistencia

Carmen Rosa Zelaya Pflucker

El abordaje psicoanalítico del racismo en Latinoamérica es una tarea compleja y desafiante, en tanto supone extender sus categorías, extraídas de la experiencia clínica, hacia un registro sociocultural. Reconociendo que las mismas provienen y se han desarrollado dentro un contexto cultural occidental, eurocentrista, intentar aplicar las referencias conceptuales en la descripción y comprensión de realidades que están compuestas por procesos históricos marcadamente diferentes, implica un acercamiento de cuidadosa articulación, y también limitado, en el uso conceptual. Sin embargo, a pesar de ello, el desarrollo del psicoanálisis en América Latina requiere correr ese riesgo, como parte de una tarea necesaria que conduzca a mejorar el conocimiento de sus pueblos.

Dado que el racismo se trata de un fenómeno que se ha venido configurando y articulando a través del tiempo, surgido de diversas circunstancias históricas y geopolíticas, cuyos efectos han impactado en la población, se hace indispensable recurrir al diálogo con otras disciplinas, tales como la historia, antropología, sociología y filosofía para acercarnos a conocer y reflexionar sobre el sufrimiento subjetivo que produce la discriminación racial en sociedades que se caracterizan por marcadas y diversas desigualdades.

En el psicoanálisis es cada vez más reconocida la necesidad por comprender al sujeto dentro de su época, sociedad y cultura. Freud (1913) propone considerar la influencia del aparato cultural y social en la continuidad de la vida psíquica a través de la formación del superyó, otorgándole a este último, el poder de transmisión inconsciente de las ideologías del pasado.

La realidad latinoamericana, en la que ha predominado la opresión de la cultura occidental sobre la indígena, exige elaborar una integración de las problemáticas que se desprenden de los procesos históricos, de manera tal que permita recuperar y actualizar el sentido de sus tradiciones, sus saberes, su lengua y su cosmología. La discriminación basada en la raza o etnia de una población no solo produce importantes marcas de dolor, de carácter traumático en quien la sufre, se agrava, además, por la negación de esta. Y también por la falta de reconocimiento de sus efectos intrapsíquicos individuales y colectivos, lo que favorece la persistencia de relaciones intersubjetivas en las que se reproducen formas de dominación y subordinación. A través de procesos de transmisión inconsciente, se mantienen tales desigualdades de una generación a otra, hasta la actualidad.

Los movimientos indigenistas del siglo pasado contribuyeron a que se visibilice el valor de la producción cultural indígena, promoviendo con ello, el reconocimiento de los derechos civiles, así como la elaboración de políticas públicas de inclusión social. No obstante, en la práctica cotidiana aún se puede apreciar el fuerte arraigo de resistencias en grupos sociales que distorsionan su cabal aplicación.

El racismo es un tema que exige un profundo análisis y reflexión en la clínica psicoanalítica, dado que su manifestación no pasa necesariamente por las asociaciones verbales del paciente, no podemos dejar de reconocer su actualización en el setting analítico, a través de los movimientos transferenciales y contratransferenciales. Las diferencias de color, de raza y de etnia se hacen presentes en la organización del vínculo analítico.

Como psicoanalistas latinoamericanos, requerimos ampliar nuestra capacidad de escucha para contener, nombrar y analizar el sufrimiento psíquico con respecto al racismo y discriminación que se manifiestan en los procesos analíticos.

Historizando el racismo y la discriminación en el Perú

Para aproximarse al tema del racismo en el Perú, debemos remontarnos a momentos históricos en los que se instaló una profunda y marcada polarización de la sociedad peruana, basada en el fenotipo del color de la piel y en las diferencias culturales.

El *Tahuantisuyo*, también conocido como el Imperio Incaico, fue conquistado en el año 1533, cuando Francisco Pizarro capturó a Atahualpa, el último emperador inca, en la ciudad de Cajamarca, al norte del Perú. Desde un inicio, el encuentro entre españoles e indígenas estuvo marcado por la confrontación cultural y bélica, destacándose la preparación y fuerza agresiva con que los españoles lograron doblegar a los indígenas. Esto se vio favorecido por el conflicto político que en esos momentos se producía entre los hermanos herederos del Imperio. La violenta y progresiva invasión española socavó las estructuras políticas, sociales y culturales que organizaban la sociedad andina, para imponerse a cambio los valores y categorías mentales occidentales.

Tal como sostiene Rita Segato (2018), las poblaciones indígenas "vieron intervenida su memoria histórica", cancelada de golpe la cosmovisión que organizaba y daba sentido a su cultura, para pasar a regirse por los saberes disciplinarios eurocéntricos.

En el Perú, la geografía jugó un rol importante en la escisión del país. Cusco había sido el centro del poder político del Imperio, ubicado en la sierra alta, mientras que Lima se convirtió, a partir de la colonia en el centro político español, debido principalmente a las facilidades que proporcionaba la costa, para la instalación de un puerto marítimo por donde entraban y sobre todo salían productos y materias muy cotizados en Europa. De ese modo, la Cordillera de los Andes pasó de ser concebida como la sagrada columna vertebral de un Imperio, a convertirse en la demarcación que dividía al país. Por un lado, el poder político y económico de los europeos, ejercido por los "blancos", se instaló en la costa de Lima, y al otro lado de la Cordillera, quedaron marginados y excluidos los indígenas.

Max Hernández (2012) describe la llegada y presencia de Occidente en el mundo andino como un cataclismo, entendiéndolo como la invasión que arrasó violentamente con las instituciones construidas a través de milenios. Los españoles erigieron su dominio, concretamente sobre los cimientos de las construcciones incaicas. Un ejemplo muy claro de ello fue la destrucción parcial del templo de Coricancha en la ciudad de Cusco, donde aún se mantienen las sólidas estructuras incaicas compuestas por grandes bloques de piedra, y sobre el cual la orden de los Dominicos construyó el templo de Santo Domingo. De este modo concreto, se institucionalizó un único discurso religioso válido, mientras que se desautorizaba y despreciaban las creencias andinas. En ese sentido, se concibió al indígena como un ser disminuido, pagano y salvaje, a quien había que evangelizar.

La conquista, como todo acontecimiento violento de guerra, implica el desencadenamiento extremo de la pulsión de muerte, cuyo objetivo sería el ataque destructivo del otro sin compasión y sin culpa. Apoyados en la convicción de una clara finalidad en un inicio, como el sustraer y apoderarse de las riquezas, los españoles impusieron el terror, matando para luego doblegar a la población indígena, la misma que sufrió una considerable reducción.

Una de las implicancias de la Conquista y del tránsito al sistema colonial fue el impacto sobre la subjetividad de la población andina. Su memoria histórica, sus tierras, sus creencias, sus conocimientos, sus valores, su lengua, sus rituales y sus sistemas de organización social fueron intervenidos y usurpados a favor de la administración colonial. El indígena colonizado quedó reducido y aprisionado en una posición de inferioridad, infantilizado, feminizado, objetalizado, y asociado a ello, una ideología discriminatoria con respecto a su color de piel, a su tipo racial: en el orden eurocéntrico el ser indígena o "marrón", representaba ser inferior, estar en falta, castrado, sin derechos, y hasta sin alma. Por todo ello, expuesto a ser explotado, constituyéndose en el otro abyecto (Kristeva, 1988), cuya vida solo tenía valor si era funcional para el sistema, mientras que ser "blanco" representaba el ser superior, poseedor del falo y con derecho a exigir la servidumbre del indígena.

Con la colonia se establece en el imaginario colectivo la convicción de la inferioridad no solo cultural étnica andina, sino también biológica. El color cobrizo, antes asociado al valor sagrado de la tierra en la cultura andina, pasó a simbolizar lo denigrado, condición que lo convertía en el discurso social y político en objeto de uso y abuso para la descarga pulsional de los "blancos".

En su hipótesis sobre la función desobjetalizante, André Green (1990) describe formas extremas de expresión de la pulsión destructiva orientadas hacia el objeto, a quien se deshumaniza, cosifica insensiblemente, dejándolo sin derecho a alteridad. Sostiene que, sobre la base de semejante actitud, se hallaría una racionalización que evita experimentar culpa, en tanto se crea un discurso que justifica convertir al otro en depositario de la agresión.

Con el establecimiento de la colonia se instituyó un discurso ideológico para toda la población, que otorgaba en el imaginario colectivo la certeza incuestionable (Aulagnier, 2001) del dominio español sobre lo indígena.

La fuerza con que se implantó y se internalizó la discriminación racial desde entonces ha quedado arraigada en el inconsciente colectivo, manteniendo su vigencia a través de los siglos. El daño a la integridad psíquica mantiene atrapada, aún en la actualidad, la capacidad para afirmar su dignidad, sus valores culturales, y su derecho a participar de los espacios sociales y políticos.

Hoy en día, el color de piel determina un lugar de ubicación, sea geográfica o social, como saber dónde les corresponde vivir, así como los oficios que le están permitidos desempeñar.

Subjetividad lesionada

¿Cómo podemos describir los efectos del impacto traumático que tuvo lugar en la población indígena la conquista o invasión española y la instalación de un régimen de poder extranjero absolutamente dominante?

Para Benyacar (2016) la realidad de un acontecimiento "disruptivo" conlleva el potencial de desorganizar, desestructurar y/o podría producir una discontinuidad en la capacidad para representar y/o dar sentido a tal evento.

El factor sorpresa, la confusión y el miedo son fundamentales para dar cuenta de la desorganización mental colectiva que puede producir la arremetida de una situación violenta.

La falta de una reacción organizada en la población indígena, durante y posteriormente a la invasión española, demostró la fragilidad del sistema incaico, que en esos momentos enfrentaba una crisis política. Además, es de suponer que el impacto que produjo la caída y muerte del Inca, quien era venerado como un semi Dios, también llamado "El hijo del Sol", conllevaría el potencial de quebrar la cosmovisión andina. Al parecer, ambas situaciones expusieron a un estado generalizado de "colapso mental", como lo denomina Winnicott, al cundir en la población la pérdida catastrófica de aquella figura que simbolizaba el sagrado poder paterno estructurante, encargado de garantizar el orden y continuidad de un Imperio que venía organizando un sentido cultural.

Al quedar expuestos al desamparo e incertidumbre, la confusión generalizada pudo llevar a que algunos grupos de indígenas se aliaran a los españoles.

El caos y la desorganización en la población indígena facilitó a que se imponga y legitime la ideología colonial, la que se basaba en otorgar privilegios a unos y excluir a otros. Como parte de ello, se estableció una jerarquización social en base al fenotipo racial, donde el color de la piel y los rasgos físicos jugaron un papel determinante en la naturalización de la discriminación. La piel cobriza, la nariz prominente y los cabellos lacios comenzaron a simbolizar lo arcaico, lo ignorante en una población de la que se asumía que debía ser reeducada bajo otra cultura potente e iluminada.

Las crónicas de los historiadores describen los niveles extremos y perversos de crueldad con que se sometió a la población indígena, cuya vida solo tenía valor en la medida en que servía para los propósitos de los colonizadores. Se les exigió obediencia absoluta.

Bajo la consideración de tales hechos, entendemos que la interferencia violenta sobre la cultura andina generó un impacto psíquico devastador en la población, paralizando la capacidad, como ocurre con todo hecho traumático, para elaborar un significado integrador propio, que no fuese el sometimiento y la alienación propia de una posición derrotada y disminuida.

La falta de reconocimiento de las profundas heridas narcisistas que produjeron el despojo y borramiento de los valores culturales, asociado a ello el desprecio racial, dejaría al indio vencido, sin un lugar de enunciación (Aulagnier, 2003) desde el cual pudiese expresar su indignación, representar su condición de abusado, y sobre todo rescatarse como sujeto. El sometimiento y el silencio de su malestar contribuyeron a que quedase sumido en la marginación, humillación y explotación.

Visto como ignorante y resentido, se instituyó la creencia de que debía acatar obediencia en silencio, como si fuera natural la negación de su integridad como ser humano. Desde esta posición, quedaría atrapado en una condición de subalterno, como lo denomina Spivak (2007), cuando se refiere al modo cómo las estructuras de poder dominantes acallan las voces de los oprimidos.

En el caso de las mujeres indígenas, la negación de su dignidad fue doble. Recluidas muchas de ellas, como sirvientas en el trabajo doméstico no remunerado, quedaban, además, expuestas al abuso de parte de los patrones, quienes en la convivencia con las jóvenes indígenas, las usaban para satisfacer sus necesidades sexuales. Es de suponer que, en el entendimiento de la aceptación de su condición de inferioridad, las jóvenes mujeres entregarían su cuerpo al hombre blanco con la expectativa de ser reconocidas. Como producto de la unión sexual entre el blanco español y la indígena, es que surge y se despliega el crecimiento de la población mestiza.

Provenir de padre español y madre indígena acarreaba profundas tensiones en la construcción de la subjetividad de los hijos. Implicaba la exigencia de conjugar en su yo, la valoración de lo blanco con la denigración de lo indígena, pudiendo ello generar conflictos internos y ambivalencias narcisistas con respecto a la imagen de sí mismo y a su ubicación social. El ideal del yo del mestizo se inclinaría a identificarse con el padre blanco para sostener su narcisismo, renegando y avergonzándose de sus raíces indígenas, en tanto simbolizaban sumisión, exclusión y pobreza.

Identificación e Identidad

Con la jerarquización de la estructura social que se estableció a partir del colonialismo, se impusieron estereotipos e ideales que reforzaban la afirmación y continuidad de la postura dominante y patriarcal. Los mestizos, cuyo número iba en aumento, al poseer ambas sangres, se verían empujados a asimilarse a la ideología blanca, "ajena y enemiga" como la describe Aníbal Quijano (2009), a modo de solución de compromiso, mediante diversas prácticas de "blanqueamiento cultural". Ello renunciando a su lengua, creencias y tradiciones andinas, para adaptarse a las exigencias del modelo cultural occidental. El mandato inconsciente del superyó internalizado ordenaba "desindiginizarse", lo que implicaba adaptarse a las normas y restricciones coloniales de manera rigurosa, con la expectativa de poder acceder a los beneficios de la clase privilegiada.

Para ello, había que adoptar otro idioma, el castellano, alfabetizarse, dejar el poncho, las ojotas, las trenzas, las polleras, migrar a la costa, y sobre todo, imitar los comportamientos discriminatorios hacia los más "indígenas", es decir, aquellos que habían permanecido en las zonas rurales.

Tal como lo argumenta Frantz Fanon en su texto "Piel negra, mascaras blancas" (1965), las repercusiones inconscientes de la discriminación racista organizan un conflicto interno en el sujeto subordinado, creando un ciclo repetitivo entre sentirse disminuido por su origen genético y la aspiración de identificarse con el poder blanco.

En el contexto colonial, el mestizo estaría expuesto desde su nacimiento a sobrellevar un sufrimiento psíquico anclado en una escisión identitaria, destinado a negar, transformar en lo contrario o reprimir defensivamente para sobrevivir a la hostilidad ejercida por el sistema dominante.

Como psicoanalistas sabemos, a partir de los aportes de Winnicott, la importancia que tiene la calidad de la mirada externa en la constitución del narcisismo y en el proceso de subjetivación. La mirada del ambiente refleja, a modo de espejo, el valor que se otorga al cuerpo, en tanto el yo y el cuerpo están íntimamente conectados. Si la mirada denigra algo tan esencial y sensible como es la piel, se convierte directamente en un violento ataque al yo (Anzie, D, 1998), interfiriendo las posibilidades de libidinizar el cuerpo y la representación del sí mismo como sujeto activo y libidinalmente vital.

La corriente colonial que empujó a que los mestizos necesitasen identificarse con la raza "blanca" a través de la educación alfabetizada, religión católica, y vestimenta occidentalizada podía crearles la expectativa de poder participar de los espacios concedidos a los "blancos".

Sin embargo, la experiencia viene demostrando que, hasta la actualidad, a pesar del tiempo transcurrido, del paso de la Colonia a la República, de contar con decretos a favor de la igualdad, en la práctica se comprueba la persistencia de la discriminación racial manteniendo marcadas desigualdades sociales. En Lima, donde ha habido una fuerte migración andina durante las últimas décadas, las zonas donde han podido ubicarse han sido en los márgenes de la ciudad, también conocidos como los "conos", lugares que presentan condiciones de vida muy precarias, de pobreza y extrema pobreza. En el inconsciente colectivo se entiende que el mestizo que llega a la capital, no solo le corresponde un lugar geográfico donde residir, también debe ubicarse en una posición de subordinación en su relación interpersonal. Debe saber "cuál es su lugar" y su condición, sea de servidumbre, postergación en el acceso de servicios públicos, y rechazo en su ingreso a espacios privados exclusivos, como clubes o discotecas.

La transmisión transgeneracional

A través de la postulación de la noción del superyó, Freud (1923) alude a la transmisión de una ideología heredada de generaciones que anteceden al sujeto, la que se comunica de manera inconsciente, desde los primeros años de vida.

René Kaës (2006) comprende al sujeto como un eslabón de una cadena intersubjetiva de la que procede, lo que lo lleva a considerar al sujeto del inconsciente como sujeto de la herencia. Al individuo lo antecede una prehistoria que delineará su subjetividad.

Así como se trasmiten los valores e ideales de una cultura, también se trasmiten conflictos y traumas no resueltos. En el psicoanálisis, la historia de y entre las generaciones se revela con un peso y eficacia en la producción de patología. Mediante las identificaciones el pasado conserva su vigencia, a través de las relaciones intersubjetivas se trasmiten duelos, inhibiciones, o malestares no resueltos, que mantienen y acrecientan sentimientos de dolor, impotencia, y/o rabia, que se viven circularmente individual y colectivamente, sin encontrar una salida que permita la elaboración del conflicto.

En psicopatología psicoanalítica se entiende que las experiencias traumáticas producen fijaciones, constituyendo núcleos afectivos, que atraen, concentran y consumen la energía psíquica, deteniendo las posibilidades de reflexión y acción. El trauma también es estructurante, cuando se ancla en el inconsciente, sea por escisión o por represión de los afectos, y por acumulación pueden cercar al yo en estados de frustración.

Teniendo en cuenta lo anterior, podemos pensar que, la falta de reconocimiento de las heridas narcisistas producidas por la discriminación racial repercute en el destino de las pulsiones agresivas. Como psicoanalistas sabemos que, cuando la agresión se dirige hacia uno mismo, el yo queda atrapado en estados depresivos y melancólicos. Una prueba de la perdurabilidad del dolor psíquico se expresa en el Yaraví, género musical entonada por los mestizos andinos, cuya letra y melodía evocan sentimientos de lamento y tristeza (El Plebeyo, Profunda Herida-Melinda Jaramillo). Por otro lado, cuando la agresión se acumula a través del tiempo, su paso a la acción puede alcanzar formas extremas de destrucción hacia el exterior.

En el Perú, en las últimas décadas, hemos tenido la lamentable experiencia del conflicto armado, en el que grupos terroristas provenientes del interior del país, buscaban tomar el poder por las armas. Como resultado de los enfrentamientos entre los militares, terroristas y civiles se estima que el número de desaparecidos y muertos ascendió a 70.000, siendo la más afectada la población rural.

Los estallidos de protesta de los movimientos sociales develan las profundas heridas narcisistas generadas por la marginación y olvido, que tienen como elemento de fondo la afectación que ha producido en el tiempo la discriminación étnica-racial.

Apelo a la idea de Roussillon (2016) sobre el "sufrimiento narcisista-identitario" para proponer el abordaje de las problemáticas que se derivan de las prácticas racistas. Del mismo modo en que, las fallas de reconocimiento temprano pueden instaurar un trauma primario, sometido a formas primitivas de pulsionalidad y destinado a la compulsión a la repetición, la discriminación racial conlleva el potencial de daño al Yo corporal, afectando la función subjetivante del Yo.

La filósofa y psicoanalista Cynthia Fleury (2022), aborda la necesidad de elaborar el resentimiento que se enquista como resultado de experiencias del dolor e injusticia, como lo es la discriminación racial. Propone considerar, en primer lugar, el reconocimiento y validación de los estados emocionales que se derivan de las heridas narcisistas, generando un discurso de reparación que se concretice en acciones sublimatorias, que no nieguen el pasado ni que se pretenda volver a estados anteriores.

Resistencia

Junto a la tendencia por asimilarse al sistema, al adoptar formas y estilos occidentales, se constata al mismo tiempo algunas iniciativas que han venido buscando la revalorización de contenidos tradicionales andinos, a través de la promoción de sus festividades, artesanías, costumbres y creencias. Cabe destacar, el compromiso que asumen algunos profesores y estudiantes, quienes buscan formarse, bajo la convicción de que la educación es el medio para salir de la pobreza y para "ser alguien", como suele escucharse de los pobladores rurales. Maestros y pequeños comerciantes se proponen volver a sus comunidades con la intención de contribuir a la consciencia del valor de sus saberes, así como de sus derechos a participar en instancias sociales y políticas.

Sin embargo, la precariedad de las condiciones de vida resultantes de una larga historia de olvido, tanto como la corrupción institucional, convierte esta tarea en un reto que pone a prueba la capacidad para resistir a la frustración.

El trabajo de reparación en la construcción de identidades constituye un desafío para el psicoanálisis latinoamericano. Considerando el reconocimiento de los aspectos tanáticos que participan en la discriminación racista, de perversión para quien la ejerce, como de anulación del self para quien la recibe, se requiere fomentar la consciencia de la necesidad por crear espacios que promuevan la simbolización del sufrimiento que produce la discriminación, hacia la construcción de una identidad que no implique volver al pasado incaico (Asensio, 2016).

Historizar supone tomar en cuenta los hechos ocurridos en el pasado, como una realidad que no se puede borrar, más bien, permite situar a la nuevas generaciones en un presente transformado, dentro del que pueden hacer uso de herramientas para enfrentar la hostilidad que produce el racismo.

El trabajo de revitalización de las fuerzas internas para representar, nombrar y simbolizar el sufrimiento heredado y silenciado por tanto tiempo, permitiría el paso de una posición pasiva y doliente, hacia un actuar que ponga en escena pública, a través de distintos gestos enunciativos, el malestar que produce el racismo en todas las capas sociales.

Implicaría la posibilidad de poder pasar de la discriminación étnica-racial hacia la convivencia diferenciada de culturas que evolucionan, se transforman y se integran en el tiempo, enriqueciéndose mutuamente de sus saberes (Quintanilla et al, 2023).

Para finalizar

Frente al tema del racismo, las sociedades psicoanalíticas latinoamericanas requieren también historizar su presencia y compromiso con las problemáticas sociales de su país. Si bien, han necesitado instalarse en las ciudades para ejercer su práctica clínica, la experiencia demuestra que sus alcances han tendido a limitarse a la atención de una élite privilegiada, es decir "blanca", en términos de educación y nivel socioeconómico.

En nuestra práctica clínica, no podemos abstraernos de la reproducción de las dinámicas racistas, cuyo análisis debiera contribuir a la validación del sufrimiento psíquico y a la apertura de mecanismos de elaboración.

La propuesta de un psicoanálisis latinoamericano contemporáneo tiene pendiente la tarea de profundizar el conocimiento de las poblaciones que conforman nuestra sociedad, creando dispositivos, a partir de trabajos de investigación, que permitan extender nuestra práctica hacia sectores sociales que no tengan acceso a nuestras intervenciones clínicas.

Referencias

Anzieu, D. (1998). *El Yo-Piel*. Biblioteca Nueva.

Asensio, R. (2016). *Los nuevos Incas. La economía política del desarrollo rural andino en Quispicanchi* (2000-2010). IEP.

Aulagnier, P. (2001). *La violencia de la interpretación. Del pictografía al enunciado*. Amorrortu.

Aulagnier, P. (2003). *El aprendiz de historiador y el maestro de brujo*. Amorrortu.

Benyacar, M. (2016). Lo disruptivo. El impacto del entorno en el psiquismo. In *Lo disruptivo y lo traumático*. Nueva Editorial Universitaria.

Fanon, F. (2009). *Piel negra, máscaras blancas*. Akal.

Fleury, C. (2021). El resentimiento. Una amenaza para la democracia. *Festival Puerto de Ideas*. Canal YouTube.

Green, A. (1990). *La nueva clínica psicoanalítica y la teoría de Freud*. Amorrortu.

Freud, S. (1913). Tótem y Tabú. López Ballesteros (Trad). In *Obras Completas*. Biblioteca Nueva.

Freud, S. (1923). El yo y el ello. López Ballesteros (Trad). In *Obras Completas*. Biblioteca Nueva.

Hernández, M. (2012). *En los márgenes de nuestra memoria histórica*. Fondo Editorial USMP.

Kaës, R. (2006). *Trasmisión de la vida psíquica entre generaciones*. Amorrortu.

Kristeva, J. (1988). *Poderes de la perversión*. Siglo XXI.

Quijano, A. (2009). Las paradojas de la colonial/modernidad eurocentrada (A la memoria de André Gunter Frank). *Hueso Húmero*, abril, No. 53.

Quintanilla, P. et al. (2023). *Epistemologías Andinas y Amazónicas. Conceptos indígenas de conocimiento, sabiduría y comprensión*. Fondo Editorial PUCP.

Segato, R. (2018). *La crítica de la colonialidad en ocho ensayos. Y una antropología por demanda*. Prometeo Libros.

Roussillon, R. (2016). Núcleos melancólicos en el sufrimiento de la identidad narcisista. *Plenaria del XXXI Congreso de Fepal*.

Spivak, G. (2003). ¿Puede hablar el subalterno? *Revista Colombiana de Antropología*, volumen 39.

11. Las monoculturas como violación de la singularidad[1]

Geni Núñez

La colonización no ha terminado, continúa y se actualiza en la época contemporánea. En este territorio, llamado América Latina, los homenajes a los colonizadores están presentes en cada estatua, en cada esquina, en cada barrio, calle, ciudad, país. Empezando por el nombre del continente América Latina, que rinde homenaje al colonizador Américo Vespucio; por los nombres de países como Colombia, que honra a otro colonizador, Cristóbal Colón; por los nombres de santos católicos en estados provinciales como San Pablo, Santa Catarina y muchos otros; por los feriados cristianos, que se imponen incluso en una nación que se proclama laica, como Brasil.

La propia división de los territorios indígenas en estados, ciudades y países obedece a una invención colonial, ya que Brasil, por ejemplo, esa nación cuyo idioma oficial es el portugués y cuya religión oficial es el cristianismo, no existía antes de la invasión. Es por ello que nuestros pueblos son vistos como enemigos del Estado, ya que nuestra relación con el territorio no obedece a este marco temporal y espacial. El pueblo guaraní, al que pertenezco, vive en lugares

1 Una versión abreviada de este artículo se publicó en el año 2023, en la Revista *Plural* del Consejo Regional de Psicología, de Santa Catarina (CRP-SC) y en el Periódico *Nossa Voz* (N. 1023), de la Casa do Povo.

que ahora se llaman Brasil, Paraguay, Bolivia y Argentina; por lo tanto, antes que brasileños o paraguayos, somos guaraníes. Y a pesar de escribir este texto en una lengua que sería europea, nuestros pueblos ya han antropofagizado estas lenguas, imprimiendo nuestra forma de pensar y de ser en el mundo, aun cuando usamos estas palabras que no eran nuestras. Desvelar las monoculturas que nos afectan es también cuestionar la universalidad de las teorías eurocéntricas, reafirmando nuestro derecho a narrativas que no tengan respuestas únicas para todo el mundo.

Esto venimos recordando en los movimientos indígenas, precisamente porque para reparar es necesario primero reconocer. Nuestros territorios fueron invadidos y violados en 1500 y continúan siéndolo hoy en día. Cuando hablo de territorio, no me refiero solo a ríos, bosques y selvas. Nuestros sueños, nuestra subjetivación y el modo en que nos relacionamos también forman parte del territorio de la existencia. De la misma manera que la tierra, de la que también formamos parte, puede ser reforestada de las heridas que la explotan, nuestro tejido relacional también puede y debe hacer parte de esta reforestación.

En el centro de la colonización está el marco temporal, o, mejor dicho, los marcos temporales que también inciden en nuestra sexualidad y afectividad, y en nuestras formas de crear vínculos. He llamado "sistema de monocultura" a este conglomerado colonial, que se estructura en la monocultura de la fe, a través del monoteísmo cristiano; en la monocultura de los afectos, por medio de la monogamia; en la monocultura de la sexualidad, mediante el monocissexismo, etc (Núñez, 2021). En palabras de Ailton Krenak (2021, p. 69), la monocultura "es la imposición monolítica de un mundo único", y esta imposición puede darse en varios frentes.

Hay diferencias importantes entre cada una de las monoculturas, pero lo que las une es sobre todo la imposibilidad de concomitancia: una monocultura de soja impide la selva y su biodiversidad;

el monoteísmo cristiano afirma que solo hay un dios verdadero (el suyo) y que todos los demás son falsos; la monogamia, en la que se demuestra que se ama a alguien sin poder amar y desear a otras personas al mismo tiempo; el monosexismo nos constriñe al binarismo de elegir azul o rosa, hombre o mujer, etc. Criticar la imposibilidad de la concomitancia no significa afirmar que, necesariamente, tengamos que decir sí a todo y a todos, sino que es un ejercicio de no tomar la decisión binaria como un *a priori* ineludible e irrevocable.

Cuando los colonizadores llegaron a nuestro territorio, lo hicieron con la premisa de que nos traerían la evolución, el progreso y la civilización. A nosotros nos atribuyeron el atraso, el salvajismo y el retroceso. Misioneros como José de Anchieta decían que solo había un matrimonio verdadero, el cristiano monógamo, y que los indígenas no habían evolucionado porque eran disidentes de la monogamia colonial. La investigadora Graciela Chamorro (2008) señala que

> *La base de la reestructuración de la sociedad indígena en las reducciones fue la imposición de la familia monógama patriarcal. Con ella, los jesuitas colonizaron no solo el "alma" de los indígenas, sino también su percepción, sus cuerpos y su sexualidad. El deseo sexual fue demonizado y toda lascivia castigada. El comportamiento sexual en su conjunto estaba controlado por el miedo.*

Cabe señalar que, hasta la Constitución de 1988, los pueblos indígenas éramos considerados una categoría social transitoria, es decir, se esperaba el momento en que dejaríamos de ser "salvajes"[2]/animales y nos convertiríamos en "civilizados"/humanos, cuando entonces desapareceríamos. Para dejar de ser animal y convertirse en humano, era necesario dejar de ser bárbaro y convertirse en cristiano; el

2 Cabe señalar que términos como "salvajes", "indios" (el término que sugerimos es indígena) y "tribus" son términos racistas.

proyecto civilizatorio estuvo marcado por el racismo religioso. Humano, en este contexto, es menos una descripción biológica y mucho más una ficción política. "Mata al indio que hay en él y salve al hombre", frase célebre del capitán genocida Richard Henry Pratt, en la que se percibe la oposición entre ser indígena/salvaje y cristiano/civilizado/humano.[3]

Esta mirada colonialista sobre nuestros pueblos aparece también en muchas otras áreas y líneas de investigación académicas que solo recientemente se han abierto a nuestra presencia. Hemos intentado dialogar con las diferentes teorías (nuestros pueblos nunca han tenido la obsesión de convertir a todo el planeta a nuestras perspectivas), teniendo la claridad de evaluar en qué medida nos pueden ayudar y hasta qué punto disentimos de sus planteamientos.

Me gustaría hacer aquí un breve ejercicio de este orden en relación con algunos aspectos de la teoría psicoanalítica freudiana, una de las perspectivas con las que dialogo. Siento admiración por la trayectoria de Freud y por parte de su producción, floreciente y vibrante incluso en un contexto histórico tan hostil y violento contra las personas judías. Es común que las personas blancas se refieran a Freud como un "hombre blanco europeo", aunque conozcan su historia, aunque sepan que en ese contexto la supremacía blanca estaba perpetrando un genocidio contra los judíos, que, evidentemente, no eran vistos como personas blancas. Por lo tanto, es a partir de este reconocimiento que haré mis consideraciones críticas a algunas de las ponderaciones que Freud construyó sobre los pueblos "primitivos", específicamente las contenidas en "Tótem y tabú" (1913). No pretendo abordar el trabajo en su conjunto; por el contrario, haré hincapié específicamente en la discusión de las nociones de desarrollo y evolución.

3 Más información en: https://carlisleindian.dickinson.edu/teach/kill-indian-him-and-save-man-r-h-pratt-education-native-americans.

Me gustaría señalar que estas críticas, aunque aquí se direccionen a él, no son exclusivas de Freud, y que, inclusive, otros diálogos serían posibles a partir de otras obras suyas. Soy consciente de que muchas de estas características siguen presentes hoy en diversas literaturas antropológicas y áreas afines, marcas también de la falta de escucha de la hegemonía con relación a los pueblos indígenas en primera persona (plural), una realidad que está cambiando paulatinamente. Es común tratar de atenuar los discursos colonialistas con afirmaciones como "tal autor era una persona de su tiempo", como si nuestros pueblos no coexistieran también en diferentes temporalidades. Cuando las narrativas hegemónicas se toman como representativas de una época, se corre el riesgo de marginar precisamente a las disidencias de ese mismo período, que, de esa manera, quedan "afuera" de un tiempo, de una época de la que también formaron parte. Reconociendo las ambigüedades, paradojas y limitaciones de las teorizaciones psicoanalíticas, sigo apostando por este diálogo. Mi intención no es encontrar una "verdad" en el pasado de la escritura freudiana, sino contribuir a los debates sobre la reverberación de algunas de estas lógicas en el mundo contemporáneo.

También me gustaría señalar que sé que los usos y reflexiones sobre los pueblos "primitivos" no siempre tienen un objeto descriptivo de una realidad factual, sino que pueden ser, más bien, una elucubración, una hipótesis, una metáfora o un mito explicativo. Precisamente por lo que nos enseña el psicoanálisis, lo que se imagina o se fantasea también tiene su "existencia" y validez, y es aceptando la invitación y la generosidad de Freud para abrirse a otras percepciones que buscaré agregar a este debate. Es inequívoco que cuando se habla de pueblos salvajes y primitivos, aunque la referencia sea prehistórica, la asociación más común que se hace es con los pueblos indígenas. En "Tótem y tabú" se menciona que la referencia era incluso a pueblos "primitivos" de los diferentes continentes, no solo en su presencia prehistórica, sino también a su existencia en el mundo contemporáneo de aquella época. El hecho es que, de una u otra manera, se nos sigue asociando con el atraso, con la "infancia", con lo que no está desarrollado, con lo que va en contra del progreso. Así, aunque la palabra "primitivo" significa, en su sentido literal, algo que vino al principio, en el comienzo, sabemos que el sentido más común que se le atribuye es el de algo atrasado, (sobre)pasado. En vista de esto, optamos por utilizar otros términos, como pueblos originarios.

Para resumir muy brevemente la tesis de Freud sobre este tema, rescato aquí su propuesta evolutiva, según la cual el primer estadio de la humanidad sería el animista, que él asocia con la infancia; el segundo estadio sería el metafísico/religioso, correspondiente a la juventud; y el tercero sería el científico, referido a la madurez. Cada uno de esos estadios tendría una correspondencia evolutiva con los estadios de la libido. Mientras que el primero sería característico de los pueblos "salvajes", el último sería pertinente para los pueblos "civilizados".

Uno de los principales problemas de esta propuesta es la universalización. Afirmar que todos los pueblos del mundo tienen leyes universales de funcionamiento es, por decir lo menos, un error metodológico. Incluso hoy en día, tenemos parientes nuestros que se encuentran en aislamiento voluntario, de los que poco o nada se sabe sobre sus costumbres y modo de vida. Solo por esta razón, sería precipitado sentenciar que en todo el mundo las comunidades siguen las leyes de un grupo específico que se cree universal; postura que incluso me recuerda lo que Freud (1917) señala sobre las tres heridas narcisistas y la importancia de la descentralización de sí como referencia del otro.

Otro problema está relacionado con la comprensión equivocada que se tiene del "animismo". Cuando nuestros pueblos afirman que los ríos, los bosques, el viento y el agua también son personas, no estamos ignorando la diferencia entre cada uno de estos seres, sino afirmando que estas existencias también son gente, aunque no tengan nuestro rostro, nuestra cara.

Cristóbal Colón, en su diario de 1492, comenta sobre los indígenas:

> *Deben ser buenos servidores y hábiles, porque noto que luego repiten lo que decimos, y creo que pronto se convertirán en cristianos; me pareció que no tenían religión. Yo, placiendo a Nuestro Señor, tomaré de aquí, con ocasión de mi partida, seis de ellos a Vuestras Altezas, para que aprendan a hablar. (...) Y digo que Vuestras Altezas no deben consentir que aquí trate ni haga pie ningún extranjero, salvo católicos cristianos, pues esto fue el fin y el comienzo del propósito, que este viaje fuese por acrecentamiento y gloria de la religión cristiana. (...) Me parece que el mejor fruto que se puede sacar [de la nueva tierra] será salvar a esta gente".*

En este discurso nos damos cuenta de que, a pesar de que había cientos de lenguas indígenas en aquella época, a pesar de que había cientos de formas de espiritualidad, para Colón, nuestros antepasados no tenían "religión", porque, desde su universalismo, solo consideraba como religión la suya. Del mismo modo, creía que nuestros antepasados debían "aprender a hablar", ya que no percibía como lenguaje nada más allá de las lenguas europeas. Todo este proyecto se ha llevado a cabo en nombre de "salvar a esta gente", aunque en nombre de esa salvación, que no pedimos, se hayan cometido tanta violencia, esclavización y etnogenocidio. Tratar de extinguir la lengua de un pueblo es parte del exterminio de ese mismo pueblo, ya que arrancarle su lengua e imponerle otra, extranjera, como oficial, es también tratar de arrebatarle su identidad, su cosmogonía, su particular forma de ver el mundo. Es una violación civilizatoria (Núñez, 2022). En 1628, el cacique guaraní Nesu, según consta en las cartas jesuitas, ya "dejaba claro que el Dios de los misioneros era solo el Dios de los españoles y contrario al Dios de los antepasados indígenas" (Chamorro, 2008, p. 86).

Cuando los colonos llegaron aquí, se cuestionaron si nuestros antepasados tenían alma o no, porque si no la tuvieran, serían "animales". Como se ha dicho, lo que para ellos definía ser gente era ser cristiano. A la pregunta "¿tiene o no tiene alma?", nuestro pueblo responde: sí, la tenemos; pero también la tiene el río, así como el viento, el mar y los demás animales. Cuando decimos esto, lo que estamos señalando es que no queremos ser parte de lo que el pariente Ailton Krenak (2021) llama el "club VIP de lo humano"; al contrario, queremos expandir lo que cuenta como persona. Y es en este sentido que entendemos que la tierra y todos los seres que viven en ella también son gente, a su manera. El afán de la sociedad civilizada por resaltar su propia excepcionalidad en relación con otros animales habla de esta ilusión de superioridad, en gran parte fundamentada por la narrativa cristiana de que el mundo fue hecho para el hombre. El hecho es que cada ser tiene su propia singularidad, de modo que, si pusiéramos las características de una hormiga como lo supremo de la existencia, todos los demás seres estarían necesariamente faltos, degradados. Uno de estos intentos de crear una excepcionalidad humana está en la narrativa de que solo el bebé humano nace desvalido, necesitando cuidados continuos para sobrevivir. Existen otros animales[4], incluidos los mamíferos, cuyas crías también necesitan apoyo durante muchos años. De alguna manera, todos los seres necesitamos algún tipo de apoyo, porque es la interdependencia la que nos constituye, en mayor o menor grado.

Este movimiento, tan común en los investigadores no indígenas, de exaltar o degradar al ser humano distinguiéndolo de otros animales, me recuerda un fragmento de Mário Quintana (2008, p. 18): "hay críticos que, en lugar de juzgarme por lo que soy, me juzgan por lo que no soy. Es como si alguien mira un duraznero y dice: '¡Pero eso no

4 En biología, las crías que necesitan más cuidados (incluidos los bebés humanos) se denominan altriciales, mientras que los que necesitan menos asistencia se denominan precociales.

es un tractor!'". Por tanto, un chimpancé puede no hacer lo que hace un bebé humano, pero el bebé humano tampoco salta de las ramas como él. O como también diría Alberto Caeiro (1993):

Sí, escribo versos, y la piedra no escribe versos.
Sí, tengo ideas sobre el mundo, y la planta no tiene ninguna.
Pero las piedras no son poetas, son piedras;
Y las plantas son solo plantas, no pensadores.
Tanto puedo decir que soy superior a ellas por esto,
como que soy inferior.

Por lo tanto, no se trata de negar las especificidades y diferencias de lo humano en relación con otros seres, sino de liberarlo de su binarismo, es decir, sacar lo humano del centro. Para nosotros, los indígenas, estar emparentados con otros animales no es una ofensa, sino un elogio, un honor. Sabemos que aquellos que los subestiman por no ser humanos son los mismos que nos colocan en una posición de subhumanidad. Y dicen que el mundo es "inhumano y cruel", atribuyéndose a sí mismos todo lo que es bueno; en cambio, cuando intentan ofender a alguien, lo comparan peyorativamente con algún animal: vaca, gallina, mono, serpiente, cerdo, gusano, etc. Asocian el dominio del cuerpo con lo "animal"; hablan de querer "sexo salvaje", porque saben que el "sexo civilizado" no tiene corporeidad.

Volviendo al debate inicial, solo muy recientemente los que nos veían como ingenuos, infantiles y "animistas" están reconociendo que nuestro cuidado por los parientes no humanos no es una falta de inteligencia o madurez, sino una comprensión milenaria de que somos interdependientes con otros seres y que cuidar de esta red es cuidar de uno mismo.

Freud (1913, p. 188) comenta que "una investigación de los pueblos primitivos muestra a la humanidad prisionera de la creencia infantil en su propia omnipotencia", pero quizás esta omnipotencia se refiera mucho más a las llamadas sociedades civilizadas y evolucionadas que a nuestros pueblos, que no se colocan a sí mismos como el centro del mundo. No es de extrañar que haya tanta violación de bosques, ríos y demás animales, si el mundo colonial tiene como brújula moral la Biblia, que enseña que el mundo fue creado para que el "hombre" lo dominara todo. En esta concepción, para acercarse a Dios no sería posible tener "amistad con el mundo" y, además, todo dominio del cuerpo, de la carne, de los deseos y de la "naturaleza" son vistos como enemigos de la evolución, del desarrollo, del alma y del cielo. Si ven la tierra como un lugar maldito, si ven esta vida como inferior a la que sería realmente verdadera, la celestial, es comprensible que la relación de antagonismo con el propio cuerpo se extienda también a la tierra, percibida como "tentación" y obstáculo para el progreso y el desarrollo. La renuncia a toda esta dimensión del cuerpo, de la tierra y de la sexualidad se considera un paso fundamental para ser redimido en el juicio final. Para nuestros pueblos, esta idea de sobrenatural y sobrenaturaleza no se plantea así, porque no entendemos que haya algo superior a la naturaleza. De hecho, la propia división entre naturaleza y cultura, humano y animal, alma y cuerpo, amor y sexo, y tantas otras, cumplen la misma función de desconexión y des-involucramiento con la interconexión entre los seres.

En nuestro pueblo, el binarismo muerte y vida no se presenta de la misma manera como creen los colonialistas. La relación entre mente y cuerpo, naturaleza y cultura, espíritu y carne no forma parte de nuestras cosmogonías, sino que está fuertemente influenciada por la ideología cristiana. No todos los pueblos indígenas creemos que nuestros "espíritus" están enojados, resentidos y amargados con nosotros porque ellos estarían muertos y nosotros vivos, porque no creemos en ese binarismo, ni en esa idea de que la memoria no se transforma.

Nuestros espíritus no son necesariamente trascendentales; ellos coexisten con nosotros. Muerte y vida son términos insuficientes para nosotros. No atribuimos impotencia a la muerte, porque entendemos que también la tenemos en vida. ¿El viento está vivo o muerto? ¿La arena está viva o muerta? Cuando nuestros cuerpos se conviertan en gusanos y otros seres, comprendemos que eso será una transformación, no un fin. Esta vida no sería el paso imperfecto hacia la vida eterna, el cielo. Incluso, para nosotros, el cielo es parte de la tierra, no hay en él ningún apelo moral o trascendental. Esta transformación estacional de la existencia no es ni inferior ni superior a nada, ser un gusano no es ni mejor ni peor que ser una ballena o una hormiga.

En las cartas jesuíticas que he investigado, los sacerdotes registran su lucha contra la presencia del incesto y de la no monogamia nativa, y es interesante notar que, sin la monogamia, el mito de Edipo, que el psicoanálisis toma prestado, no se sostendría. La imposibilidad de concomitancia, esencia de la monogamia, es lo que caracteriza todo el problema, pues ella es la que da sentido a este tipo de envidia, codicia y disputa. Como nos enseña Freud, la prohibición está íntimamente relacionada con la producción del deseo, por lo que, en ausencia de ese pánico moral en nuestros pueblos, no se sostiene este tipo de obsesión y fijación en torno al sexo/sexualidad, que caracteriza a las sociedades occidentales, como señala Foucault (1993). En algunos pasajes de las cartas jesuíticas, los sacerdotes relatan sobre la dificultad en implementar la confesión, ya que nuestros antepasados creían que no habían pecado en absoluto, y que, por lo tanto, no era necesario confesarse (Del Techo, 1991). En el cristianismo, la evolución se basa en cuánto uno es capaz de controlar su "carne"; al tiempo que atribuyen ese desenfreno al "salvaje". La interiorización de la moral cristiana sería uno de los marcadores de la diferenciación entre animal y humano. Como nos recuerda el profesor Roberto Machado (2021), Nietzsche (2009) advertía que "llamar a la domesticación de un animal su 'mejoramiento' suena a nuestros oídos casi como una broma".

El segundo estadio propuesto por Freud sería el religioso o metafísico, y el tercero sería el científico, el punto más alto de la evolución. Con esto, lo que pasa desapercibido es que la ciencia y la religión hegemónicas no están tan distantes como se podría suponer. Desde una perspectiva nietzscheana, entendemos que

> *la ciencia no se opone a la moral ni puede ser su superación, porque no solo tiene los mismos fundamentos que ella, sino que es la última etapa de su perfeccionamiento; (...) aunque sea inconscientemente, son los valores morales los que reinan en la ciencia (Machado, 2021, p. 111).*

Para este autor, el principal punto de unión entre ciencia y moral sería "la misma sobrevaloración de la verdad (la misma creencia en el carácter inestimable e irreprochable de la verdad)". Esta obsesión por la verdad es un reflejo de la oposición a la verdad-apariencia, ya que "no hay ciencia sin el postulado, sin la hipótesis metafísica de que lo verdadero es superior a lo falso, de que la verdad tiene más valor que la apariencia, la ilusión" (Machado, 2021, p. 113). Por lo tanto, la sustitución de Dios por lo Humano no cambia lo esencial, que es la falta de cuestionamiento acerca de la legitimidad de los valores morales como punto de partida. Es precisamente este tipo de creencia moral la que ha inspirado a tantos autores a universalizar sus verdades.

En esta lógica evolutiva, el crecimiento y la madurez residirían en tomar partido por el binarismo, carne y espíritu, hombre o mujer, azul o rosa, padre o madre, y así sucesivamente. Autores como Regina Tavares asocian la no-monogamia a los pueblos "primitivos" y salvajes, y la monogamia a los pueblos civilizados, precisamente porque el criterio que utilizan es la idea de que es la no-concomitancia la que valida el verdadero amor, el verdadero desarrollo (Pilão, 2021). Después de todo, para el dios cristiano, la única prueba de fidelidad es no practicar el adulterio espiritual de adorar a otros dioses.

De este modo, en la sociedad dominante, la bisexualidad es vista como una fase, un estadio hacia la "decisión" y la madurez, porque no admiten la concomitancia de deseos y afectos más allá de eso. Tampoco pueden entender que no tener que elegir necesariamente solo un amor para vivir no significa, al mismo tiempo, inmadurez.

Como mencioné, hasta la Constitución de 1988, nuestros pueblos ocupaban un lugar de "transición" cuyo punto final era ser, pensar y vivir como blancos. Antes de eso, nuestras naciones indígenas eran vistas (lo que aún persiste informalmente) como una categoría a tutelar, éramos vistos como niños ante el adulto Estado. Basándose en Fanon, Deivison Faustino (2015, p. 28) comenta que "cuando un europeo común se dirigía a cualquiera de ellos, incluidos los representantes (negros) más destacados de la sociedad, lo hacía utilizando el *petit-nègre*, un lenguaje estereotipado", lo que desencadena precisamente ese imaginario de un lenguaje caricaturizado. Sabemos que la sociedad dominante sigue viendo a los niños como seres sin autonomía, como personas que solo llegarán a ser tales cuando crezcan y produzcan económicamente, pero para nuestros pueblos no son inferiores en nada y no nos humilla que se nos compare con ellos, aunque sepamos la intención del gesto.

Con esto, concluyo, sabiendo que hay muchas otras discusiones que hacer en este debate, pero enfatizando que la artesanía de los afectos es una posibilidad para que superemos este marco temporal que coloca escalones en el desarrollo. De hecho, tal vez menos que desarrollo y progreso, podemos hacer espacio para repensar la calidad de nuestra implicación con el mundo, como nos enseñan Mestre Bispo (Santos, 2015), Kerexu Yxapyry (Antunes, 2015) y tantos otros referentes indígenas y quilombolas.

Ni el tiempo de antes era un atraso ni el de mañana será un avance. Quizás esta temporalidad lineal y evolutiva no sea la más adecuada para lidiar con las discontinuidades (Foucault, 2010) que nos configuran. Como dice el filósofo guaraní Timóteo Popygua (Silva,

2017), para nosotros el tiempo es espiralado, no tiene principio ni fin, no somos ni la génesis ni el apocalipsis de la existencia. Y quizás precisamente por eso podemos entender que la salud está en la concomitancia de la selva y no en la monocultura, y que el mundo es mucho más grande de lo que el folklore binarista intenta convencernos.

Como enseña la pariente Jera Guaraní (2020, p. 19), tal vez podamos invitar a los blancos (*juruá*) a

> *(...) convertirse en salvajes, a convertirse en personas incivilizadas, porque todas las cosas malas que están sucediendo en el planeta Tierra provienen de personas civilizadas, personas que no son, teóricamente, salvajes. (...) Quién sabe, además de repensar solo lo que llaman "psicoanálisis salvaje", los psicoanalistas no indígenas puedan abrir un espacio para recordar, repensar, elaborar su propio psicoanálisis civilizado.*

Quizás el mayor desafío cuando hablamos de violaciones no sea tanto la lucha contra las violencias que favorecen explícitamente el odio, sino más bien cuando ellas operan utilizando un vocabulario y un repertorio que se organizan en nombre del bien, del amor, de la salvación, del respeto, de la familia y sus supuestas buenas costumbres. En ese "infamiliar" (*Unheimliche*) que nos enseña Freud (1919) es que puede residir el verdadero problema, en esa extrañeza casi herética de mirar de otra manera lo que nos han enseñado como familia, amor, patria, dios, padre, etc.

En este sentido, es fundamental que haya una desromantización de estos lugares, porque ella sigue haciéndonos creer que, en su origen, se trata de algo esencialmente bueno, que la colonización y la catequización son básicamente buenas y sanas, que lo que se hace en nombre del amor, de la salvación y de la familia es en realidad un proyecto que hay que defender. Sin embargo, solo por el hecho de presentarse como universal y por su imposición es preciso reconocerlo toda monocultura es violenta, invasiva y violadora. Si su punto de partida es ya la negación del otro, expresada en la idea de conversión y curación de todo lo que es diverso y múltiple, entonces no puede ser entendida como una opción entre otras válidas, sino como la no-opción, como la que precisamente impide la posibilidad de elecciones. No elecciones libres, que son ingenuas si consideramos el contexto en el que vivimos, sino elecciones, aunque sean parciales, que den cabida a la singularidad.

Si la sexualidad de una persona homófoba es subjetiva a través de la hostilidad hacia los homosexuales, esta sexualidad no debe ser vista tan válida como la de las personas homosexuales, ya que, en este último caso, se trata de una reivindicación del propio cuerpo, no del control de la sexualidad de los demás. Nunca ha habido, por parte de los movimientos sociales de disidencia de género, el deseo de curar o convertir a nadie. Por lo tanto, el derecho a la libertad debe ser siempre sensible a las contingencias históricas. Del mismo modo, si la fe de alguien se afirma negando a los otros dioses, si esa ideología enseña que solo hay un dios verdadero y los demás son falsos, no debería sorprender tanto que los miembros de estos grupos practiquen el racismo religioso. No son ejemplos de "falsos" religiosos; en realidad, su práctica no es más que una continuidad de lo que su ideología ya pautaba. Por otro lado, no vemos a los pueblos indígenas quemando casas de oración de otras religiones, precisamente porque nuestra cosmogonía no es de monocultura, sino de selva. Si admitimos la concomitancia de seres, espiritualidades, sexualidades y formas de ser en el mundo, el propio impulso resentido de exterminar esa diversidad no se presentará de la misma manera que en el caso anterior.

La asimilación que los colonizadores trataron de imponer en nombre de la civilización tenía como punto de partida y de llegada ellos mismos; al fin y al cabo, no se trataba de asimilarse a nuestras culturas, sino de hacernos diluir en la suya propia. Es imprescindible que estos gestos no se perciban como simplemente "humanos", sino como coloniales. Este proyecto de dominar el mundo, como dice Fanon (2008), es un sueño blanco, y la descolonización no busca otra colonización, llevada a cabo por otros agentes, sino su fin.

Rechazar las monoculturas no significa no tener ningún criterio, ninguna lengua, ninguna fe. Significa no tomarlos como criterios universales. Posicionarse contra las monoculturas es afirmar el principio de la selva, cuya característica esencial es precisamente la posibilidad de concomitancia, diversidad y singularidad. Y quizás, uno de los mayores legados del psicoanálisis sea precisamente el respeto radical por la singularidad que nos constituye en nuestra diversidad colectiva.

Referencias

Antunes. E. (Kerexu Yxapyry) (2015). *Nhandereko nhanhembo'e nhembo' ea py Sistema nacional de educação: um paradoxo do currículo diferenciado das escolas indígenas guarani da Grande Florianópolis.* TCC (Graduação). – Curso de Licenciatura Intercultural Indígena do Sul da Mata Atlântica, Universidade Federal de Santa Catarina.

Chamorro, Graciela. (2008). *Terra Madura Yvy Araguyje: fundamento da palavra guarani.* Tese, UFGD.

Colombo, Cristóvão. (1999). *Diários da Descoberta da América: as quatro viagens e o testamento.* LPM. (Col. L&PM Pocket, v. 128).

Del Techo, Pe. (1991). Costumbres de los calchaquíes. In: Duviols, Jean-Paul & Saguier, Rubén Bareiro (org.). *Tentación de la Utopía.* Tusquets.

Faustino, Deivison [Deivison Nkosi] (2015). *"Por que Fanon? Por que agora?": Frantz Fanon e os fanonismos no Brasil.* Tese. UFScar.

Freud, S. (2019). *O infamiliar.* Autêntica.

Freud, S. (1996). "Totem e Tabu" (1913). In: *Obras psicológicas completas: Edição Standart Brasileira*. Imago.

Foucault, M. (2010). *A Arqueologia do Saber*. 7a Edição. Forense Universitária.

Foucault, M. (1993). *História da Sexualidade I: A Vontade de Saber*. Graal.

Guarani, Jerá. (2020). Tornar-se selvagem. *Piseagrama*, número 14, p. 12-19.

Krenak, Ailton, & Campos, Yussef. (2021). *Lugares de origem*. Jandaíra.

Krenak, Ailton. (2019). *Ideias para adiar o fim do mundo*. Companhia das Letras.

Machado, R. (2021). *Nietzsche e a verdade*. Paz & Terra.

Nietzsche, F. (2009). *A genealogia da moral*. 3 ed. Escala.

Núñez, Geni (2022). *Nhande ayvu é da cor da terra: perspectivas indígenas guarani sobre etnogenocídio, raça, etnia e branquitude*. Tese, UFSC.

Núñez, Geni. (2021). Monoculturas do pensamento e a importância do reflorestamento do imaginário. *ClimaCom – Diante dos Negacionismos. [online]*, ano 8, n. 21. Disponível em: http://climacom.mudancasclimaticas.net.br/monoculturas-do-pensamento/ http://climacom.mudancasclimaticas.net.br/monoculturas-do-pensamento/.

Pessoa, Fernando. (1993). *Poemas de Alberto Caeiro*. (Nota explicativa e notas de João Gaspar Simões e Luiz de Montalvor.). Ática.

Chamorro, G. (2008). *Terra Madura Yvy Araguyje: fundamento da palavra guarani*. Tese. Universidade Federal da Grande Dourados.

Pilão, A. (2021). Normas em movimento: monogamia e poliamor no contexto jurídico brasileiro. *Revista Teoria e Cultura*, v. 16 n. 3.

Quintana, Mario. (2008). *Viver & escrever*: volume 1. 2. ed. L&PM.

Santos, A. B. (Mestre Bispo). (2015). *Colonização, quilombos, modos e significados*. INCTI/UnB.

Silva, T. (Timóteo Popygua) (2017). Depoimento: Verá Tupã Popygua Timóteo da Silva. *Revista Continente,* [s. l], v. 1, n. 1, pp. 1-03, abr

12. ¿Cómo es la escucha cuando no hay un lenguaje compartido? Mirada psicoanalítica a experiencias de intervención con pueblos originarios de Panamá

Natalia Mudarra

Tradução: Helena Ardaiz Surreaux

El presente escrito fue preparado a propósito de la invitación a participar en el curso *Una Cuestión de Color: Descolonialidad y Psicoanálisis*, que forma parte del proyecto *Letramento Racial Latinoamericano*, de la Comisión Científica de la Federación Psicoanalítica de América Latina (Fepal) para los años 2023-2024.

Desde sus orígenes, América Latina ha estado profundamente atravesada por su diversidad étnica y cultural, riqueza que también representa desafíos relacionados con una identidad traspuesta y pluripotencial.

Ejemplo de esto lo constituyen la multiplicidad cultural que coexiste incluso en la misma región, y más allá, dentro de los propios países, me refiero especialmente a los pueblos originarios.

El acercamiento a la comprensión, visibilización, inclusión e integración de estos grupos minoritarios (en comparación a poblaciones y/o problemáticas más extensas), ha estado desdeñado históricamente; incluso el psicoanálisis ha esquivado la mirada, hasta tiempos recientes.

Sabemos que el psicoanálisis, en su función investigativa, es un instrumento para comprender el funcionamiento del psiquismo humano, sea cuales sean sus características. Esto, ya lo había dicho Freud en 1932:

> *Se dio entonces el caso de que los analistas, en calidad de diletantes, con un bagaje más o menos suficiente, a menudo obtenido a los apurones, incursionaran por esos campos del saber, como la mitología, la historia de la cultura, la etnología, la ciencia de la religión (...) al comienzo tanto sus métodos como sus resultados fueron -en la medida en que se les prestó atención- desautorizados. Pero esta situación experimenta continua mejoría; en todos los campos aumenta el número de personas que estudian psicoanálisis para aplicarlo a su disciplina especializada, como unos colonos que relevaran a los pioneros. Tenemos derecho a esperar aquí una rica cosecha de nuevas intelecciones. Por otra parte, unas aplicaciones del análisis son siempre, al mismo tiempo, corroboraciones de él (34ª Conferencia. Esclarecimientos, aplicaciones, orientaciones, p. 135).*

Es así entonces que este escrito pretende hacer uso de conocimientos psicoanalíticos para una aproximación a experiencias de intervención con pueblos originarios de Panamá. Es decir, se encuentra enmarcado dentro del psicoanálisis aplicado.

A modo de introducción

Según la British Broadcasting Corporation (BBC), en un artículo escrito por el periodista Ricardo Senra (2023), se asegura que el mundo se está volviendo un lugar más violento en comparación a lo vivido a inicios de siglo, y se pronostica que la situación pueda empeorar en los siguientes años con la activación de conflictos armados que potencialmente puedan convertirse en múltiples guerras. Allí destaca:

> *Junto a la guerra entre Israel y Hamás en la Franja de Gaza, que acumula miles de muertos desde el 7 de octubre, y la invasión rusa de Ucrania, que cumplirá dos años en febrero de 2024, en este momento se viven conflictos armados a gran escala en Burkina Faso, Somalia, Sudán, Yemen, Myanmar, Nigeria y Siria.*

La violencia, los conflictos y la guerra, tienen sus precursores en una NO-tramitación, si se quiere en una indigestión, de lo que es distinto, lo que no es igual.

Los pueblos originarios, vistos como los OTROS, despiertan ansiedades similares, un estrangulamiento de la empatía básicamente, que junto a otras estrategias inconscientes, decantan en una invisibilización y exclusión de lo diverso, formas de violencia y maltrato en la actualidad.

Interesarse por lo diferente, intentar acercarse a ese OTRO sin colonizarlo o someterlo, está en nuestra naturaleza como analistas, más no es un atributo extendido para el resto de las personas. Trabajamos durante toda nuestra formación en respetar y propiciar la autonomía del pensamiento en nosotros y en nuestros consultantes.

Considero importante profundizar este tema, de manera que resulte posible la transmisión de empatía, comprensión y respeto en ámbitos distintos, incluso fuera del psicoanálisis.

Una experiencia

¿Cómo comenzó mi interés por los pueblos originarios? Como suelen ser las cosas, por identificación, porque yo también me sentí minoría, distinta y extranjera. Soy venezolana, y desde hace más de 10 años resido en Panamá. Esta condición de venir de otra experiencia cultural y profesional permitió que estuviera más receptiva a la observación y potencial comprensión de aquello NO – YO cultural.

Desde que vivo en Panamá, he sido testigo de la realidad de las personas que pertenecen a pueblos originarios. En este país, cohabitan siete grupos indígenas, de los cuales al menos tres de ellos (Gunas, Emberás y Ngäbes) tienen mayor contacto con la población no indígena.

Fue a través de la fundación AID FOR AIDS, organismo internacional con el trabajé por varios años, que conocí mucho de esta población, especialmente del pueblo Guna.

Con AID FOR AIDS, participé como colaboradora y tratante de una de las situaciones de salud más extendidas en los Gunas: el VIH y el SIDA.

A continuación, compartiré mi experiencia de intervención con este pueblo originario (Mudarra, 2022). El pueblo Guna vive entre la costa caribeña de Panamá y Colombia, mayormente en el archipiélago de Guna Yala, el cual está conformado por 378 islas, de las cuales solo algunas están habitadas. Su territorio está gestionado por el pueblo originario que lleva su nombre, siendo una de las comunidades indígenas más grandes y representativas en Latinoamérica.

Al estar en contacto frecuente con los Gunas entendí y comprendí que los miembros de estas comunidades tenían que hacer un gran esfuerzo en entender español. En el idioma Guna no existe la palabra virus, por ejemplo. Y ¡sí!, es un idioma, ya que tiene su propio alfabeto y estructura gramatical.

Solo imaginen lo complejo del trabajo preventivo y de la facilitación del tratamiento médico, cuando no se tiene el mismo idioma, y no existe la palabra "virus" para una situación de salud que, de entrada, lleva por nombre una palabra intraducible. Para ello debía valerme de un intérprete, ambos hacíamos un gran esfuerzo en tender puentes afectivos y comunicacionales para el otro.

Gracias a las herramientas que el psicoanálisis facilita: escucha activa, respeto al otro, atención flotante, todo esto en una mente que predominantemente busca funcionar sin memoria y sin deseo (siguiendo la terminología de Bion), se puede entender que si bien, en este caso, el idioma era un límite, no resultó una limitación.

Haciendo uso de lo similar, lo que nos conecta, las emociones contenidas en una psique humana, fue posible atravesar este lindero. La disposición a escuchar y una postura interna que facilita una aproximación a eso genuinamente humano, fue el aval para un trabajo conjunto.

Esta apertura a lo distinto, a lo NO – YO, a mi parecer es un atributo muy humano, más no parece lo natural, pues entendernos en nuestras diferencias muchas veces trae una primera respuesta, perseguirnos y condenar aquello diferente.

Volviendo a la experiencia, observé también que los Gunas pasaban gran trabajo al no poder comprender la medicina moderna (muy divorciada de la medicina que conocían), con ellos viví las dificultades sanitarias y de transporte que padecían y, con todo esto, entendí, en parte, por qué se sentían menos respetados y cuidados que el resto de la población no indígena.

En cuanto a su relación con la naturaleza, observé que cuando algún miembro de la comunidad estaba enfermo y requería de alguna preparación medicinal a base de plantas, el *Nele* (médico tradicional, SU médico) conversaba con el espíritu de esta, pidiéndole autorización a la madre naturaleza para hacer uso de ella, como un ritual de respeto y sometimiento ante las dotes benevolentes de aquella.

Al estar cerca de sus dolencias y malestares, entendí que primero debía comprender su manera de "curar heridas" antes que imponer la forma "correcta" de la medicina "del hombre de ciudad", como nos dicen. Ellos me enseñaron que los ungüentos, menjurjes, ramas y baños medicinales, no son incompatibles, sino complementarios con la manera de curar de los *waganegas* (comunidad de extranjeros, no indígenas). A los Gunas los curaba la medicina moderna ciertamente, esto mejoraba enormemente su calidad de vida, pero también lo hacía el volver a su tierra, los baños con ramas propiciados por los ancianos y la preocupación y cuidados de la comunidad.

Dar información en idioma guna era todo un reto, conseguir que confiaran en nosotros y los recursos que les prestábamos era aún más difícil; fácilmente desechaban las intervenciones si estas no estaban adaptadas a su cotidianidad, y de aceptarlas, solo ocurría de forma transitoria si antes no habíamos invertido suficientes recursos emocionales y de tiempo, en que entendieran que la propuesta occidental no venía a extinguir sus costumbres.

Una de las situaciones más complejas, y desafortunadamente bastante frecuente, era tener que explicarle a una madre guna con VIH, que no podía amamantar a su bebé. Aquí, todas las resistencias se amplificaban. El idioma no alcanzaba para dosificar la pérdida. No poder amamantar a su bebé era algo "contra natura", me pedían, por ejemplo, que les mostrara "el gusanito" (esta fue la forma que uno de los intérpretes consiguió para hablar del virus).

Explicarles que la medicina del *Nele* podía ser complementaria, más no sustituible, a el tratamiento farmacológico, era un reto. También lo era la comprensión del momento para la toma de los medicamentos, decir algo como "esta medicina se toma con el desayuno" significó una gran lección para mí. Pude percatarme que muchos no desayunaban, por ende, no se tomaban la medicina, siendo esto suficiente para que no hubiese una adecuada adherencia al tratamiento.

Situaciones como esta, continuaron despertando mi interés en los pueblos originarios, dado que observé la ausencia de puentes afectivos, culturales y psicoeducativos entre ellos y el resto de la comunidad no indígena panameña, pero especialmente del gremio médico. Para los gunas, eran muchas las dificultades que los limitaban en la búsqueda y recepción efectiva de evaluación, diagnóstico y tratamiento de situaciones de salud.

Psicoanálisis y pueblos originarios

En Tótem y Tabú, Freud (1913) ya había aplicado el psicoanálisis a temas de etnología, sin embargo, fueron autores posteriores quienes sistematizaron dicho enfoque, constituyéndose así el *Etnopsicoanálisis* como un campo en la interfaz entre el psicoanálisis y la antropología.

El Etnopsicoanálisis proporciona información sobre la relación entre los conflictos internos y las contradicciones y tensiones en la estructura social. Los conflictos internos no pueden dilucidarse únicamente mediante el análisis de los individuos, según Parin (1977), sino que debe considerarse el origen y el resultado de los conflictos internos dentro del contexto de las condiciones sociales y procesos históricos de las personas. Los criterios de salud-enfermedad, bien estar y mal estar, ameritan ser cuestionados para cada porción de individuos de la raza humana en el contexto que se les quiera comprender.

Ahora bien ¿qué se entiende por pueblo originario? Es una denominación para referirse a los descendientes de quienes estaban en el lugar antes de la llegada de otros, que ahora constituyen la sociedad mayoritaria y dominante. En América Latina, corresponde a los grupos de humanos descendientes de ancestros precolombinos que han mantenido sus características idiomáticas, sociales y culturales (CEPAL, 2020). Muchos de los miembros de estas comunidades aborígenes, siguen habitando y cuidando la tierra heredada de sus ancestros.

En la actualidad, los psicoanalistas que trabajamos fuera del consultorio, somos mucho más conscientes de la importancia de sostener la ética del respeto por las prácticas y creencias autóctonas de las personas, pero también podemos procurar tender puentes para acortar la distancia ideo afectiva hacia lo novedoso, hacia las personas y grupos sociales distintos a la cultura dominante. Más que un derecho, un deber. Sin embargo, esto todavía es un suceder muy lejano según da cuenta la bibliografía y publicaciones psicoanalíticas existentes.

Buena parte de la población indígena panameña, y seguro que esto es extensible a otros países de la región, siguen viviendo en una situación de marginación y exclusión social. Para la Organización Panamericana de la Salud (OPS), en su reporte del 2023 *La situación socio demográfica de las personas indígenas en América Latina y el Caribe*, se ha estimado que en el 2018 había unos 58 millones de personas indígenas en América Latina, lo que equivale a un 10% de la población total de esta subregión (OPS, 2023).

Los pueblos indígenas o pueblos originarios padecen las mayores desigualdades de América Latina, como resultado de situaciones sociales, económicas, culturales y políticas promovidas por los procesos de conquista y colonización, que más adelante se fueron naturalizando en prácticas invisibilizadoras, hasta discriminatorias (CEPAL 2020 ; OPS, 2023).

Esto se manifiesta en las precarias condiciones de acceso a servicios de salud, bajos niveles de escolaridad, inserción laboral en ocupaciones de menor remuneración, alta mortalidad infantil, entre otros. Además, esto se constata con la intensa migración desde los territorios indígenas hacia otras zonas del país, en busca de mejor acceso a recursos.

En esa migración, se limitan temas autóctonos de las comunidades aborígenes, como el tener que cambiar los nombres propios a unos no indígenas, la solicitud a niños y niñas a tener que cortarse cabello según reglamentos escolares, la no consideración de los lugares de vivienda y dificultades en el traslado, las escuelas multigrados, entre otros. Estos sucesos afectan el derecho a la consolidación de la identidad indígena, siendo una de las diversas formas institucionalizadas de discriminación y desvalorización en la modernidad.

Aunque en Panamá hay leyes y estatutos administrativos que promueven el respeto, la conservación de sus costumbres e instituciones propias, la medicina tradicional, entre otros, es poca la propagación y uso que se hace de estas para la protección de las costumbres de los pueblos originarios.

Hacer intervenciones en salud mental en estas comunidades es complejo, pues sus necesidades son de orden básico y concreto, principalmente: agua, luz, aseo, escolaridad, acceso a servicios de salud y más. En principio se podría pensar, que no hay mucho espacio mental para nada más.

Esto significa que el apoyo que requieren también es básico y concreto. Como analista mi manera de intervenir era principalmente con el cuerpo y con actos analíticos. Por ejemplo, debía trasladarme de un lugar a otro (no esperarlos y que ellos vinieran físicamente a mí), y sentarme al lado de ellos (no frente o atrás como suelo hacer en mi práctica privada). Con el pasar del tiempo y profundizar en las experiencias, comprendí que esto no era lo único que querían ni eran capaces de recibir.

En otra intervención psicoanalíticamente orientada, esta vez con los Emberá (Mudarra, 2022), asistí a una familia que había perdido a un integrante a partir del impacto de un rayo.

En principio, visitaba a la comunidad como turista y luego como voluntaria, llevaba donaciones y era puente con algunas necesidades que pedían, por ejemplo, dándoles orientaciones para acceder a servicios y ayudas, pues ya lo había hecho con la comunidad Guna.

En el marco de estos acercamientos cada vez más recurrentes, ocurre una situación que impactó a toda la comunidad, y que me permitió materializar la ayuda en algo más que recursos materiales y asesorías esporádicas.

Esta fue la situación: un joven emberá de 18 años, salió en su embarcación artesanal a proveerse de agua potable, siendo impactado por un rayo durante el trayecto de ida. Un trabajador que vio el accidente desde el muelle hacia donde se dirigía el joven, fue quien dio el anuncio y alertó a la comunidad. Sus familiares y otros hombres fueron los primeros en iniciar las labores de búsqueda; debido a las dificultades climáticas, la misma se suspendió en varios momentos. El cuerpo del joven fue hallado tres días después por buzos de Protección Civil y del Servicio Aeronaval. Fue incluso una pérdida cercana, yo le conocía.

La familia del joven estaba formada por un padre de 35 años, una madre de 32 quien para el momento del hecho contaba con 6 meses de embarazo, dos hermanos menores, de tres y siete años y sus abuelos maternos.

Dos semanas después del hecho, una de las líderes de la comunidad Emberá, me comenta lo sucedido y me solicita atención para la familia, especialmente para la madre, abuelo materno y el mejor amigo del joven, quienes eran los visiblemente más afectados. Ella, quien es la hija de la "cacique" de la comunidad, me dice que la madre llora incansablemente y no duerme, que el abuelo dejó de hablar y "no ha querido hacer más música", y que su mejor amigo se culpa por no haberle acompañado en el viaje. Además, me explica que toda la comunidad está en duelo y empáticamente apoyan a la familia, pero temen que una situación como esta se esté desbordando.

La intervención que realicé constó de sesiones individuales a la madre y al padre del joven, a la familia materna (incluidos los abuelos) y a su mejor amigo. Para alguno de los momentos requerí el apoyo de un intérprete, pues algunos de ellos hablaban español.

Con esta petición de ayuda, constaté que también buscaban y apreciaban otras formas de interacción, que querían también ser contenidos, escuchados, acompañados y que alguien facilitara la comprensión de lo vivido como un duelo comunitario.

El psicoanálisis, como herramienta de aproximación a la naturaleza y al dolor humano, provee recursos para su mitigación. La escucha y presencia respetuosa de analistas dispuestos a entender sin colonizar, es el inicio de la restitución amorosa que le debemos a estas comunidades.

La escucha sin lenguaje común

Pero ¿cómo se escucha algo que no tiene referencia, algo tan nuevo que no hay bastones ortopédicos que guíen la aproximación?

Trabajar con los pueblos originarios es aproximarse a una porción de realidad desconocida. No hay ninguna palabra que pueda asociarse con algo que resulte familiar.

La disposición a la escucha debe ser distinta, no saturada de prejuicios ni de referentes propios.

Según Vilanova (2004)

> *la escucha psicoanalítica es una noción central del psicoanálisis con la que nos referimos a nuestra actividad semiológica, o sea, a la comprensión que hacemos en la sesión (...) de la realidad psíquica del paciente con nuestros recursos mentales, articulados con* el «hilo» inconsciente que nos ha quedado disponible de nuestra infancia, procesado por nuestras teorías, análisis y autoanálisis *(la negrita es mía).*

El instrumento de trabajo del psicoanalista es, principalmente, su mente psicoanalizada, ese sostén interno devenido del trabajo e introspección propia. La llamada función analítica. Justo allí estaba puesta mi confianza.

Para entender a los pueblos originarios, debe poderse tolerar una cantidad considerable de angustia, hacer lo posible por disminuir la tendencia a penetrar en la mente del otro, y buscar espacios para más bien contemplar y mantener el espacio mental lo más abierto y flexible, de forma en la que sea dable el despliegue del desarrollo de la relación entre nosotros (Mudarra, 2023).

Pienso que esta escucha requiere no solo un entrenamiento psicoanalítico sobre las formas de captar las manifestaciones del inconsciente, sino también una sensibilización para la percepción y comprensión del contenido no verbal, aquel que no se expresa con el lenguaje hablado.

En este sentido, me doy cuenta de que la experiencia de observar bebés, ayuda al registro y comprensión del mundo del otro, cuando el lenguaje verbal no es lo dominante, como sucede cuando se entre en contacto con los pueblos originarios (Mudarra, 2023).

Para tratar de entender los procesos mentales de un bebé se necesita disposición, paciencia, tolerancia a la incertidumbre, construcción creativa de hipótesis especulativas y una buena dosis de empatía. Son estas características las que considero de especial relevancia en un psicoanalista que trabaje en comunidad.

Para entrar en el mundo de los pueblos originarios, debo preguntarme quién soy yo, a dónde estoy entrando, quién puede estar allí y cómo podré interactuar con ellos. Muchas preguntas que no encontrarán respuestas inmediatas ni sencillas, se requiere contemplar y apreciar. Tal como un observador de bebés (Mudarra, 2023)

Permitirme sentir en la escucha del otro, en un intercambio donde la palabra no es lo importante, me posibilita la comprensión de lo que ocurre en la mente de las personas de la comunidad, a nivel individual y colectivo, sin mi recurso predilecto, la palabra hablada.

Insisto, no hay un molde, no es algo factible de traducción, lo que vivencio allí no es algo que se sature con UN significado, menos con el mío. Abordar el mundo del otro con el significado del otro, es ir sin estructura. Esto puede dar temor para el común de los psicoanalistas, fue mi caso, de hecho lo sigue siendo.

Sin embargo, la escucha sostenida desde adentro, me permitió encontrarnos en medio de lo distinto, fue instrumento y disposición fundamental para establecer el vínculo con los Emberá y su sufrimiento.

Para terminar, pienso que el psicoanálisis no debe alimentarse únicamente de Psicoanálisis. Debe poder acercarse a lo NO-psicoanalítico también, que cada vez más se incluyan materiales, experiencias, teorías y técnicas que aborden nuevas situaciones y problemáticas sociales actuales. Esto ya lo alentaba Freud, tal como lo cité al inicio de este escrito.

Si empezamos a visibilizar, entender y aceptar las diferencias, la riqueza de distinto, sin intentar cambiarlo porque nos amenaza o nos asusta, es posible que también se generen espacios mentales de respeto y esto decante en políticas públicas para la democratización de los derechos y deberes de las personas y situaciones, independiente de cualesquiera sean sus características.

Referencias

Comisión Económica para América Latina y el Caribe (CEPAL); Fondo para el Desarrollo de los Pueblos Indígenas de América Latina y el Caribe. (2020). *Los pueblos indígenas de América Latina - Abya Yala y la Agenda 2030 para el Desarrollo Sostenible: tensiones y desafíos desde una perspectiva territorial.* Comisión

Económica para América Latina y el Caribe. Disponível em: https://www.cepal.org/es/publicaciones/45664-pueblos-indigenas-america-latina-abya-yala-la-agenda-2030-desarrollo-sostenible.

Freud, S. (2007). Tótem y tabú. Algunas concordancias en la vida anímica de los salvajes y de los neuróticos. In *Obras Completas*. Vol. XIII. Amorrortu. (Trabalho original publicado em 1913).

Freud, S. (2007). 34ª Conferência. Esclarecimientos, aplicaciones, orientaciones. Vol. XXII. In *Obras Completas.* Amorrortu. (Trabalho original publicado em 1932).

Mudarra, Natalia. (2022). Mirada psicoanalítica en una intervención con pueblos originarios de Panamá: transmitiendo una experiencia. *34º Congreso Latinoamericano de la Federación Psicoanalítica de América Latina (Fepal).* Transitoriedades e incertezas; en el panel: Vicisitudes de poblaciones invisibilizadas y vulnerabilizadas.

Mudarra, Natalia. (prelo). *La escucha que se sostiene desde adentro*: Mirada psicoanalítica a experiencias de intervención con pueblos originarios de Panamá.

Organización Panamericana de la Salud (OPS). (2023). *La situación sociodemográfica de las personas indígenas en América Latina y el Caribe. Análisis en el contexto del envejecimiento y la COVID-19.* OPS. Disponível em: https://doi.org/10.37774/9789275326473.

Parin, Paul. (1977). The Microscope of Comparative Psychoanalysis and the "Macrosociety". *Psychoanalytic Quarterly*, (46):709. Disponível em: https://pep-web.org/search?facets=&q=The%20Microscope%20of%20Comparative%20Psychoanalysis%20and%20the%20%22Macrosociety.%22. pp. 1-25.

Senra, Ricardo. (2023). Qué otras guerras hay ahora en el mundo (además de Gaza y Ucrania) y cuáles son los efectos colaterales de que atraigan menos atención. *BBC News*. Disponível em https://www.bbc.com/mundo/articles/cprpn7re7dxo

Vilanova, Raúl. (2004). La escucha psicoanalítica, universo en expansión. *Revista de Psicoanálisis de la Asociación Psicoanalítica de Madrid*. n.º 43.

Posfacio
La negritud y las trincheras narcisistas implantadas por la blanquitud: caminos para descolonizar el psicoanálisis

Ignácio A. Paim Filho

> *Como ya hemos visto al comienzo de este trabajo, el racismo establece una jerarquía racial y cultural que opone la "superioridad" blanca occidental a la "inferioridad" negra-africana. África es el continente "oscuro", sin historia propia (Hegel); por eso la Razón es blanca, mientras que la emoción es negra (Lélia Gonzales, 1988).*

> *Agradezco a las muchas mujeres y hombres que se atreven a crear teoría desde el lugar del dolor y la lucha, que valientemente exponen sus heridas para ofrecernos su experiencia como guía maestra, como medio para trazar nuevos itinerarios teóricos. Su trabajo es liberador (bell hooks, 2017).*

México, septiembre de 2022, Wania Coelho Cidade, mujer y negra, asume la presidencia de la Federación Psicoanalítica de América Latina (Fepal). Un contexto que contiene una extensa historia, un posible hito en el establecimiento de una nueva era en la lucha antirracista en el campo psicoanalítico: un proceso que fomenta la deconstrucción de la lógica falocéntrica, que ha estado perpetuando el señuelo de la *"superioridad" occidental blanca y la "inferioridad" negro-africana.*

En este sentido, la larga trayectoria de luchas del pueblo negro ha ido rompiendo la indiferencia, las lagunas y la colaboración para las tesis racistas en los repertorios teóricos y clínicos que conforman nuestro saber hasta ahora instituido: la negritud sacude los cimientos de las trincheras narcisistas implantadas por la blanquitud. En el camino de la estructuración de nuevos saberes, entre múltiples vías de creación y transmisión, se hizo posible nuestro curso: "Una cuestión de color: decolonialidad y psicoanálisis". Un proceso de alfabetización racial crítica -convocación a estudiar de manera implicada con el objetivo de despertar inéditas pulsiones epistemofílicas- resultó ser un espacio fértil para la reflexión, con una mirada más atenta a las especificidades, entre las discriminaciones dirigidas a jerarquizar a los pueblos y el potencial transformador de estos pueblos, que constituyen la América negra, o más bien, la América no blanca: África y sus hijos en diáspora demuestran *que tenemos una historia propia, y que la razón y la emoción negras* nos pertenecen, y que la escisión entre razón y emoción, entre naturaleza y cultura, entre el bien y el mal, o incluso entre lo bello y lo feo, forman parte de la cosmovisión forjada por el "ser civilizado", que se acerca a una "*Weltanschauung* religiosa" (Freud, 1933), impuesta por la cultura de dominación eurocéntrica.

Entiendo que el trabajo realizado en las actividades que estructuran este proyecto, a favor de un psicoanálisis decolonial, teniendo como referencia prioritaria los pensares no hegemónicos del pueblo blanco, contribuye, utilizando las palabras de Achille Mbembe (2021), a esbozar posibles "salidas de la gran noche"[1], en la que está

1 Esta expresión se refiere al esfuerzo de África para descolonizarse a sí misma, deshaciéndose de la nefasta destrucción, material y simbólica, que afecta a este continente -el más rico del mundo- y a su gente. Esta propuesta se esboza en el libro de A. Mbembe: *Salir de la gran noche: Ensayo sobre África descolonizada.*

inmerso el psicoanálisis. Frente a esta concepción, deduzco que la problemática "Una cuestión de color" cumplió su función de proporcionar aberturas, entre fracturas y suturas, en la lógica instaurada por el paradigma que impone al pueblo no blanco vivir bajo la égida de "Un defecto de color" (Gonçalves, 2016).

Agradezco a las muchas mujeres y hombres que se atreven a crear teoría desde el lugar del dolor y la lucha. La iniciación de este trabajo en las instituciones latinoamericanas ha permitido resignificar la historia del oscurantismo tanático del racismo en la estructura social, económica y política, con sus réplicas en la constitución de nuestra subjetividad. El epistemicidio del legado afrodescendiente, así como el de los pueblos originarios, necesita ser escuchado por los psicoanalistas, en favor de los valiosos aportes que la negritud, con sus singularidades, encarnada en los pensadores negros, ha producido para reconfigurar y replantear la dinámica estructural de un psicoanálisis que conjugue el sintagma de lo individual y lo colectivo. La invención de este escenario desafiante, construido por diferentes pensadores en nuestros encuentros, trajo consigo el potencial de una escucha más sensible y de conductas propositivas con relación a una genuina ampliación del pensamiento psicoanalítico latinoamericano: por un psicoanálisis, que también se descolonice de la herencia colonial y racista que lo habita, coherente con sus orígenes y con una parte significativa de su desarrollo, guiados por las ideologías blancocéntricas del norte global. En consonancia con este razonamiento, creo que se han creado las condiciones mínimas necesarias para desvelar

Siguiendo este camino, creo que algo similar debería hacer el psicoanálisis, los psicoanalistas y sus instituciones, en nombre de un devenir, de pensar y hacer psicoanálisis desde otras perspectivas, que contemplen la idea de que el mundo se constituye no por la lógica de lo *universal*, sino por una de lo *pluri*versal. Mbembe sigue, y nos invita a seguir, las huellas dejadas por Fanon: "Vamos camaradas, es mejor decidirse ahora mismo a cambiar de rumbo. En cuanto a la gran noche en la que estamos inmersos, necesitamos sacudirla y salir de ella. El nuevo día que ya amanece debe encontrarnos firmes, sensatos y decididos" (Fanon, 1961, p. 342).

el velo tanático que busca imperiosamente hacer *de África el continente "oscuro"*. ¿Oscuro para quién?

El resultado del compromiso de trabajar la problemática del racismo, en una productiva retroalimentación entre profesores y compañeros de estudio, culminó en la producción de este libro: un encuentro fecundo entre la transmisión oral, marca por excelencia de compartir el conocimiento de la ancestralidad del pueblo negro, y la transmisión a través de la palabra escrita – *para ofrecernos su experiencia como guía maestra, como medio para trazar nuevos itinerarios teóricos*. Pensando en la transmisión a través de la palabra escrita, en su perennidad y potencialidad para marcar y demarcar la presencia en su ausencia – "la escritura es, originalmente, el lenguaje del ausente" (Freud, 1930, p. 339) –, recuerdo la proposición, en la versión escrita, de bell hooks (2017). Ella, no identificada con los principios del colonizador, en la estela de los postulados subversivos del intelectual brasileño Paulo Freire, nos trae la importancia de una educación transgresora y su función liberadora.

Quiero creer que nuestra producción textual lleva consigo un *quantum* de esta poderosa proposición -*enseñando a transgredir*-, un estímulo para romper con la jerarquización de los saberes, una de las marcas de la violencia colonial. El potencial creativo de la pulsión de muerte provoca aperturas – *abran la cabeza y el corazón* – y bosqueja nuevas huellas para Eros.

Pidiendo a todos que abran la cabeza y el corazón para conocer lo que está más allá de los límites de lo aceptable, para pensar y repensar, para crear nuevas visiones, celebro una enseñanza que permita transgresiones, un movimiento contra las fronteras y más allá de ellas (bell hooks, 2017, p. 24).

En este viejo/nuevo registro que nos ofrece este libro, tenemos una nueva oportunidad de involucrarnos en el *movimiento contra las fronteras y más allá de ellas* – sin colonizar – y de llevar a cabo diálogos interactivos, pensando y repensando, con las más variadas culturas que conforman el continente americano. Una invitación a conocer *lo que está más allá de los límites de lo aceptable*; una invitación a ir más allá de una geopolítica eurocéntrica del conocimiento. Que la amefricanidad de Lélia Gonzalez (2020) sea el motor del deseo de nuevos tiempos. Después de todo, *el nuevo día que ya amanece debe encontrarnos firmes, sensatos y decididos.*

Nuestra expectativa es que este libro, además de ser fuente de múltiples articulaciones, pueda formar parte de las biografías recomendadas para los seminarios, rompiendo con la ausencia, casi absoluta, de pensadores negros en los programas de enseñanza que estructuran la formación de los Institutos de Psicoanálisis, en todos los continentes. Contexto, que se extiende a la producción de conocimiento en nuestras Sociedades: nuevas visiones, nuevas miradas, nuevas escuchas – la subversión ganando contornos. Siguiendo estas pistas, vemos en este ejercicio oral y escrito, un terreno prolífico para contribuir a deconstruir la razón de la existencia negra e indígena, que está en la génesis y la estructura del potentado colonial, de ayer y de hoy. Que el cambio de dirección, que la lógica decolonial señaliza, cree condiciones para un existir negro y de los pueblos originarios coherentes con las razones de nuestras historias: no somos los *condenados de la tierra*, somos los habitantes por excelencia de esta tierra.

Con la intención de seguir instigando la construcción de nuevas epistemologías, para desalojar el racismo epistémico, dejo reinscritas las palabras de Fanon: "Pero si queremos que la humanidad avance con audacia, si queremos elevarla a un nivel distinto del que le ha impuesto Europa, entonces hay que inventar, hay que descubrir" (Fanon, 1961, p. 327).

Referencias

Fanon, F. (2022). Os condenados da terra (1961). Zahar.

Freud, S. (1969). A questão de uma Weltanschauung (1933). In *Obras Completas*, vol. XXII. Imago.

Freud, S. (2020). Mal estar na cultura (1930). In *Cultura, sociedade e religião: o mal-estar na cultura e outros escritos*. Autêntica.

Gonzales, L. (2020). *Por um feminino afro-latino-americano: ensaios, intervenções e diálogos*. Org. Flavia Rios e Marcia lima. Zahar.

Gonçalves, A. M. (2018). *Um defeito de cor*. Record.

hooks, b. (2017). *Ensinando a transgredir: a educação como prática de liberdade*. Trad. Marcelo B. Cipolla. WMF Martins Fontes.

Kilomba, G. (2019). *Memórias da plantação – Episódios de racismo cotidiano*. Trad. Jesse Oliveira. Cobogó.

Mbembe, A. (2019), *Sair da grande noite: ensaios sobre uma África descolonizada*.Trad. Fábio Ribeiro. Vozes.

Sobre los autores

Andréa Máris Campos Guerra

Psicoanalista y docente del Departamento y Programa de Postgrado en Psicología de la Universidad Federal de Minas Gerais (UFMG), donde coordina el Centro @PSILACS (Psicoanálisis y Vínculos Sociales en lo Contemporáneo). Doctor en Teoría Psicoanalítica (UFRJ), con estudios de profundidad en la Universidad de Rennes 2 (Francia). Beca de Productividad CNPq 2. Profesor visitante en Francia, Bélgica y Colombia. Coordinadora del Proyecto Editorial Descolonización y Psicoanálisis con la Editora n-1. Autor de varios libros y artículos. Miembro fundador de la Red RICA (Red Internacional de Investigación en Psicoanálisis y Criminología), del GT de Psicoanálisis, Clínico y Político de la Asociación Nacional de Investigaciones en Psicología (ANPEPP), de la Red Interamericana de Investigación en Psicoanálisis y Política (REDIPPOL), del Colectivo Internacional Amarrações y de la red Internacional UBUNTU - Psicoanálisis y Descolonización.

Carmen Rosa Zelaya Pflucker

Estudiante de Doctorado, Maestría en Estudios Teóricos en Psicoanálisis (PUCP). Psicóloga y psicoanalista de adultos, niños y adolescentes de la Sociedad Peruana de Psicoanálisis. Docente en los Institutos de Psicoterapia Psicoanalítica: Intercambio, IPP y CPPL.

Geni Núñez

Activista, psicóloga y escritora indígena guaraní. Actualmente es investigadora postdoctoral en el Instituto de Estudios Avanzados de la Universidad de São Paulo (USP). Tiene un doctorado en el Programa Interdisciplinario de Posgrado en Ciencias Humanas de la Universidad Federal de Santa Catarina (UFSC), donde también estudió una maestría en Psicología Social y una licenciatura en Psicología. Es miembro de la Comisión de Derechos Humanos (CDH) del Consejo Federal de Psicología (CFP) y de la Comisión Guaraní Yvyrupa (CGY). Autor de "Afectos descolonizadores" (Paidós) y "Jaxy Jatere, o Saci Guarani" (Harper Kids).

Ignácio A. Paim Filho

Psicoanalista, escritora, miembro titular y analista docente de la SBPdePA y miembro de la Comisión Ubuntu. Autor y coautor de varios libros, entre ellos: "Racismo: para un psicoanálisis implicado"; "Racismo y Psicoanálisis: la salida de la gran noche" e "Identificación: Inmanencia de un Concepto".

Iván Gutiérrez Cuadrado

Médico, psiquiatra y psicoanalista. Miembro titular de la Sociedad Colombiana de Psicoanálisis, la Asociación Colombiana de Psiquiatría (Subcomité de Género) y la Asociación Colombiana de Psiquiatría Biológica. Profesor de posgrado en Psicoterapia Psicoanalítica. Autor del artículo "¿Qué es el terreno común?", publicado en El Camino al conocimiento psicoanalítico. Revista de la Sociedad Colombiana de Psicoanálisis (2010).

Isildinha Baptista Nogueira

Magíster en Psicología Social por la Pontificia Universidad Católica de São Paulo y doctorado en Psicología Escolar y Desarrollo Humano por la Universidad de São Paulo.

Kwame Yonatan Poli dos Santos

Psicoanalista y médico de la PUC-SP. Trabaja como supervisor y es profesor del Instituto Gerar. Poeta y escritor, ha publicado cuatro libros, el último de los cuales: "By a Thread: A Listen to the Driven Diasporas".

Luis Fernando Orduz

Psicoanalista. Miembro de la Sociedad Colombiana de Psicoanálisis. Máster en Comunicación y Cultura. Expresidente de Fepal (2014-2016).

Marco Posadas

Psicoanalista. Miembro de la Asociación Psicoanalítica Internacional (IPA). Trabajadora Social Clínica y Doctora en Psicología Miembro de la Asociación Psicoanalítica de Canadá y de la Asociación Psicoanalítica de México. Profesor de varios institutos psicoanalíticos de Norteamérica y Latinoamérica, donde trabaja para integrar la diversidad cultural, de género y sexual y la práctica antiopresiva en la práctica clínica psicoanalítica.

Natalia Mudarra

Psicólogo. Psicoanalista de la Asociación Panameña de Psicoanálisis (APAP) y actualmente se forma como psicoanalista infantojuvenil en la Asociación Venezolana de Psicoanálisis (ASOVEP).

Renato Noguera

Doctor en Filosofía (UFRJ). Profesor asociado del Departamento de Educación y Sociedad (DES), del Programa de Posgrado en Educación, Contextos Contemporáneos y Demandas Populares (PPGEduc), del Programa de Posgrado en Filosofía (PPGfil) de la UFRRJ. Es ensayista y, entre sus obras, cabe destacar "Enseñanza de Filosofía y Derecho 10639", "Por qué amamos: qué tienen que decir los mitos y la filosofía sobre el amor" y "¿Qué es el duelo?"

Sônia Beatriz dos Santos

Analista en formación en el Instituto de Formación Psicoanalítica. Miembro Provisional de la Sociedad Brasileña de Psicoanálisis de Río de Janeiro (SBPRJ). Doctor en Antropología (UERJ) y Profesor del Programa de Posgrado en Educación, Cultura y Comunicación en Periferias Urbanas (PPGECC/FEBF-UERJ) y Profesor del Programa de Posgrado en Bioética, Ética Aplicada y Salud Pública (PPGBIOs/UFRJ, FIOCRUZ, UERJ, UFF).

GRÁFICA PAYM
Tel. [11] 4392-3344
paym@graficapaym.com.br